W0346280

Finanz Fundament: Immobilien

Alles was Sie wissen müssen, bevor Sie
in Immobilien investieren

CHF KOMPAKT

Ein Buch Von: Friedrich Vester

Originale Erstauflage

Alle Rechte, insbesondere Verwertung und Vertrieb der Texte, Tabellen und Grafiken, vorbehalten.

Copyright © 2018 by Cherry Media GmbH

Druck/Auslieferung:
Amazon.com oder eine Tochtergesellschaft

Impressum:

Cherry Media GmbH
Bräugasse 9
94469 Deggendorf
Deutschland

Inhaltsverzeichnis

VORWORT 1

Faszination Geldanlage in Immobilien 1
Der Wohnraum nimmt nur langsam zu 2
Ausnützung des Leverage-Effektes 2
Die Immobilienkapitalanlage bringt einige Steuervorteile 3
Steuerfreier Verkauf nach 10 Jahren 3
Die beliebtesten Immobilieninvestitionen 3
Die Selbstnutzung einer Immobilie 4
Haus oder Wohnung kaufen und vermieten 6
Indirekte Geldanlage in Immobilien über Immobilienfonds 10
Die Lücke eines Anlageportfolios im Immobilienbereich kann mit REITS geschlossen werden 17

Teil 1 ....
Grundlegende Informationen zu REITs 21

Die historische Entwicklung der REITs (Real Estate Investment Trusts) 21
Die Entwicklung in Deutschland 22
Die Entwicklung in Asien 22
Die internationale Entwicklung der REITs 22
Einige Gründe, warum eine Investition in REITs sinnvoll ist 23
Dazu gehören unter anderem 23
Die unterschiedlichen Kategorien von REITS 24
Die Funktionsweise von EQUITY-REITs 24
Die Vor- und Nachteile bei einer Investition in EQUITY-REITs 25
Die Funktionsweise von Mortgage REITs 25
Die Besteuerung von REITS (für das Unternehmen und für den Anteilseigner) 27
Zusammenfassung der steuerlichen Betrachtung der REITs national und international 29
Wichtige Kennzahlen für die Bewertung von REITs 29
Die FFO-Methode (Funds from Operations) 29
Die AFFO-Methode (AFFO Abkürzung von Adjustes Funds from Operations) 31
NOI (Net Operating Income) bei REITs 31
NAV (Net Asset Value) bei REITs 32
Zusammenfassung NAV (Net Asset Value) bei REITs 34
Cap-Rate (Kapitalisierungsrate) 34
Einbeziehung des Wachstums eines REIT in die Bewertung 36
Das KGV-Problem bei REITs und weshalb hier der FFO oder AFFO benötigt wird (nochmals von einer anderen Seite dargestellt) 37
Vom Gewinn pro Aktie zu dem FFO (Funds from Operations) 39
Zusammenfassung der Betrachtung vom KGV (Kurs-Gewinn-Verhältnis) 41
REIT-Fonds/ETFs 41
REIT Exchange Trades Notes (ein Verwandter der ETFS) 42

TEIL 2
Nach bestimmten Gattungen gegliederten REITs 47

Wohn REITs 47
Retail REITs 49
Healthcare REITs 49
Self Storage REITs 50
Industrielle REITs 51
Hotel REITs 52
Office REITs 53
Rechenzentrum REITs 54
Diversifizierte REITs 55
Hypotheken REITs 56
Die Entwicklung der deutschen REITs 57
Die Chancen bei REITs allgemein 57
Die Risiken bei REITs allgemein 58
NAREIT (Nationale Vereinigung der Immobilieninvestmentfonds)- wichtige REITs-Organisation in den USA in deren Indizes 60
Der EPRA-Index 61
FTSE 61
Der RX REIT Index in Deutschland 62
Grundsätzliche Aussagen zur Investition in REITs und zu dem Depot-Aufbau 65
Risiko/Risikotragfähigkeit 65
Engagement/Interesse 65

Teil 3
Auswahlkriterien für die REIT-Auswahl/Aufbau eines individuellen REIT-Portfolios/mögliche Einkommensstrategien 65

Grundsätzliche Aussagen zur Investition in REITs und zu dem Depot-Aufbau 65
Risiko/Risikotragfähigkeit 65
Engagement/Interesse 65
Passive Anlagestrategie 66
Aktive Anlagestrategie 66
Grundsätzliches zum Depotaufbau 66
Die Schlüssel zur Beurteilung eines REIT 67
Auswahlkriterien aus den Vergangenheitszahlen und der aktuellen den aktuellen Gegenwartsdaten der einzelnen REITs 68
Entwicklung der Hypotheken REITs (Mortage REITS) 2019 74
Zusammenfassung aktuelle Marktentwicklung der REITs in den USA 2019 74
Aufbau eines individuellen REITs-Portfolios bei Direktanlage 74
Kandidat Nr. 1 für das individuelle REIT-Portfolio 75
Kandidat Nr. 2 für das individuelle REIT-Portfolio 76
Der Kandidat Nr. 3 bei einem individuellen Reitportfolio 77
Kandidat Nr. 4 bei einem individuellen Portfolio 77
Kandidat Nr. 5 für das individuelle Portfolio 78
Kandidat Nr. 6 für das individuelle Portfolio 79
Kandidat Nr. 7 für das individuelle Portfolio 81
Kandidat Nr. 8 für das individuelle Portfolio 82
Kandidat Nr. 9 individuelles REITS Portfolio 83
Kandidat Nr. 10 individuelles Portfolio 84

Zusammenfassung der Kandidaten für das individuelle REIT-Portfolio in Form von Einzeltiteln ... 85
Aufbau eines individuellen Portfolios durch eine indirekte Anlage in REITs in Form von REITS-ETFs ... 85
Zusammenfassung Aufbau individuelles Depot mit einer indirekten REIT-ETF Anlage ... 91
Erweiterung des individuellen Depots bei einer indirekten REIT-Anlage durch REIT Exchange Trade Notes (ETN) ... 91
Exkurs Immobilien- und Weltfinanzkrise 2008 ... 93
Der Verlauf und die Folgen der Immobilien- und Weltfinanzkrise 2008 ... 98
Die Folgen für die Finanzmärkte ... 101
Die Folgewirkungen der Finanzkrise auf die Realwirtschaft ... 102
Die Auswirkung der Finanzkrise auf die Hungerkrise ... 103
Die Gesamtauswirkungen auf die reale Wirtschaft weltweit nochmals zusammengefasst ... 103
Die ab 2007/2008 getroffenen Gegenmaßnahmen ... 104
Reformmaßnahmen und -Vorschläge der G-20-Staaten ... 107

EXKURS EUROSYSTEM ... 111

Die Europäische Zentralbank (EZB) ... 111
Die Organe der Europäischen Zentralbank (EZB) ... 113
Des EZB Direktorium ... 113
Der EZB-Rat ... 113
Die Sitzungen des EZB-Rates und dessen Beschlussfassung ... 114
Die Rotation der Stimmrechte im EZB-Rat ... 114
Das Stimmrecht der Mitglieder des EZB-Rates ist dauerhaft ... 115
Der erweiterte Rat der EZB ... 115
Die Geldpolitischen Ziele der EZB ... 115
Die Instrumente zur Aufgabenerfüllung der EZB ... 116
Die Offenmarktgeschäfte ... 116
Ständige Fazilitäten ... 117
Devisenmarktinterventionen ... 117
Die Mindestreserve ... 117
Vorbehaltlose geldpolitische Geschäfte (OMT) ... 117
Ankauf von Unternehmensanleihen (CSPP) ... 117
Die Unabhängigkeit der Europäischen Zentralbank (EZB) ... 118
Die funktionelle und operative Unabhängigkeit ... 118
Die institutionelle Unabhängigkeit ... 118
Die finanzielle Unabhängigkeit ... 118
Die personelle Unabhängigkeit ... 118
Währungs- und Kapitalreserven der Europäischen Zentralbank (EZB) ... 119
Aufsicht über die Banken und Kreditinstitute und die Kontrolle der Finanzmarktstabilität ... 119
Die Kontrolle der EZB und die von hier praktizierte Transparenz ... 120
Die nationalen Zentralbanken (NZB) ... 121
Die Deutsche Bundesbank - als Beispiel für die anderen Zentralbanken im Eurosystem ... 122

Kostenfreies e-Book Inklusive

Beim Kauf jedes Taschenbuches von Cherry Media ist das e-Book kostenfrei für Sie inkludiert. Gehen Sie dazu einfach auf

https://link.cherrymedia.de/EPUB

oder scannen Sie den QR Code oben. Auf der Seite können Sie dann Ihren einmalig gültigen Zugangscode eingeben. Den Zugangscode zum e-Book finden Sie auf der letzten Seite des Taschenbuchs.

Wir wünschen viel Freude mit Ihrem kostenfreien e-Book!

Haben Sie Fragen zu Ihrem e-Book? Wir sind gerne für Sie da!

Sie erreichen Sie uns unter info@cherrymedia.de

VORWORT

DURCH DIE VERMIETUNG VON GUT verwalteten Altenheimen, Apartments, Bürogebäuden, Industrieanlagen, Krankenhäusern oder Einkaufszentren entsteht ein automatisiertes monatliches Einkommen.

Dieses Buch richtet sich deshalb an solche Personen, die an einer einkommensorientierten Immobilienanlage, die mit einem minimalen Zeitaufwand erreicht und mit maximaler Transparenz durchgeführt werden kann interessiert sind. Dabei ist hierfür für die Investition in diese Immobilienanlage keine Bank oder kein Notar zur Finanzierung erforderlich.

Zunächst geht es zur Einführung um die Faszination Geldanlage in Immobilien und um einen Überblick über die wichtigsten Anlagemöglichkeiten im Immobilienbereich außerhalb von REITs sowie deren Vor- und Nachteile.

Faszination Geldanlage in Immobilien

Die Kapitalanlage in Immobilien ist gerade in den heutigen Zeiten von Geldschwemmen sowie Niedrigzinsen sehr gefragt. Auf der anderen Seite sind Immobilien heute unter anderem wegen dieser sehr hohen Nachfrage so teuer wie noch nie. Deshalb wird zum Teil auch von den Anlegern sich die Frage gestellt, ob es nicht vielleicht bereits zu spät ist, um hier noch einzusteigen. Trotzdem sprechen viele Gründe gerade heutzutage dafür, eine Geldanlage in Immobilien durchzuführen.

Bei einer Immobilienanlage entsteht ein planbarer Cashflow.
Die Attraktivität der Immobilienkapitalanlage liegt hauptsächlich auch darin, dass bei einer vernünftigen Vermietung an solvente Mieter ein regelmäßiger Cashflow vorhanden ist. Dabei ist es hier bei dieser Anlageform mit diesem planbaren Cashflow möglich, auch mit Fremdkapital gut zu arbeiten. Hier ist es dann sinnvoll, jeden Monat wieder ein Stück vom Kredit zu tilgen und somit wird die Fremdfinanzierung dann Monat zu Monat geringer.

Bei einer gekauften Eigentumswohnung für beispielsweise 150.000 Euro, die mit 25.000

Euro mit Eigenkapital und mit 125.000 Euro fremdfinanziert wird, bewirkt der regelmäßige Cashflow, dass die Schulden (also die Fremdfinanzierung) jeden Monat etwas weniger wird. Wenn dann durch den regelmäßigen Cashflow das Fremdkapital getilgt wurde und dann die Eigentumswohnung in den vollständigen Besitz des Käufers übergeht, bleibt hier der bisher in die Immobilie gewanderte Cashflow nach Tilgung des Fremdkapitals dann weiterhin regelmäßig als freier Cashflow auf dem Konto des Käufers als Bankguthaben vorhanden.

Auch im Zeitalter der Digitalisierung müssen die Menschen wohnen.

In einer so schnelllebigen Gesellschaft, wie wir dies derzeit haben, wirken Immobilien, bei einer Bevölkerung die ständig scheinbar sich auf Achse befindet ein wenig altmodisch. Jedoch wird auch weiterhin die Notwendigkeit für die Menschen vorhandenen sein, dass wir irgendwo wohnen und übernachten müssen und jeder Mensch benötigt einen Ort für sich, wo er seine Privatsphäre ausleben kann. Aus diesem Grund wird auch in den nächsten Jahrzehnten Wohnen erforderlich sein.

Der Wohnraum nimmt nur langsam zu

Diejenigen, die sich entschlossen haben, einen Neubau entweder als Eigennutzer oder als Anleger durchzuführen, bekommen die Inflexibilität der deutschen Beamten zu spüren. Deshalb wird auch eine Zunahme des Wohnraumes nicht allzu schnell so erfolgen, dass dann daraus ein Überangebot entsteht. Dadurch werden zusätzlich die Wohnungsmärkte in den Ballungsräumen unter Druck gesetzt und es kommt noch weiter zu einer künstlichen Verknappung und damit zu einer Verteuerung. Dadurch wird dann eine Kapitalanlage in Immobilien zusätzlich attraktiv. Trotz aller Bemühungen von allen Seiten werden diese bürokratischen Hindernisse auch weiterhin erhalten bleiben und der erforderliche Zuwachs wird sich in Grenzen halten.

Ausnützung des Leverage-Effektes

Zur Erklärung hierzu ein kleines Rechenbeispiel. Von den 100.000 angesparten Euro wird eine Immobilie gekauft, die eine Mieteinnahme von jährlich 5.000 Euro gewährleistet. Danach hat die Person 2 Möglichkeiten.

Bei der 1. Möglichkeit kauft diese Person die Wohnung für die angesparten 100.000 Euro und erhält dann jährlich die Mieteinnahmen von 5.000 Euro. Das entspricht dann einer Rendite des dort eingesetzten Kapitals von 5 Prozent.

Bei der 2. Möglichkeit geht die Person zur Bank und dort erhält sie das Angebot, dass die Bank ihr das Geld für den Wohnungskauf ausleiht. Es kommt dann zu einer Einigung, dass die Person von den 100.000 Euro 20.000 Euro selbst bezahlt und die restlichen 80.000 Euro ausleiht.

Das bedeutet, dass die Person mit einem Eigenkapital von 100.000 Euro jetzt 5 Wohnungen dafür mit Mieteinnahmen von 5 x 5.000 Euro = 25.000 Euro pro Jahr kaufen kann. Davon darf die Person jedoch nicht alles selbst behalten, weil die Bank für das ausgeliehene Geld Zinsen verlangt.

Angenommen, die Bank verlangt hier 2,5 Prozent Zinsen p.a., so fallen bei dieser Person 5 x 80.000 Euro = 400.000 Euro (geliehenes Kapital) x 0,025 = 10.000 Euro Zinsen im Jahr an.

Somit ergibt sich daraus ein Gewinn von 15.000 Euro (25.000 Euro Mieteinnahmen - 10.000 Euro Zinsen). Daraus entsteht dann eine Rendite für das eingesetzte Eigenkapital von 100.000 von 15 Prozent (15.000/ 100.000).

Somit ist die Rendite von ursprünglich 5 Prozent auf 15 Prozent durch den Einsatz von Fremdkapital gehebelt worden. Hier wird dann von dem sogenannten Leverage-Effekt gesprochen.

Die Immobilienkapitalanlage bringt einige Steuervorteile

Wer Einkünfte aus Vermietung und Verpachtung erhält, kann bei der steuerlichen Gewinnermittlung die eine oder andere Kostenart abziehen. Dazu gehören unter anderem Zinskosten für die Finanzierung, die Erhaltungskosten oder die Unterhaltskosten.

Das bedeutet, die Steuerbelastung fällt nicht auf die kompletten Mieteinnahmen an, sondern nur auf den Betrag, der nach Ausgaben-Abzug übrig bleibt. Wenn die Ausgaben im Einzelfall die Mieteinnahmen übersteigen, besteht dann die Möglichkeit, den Restbetrag mit anderen Einkunftsarten (zum Beispiel Einkünfte aus nichtselbständiger Tätigkeit) zu verrechnen und dadurch die Steuerlast nochmals zu vermindern.

Durch diese steuerlichen Vorteile entsteht für eine Immobilienkapitalanlage auch eine Art Sicherheitspolster für die Anleger, falls das Objekt Verluste einfährt. Im Gegensatz dazu ist das bei der Besteuerung von Aktien und deren steuerlichen Behandlung nicht so.

Steuerfreier Verkauf nach 10 Jahren

Bei einem Weiterverkauf von erworbenen Immobilien müssen nach 10 Jahren keine Steuern mehr auf den Verkaufserlös bezahlt werden. Der Grund liegt darin, dass die Immobilieninhaberin oder der -inhaber bereits durch die Mieteinnahmen abzüglich der Betriebsausgaben im Laufe der 10 Jahre steuerlich berücksichtigt wurde. Dieser Steuervorteil gilt auch für Gewinne aus eventuellen Wertsteigerungen. Als Grundlage liegt hier das Datum der notariellen Beglaubigung zugrunde. Bei eigengenutzten Immobilien ist der Verkauf bereits nach 3 Jahren steuerfrei.

Die Inflation arbeitet für den Immobilienkapitalanleger.

Immer wenn ein Depot vorhanden ist, bedeutet für das Depot Inflation Gegenwind und bei einer Immobilie, die auf Kredit finanziert ist, dagegen Rückenwind. Die Inflation ist momentan in Europa noch relativ niedrig bewertet. Mit der Zinsanhebung der Zentralbanken in den nächsten Jahren wird sich diese Situation ändern und das Geld wird weiter entwertet. Deshalb setzten viele Immobilienanleger gezielt darauf, um dann von der Inflation zu profitieren.

Kapitalanlagen in Immobilien geben ein gutes Gefühl.

Wenn es bei einer Kapitalanlage in eine Immobilie ohne Schwierigkeiten läuft, vermittelt eine solche Anlageart das Gefühl der Sicherheit. Hierbei handelt es sich um etwas sehr Reales, das hilft, neben Einkünften aus nicht selbständiger Arbeit eine weitere Einnahmequelle zu generieren.

Das strahlt eine gewisse Ruhe aus und ist ein anzustrebender Gegenpol zu der anderen digitalen Wirklichkeit.

Die beliebtesten Immobilieninvestitionen

Um Immobilien als Geldanlage zu nutzen, gibt es hier 3 unterschiedliche grundsätzliche Möglichkeiten.

- Die Selbstnutzung einer Immobilie
- Haus oder Wohnung kaufen und vermieten

- Indirekte Geldanlage in Immobilien über Immobilienfonds oder Immobilien Crowd Investing.

Die Selbstnutzung einer Immobilie

Hier wird in ein Haus, in einen Neubau oder in eine Eigentumswohnung investiert und diese wird dann von einem selbst bewohnt. Dadurch werden Mietkosten gespart.

Eine selbst bewohnte Immobilie wird in erster Linie im Hinblick auf ein mietfreies Wohnen im Alter und eine Möglichkeit der Altersvorsorge in Angriff genommen. Eine selbst bewohnte Immobilie ist jedoch unbeweglich. Anleger verbinden jedoch mit einer solchen Anlage in erster Linie Sicherheit. Dabei ist auch eine solche Anschaffung (Haus oder Eigentumswohnung) für viele Menschen die umfangreichste Anschaffung in ihrem Leben. Deshalb müssen hier einige wichtige Punkte bedacht werden.

Kaufpreis: Auch bei dem Kauf einer selbst genutzten Immobilie (unabhängig, ob Wohnung oder Haus) gilt auch hier die kaufmännische Regel, dass im Einkauf der Gewinn liegt. Denn die beim Einkauf gesparten Kosten haben als Folgewirkung geringere Finanzierungskosten und eine auch niedrigere Verschuldung zur Folge.

Die Finanzierungsart: Ein Immobilienkauf ist größtenteils kreditfinanziert. Hierbei gibt es eine Faustregel, dass mindestens 20 Prozent der Kaufsumme und die Ausgaben für den Notar und die Ausgaben für die Eintragung ins Grundbuch mit Eigenkapital finanziert sein sollten. Dadurch wird auch die Verhandlungsposition gegenüber dem Kreditgeber (Banker oder Kreditinstitute) verbessert und die Kreditzinsen werden relativ niedrig gehalten.

Staatliche Unterstützung: Wer im Immobilienerwerb auch von staatlicher Seite aus durch Förderprogramme der Gemeinden, Länder und durch den Bund Unterstützung in Anspruch nehmen will, sollte vor dem Immobilienerwerb überprüfen, ob eine solche Finanzierung in die eigene Finanzierung mit eingebaut werden kann.

Die Finanzierungsdauer: Die Abzahlung eines für eine Immobilie aufgenommenen Darlehens läuft häufig über 20 oder mehr Jahre. Deshalb ist es wichtig, relativ niedrige Zinsen für einen sehr langen Zeitraum hinaus auszuhandeln. Aufgrund der aktuell vorhandenen Niedrigzinsphase, kann es sich lohnen, hier die Konditionen für ein Darlehen oder einen Kredit über 15 oder 20 Jahre auszuhandeln. Wenn der Kreditgeber (die Bank oder das Kreditinstitut) dann eine Zinserhöhung erst nach dem Ablauf der ersten Zinsbindungsfrist (in der Regel nach 10 Jahren) vertraglich festhält, sind hier dann auch die Zinsrisiken leichter zu kalkulieren.

Die Gefühle: Durch den Erwerb einer Immobilie wird bei vielen Menschen ein Lebenstraum wahr. So ist bei einer solchen Geldanlage häufig eine größere Anzahl von Gefühlen mit im Spiel, als dies bei anderen Anlageformen der Fall ist. Hier sollte aufgepasst werden, weil Gefühle keine guten Ratgeber für die Geldanlage sind.

Die aktuellen Zinsen: Aufgrund des derzeit vorhandenen niedrigen Zinsniveaus sollte als Darlehensnehmer darauf geachtet werden, eine Tilgung von mehr als die von den Banken oder Kreditinstituten angebotene 1 Prozent-Tilgung abzuschließen. Ebenso sollte vertraglich geregelt sein, dass während der Laufzeit die Möglichkeit von Sondertilgungen besteht. Hier sollte das Ziel sein, das Darlehen oder den Kredit schnellstmöglich zu tilgen.

Lage der Immobilie: Wo sich eine Immobilie von der Lage her befindet, ist von einer zentralen Bedeutung. Aufgrund der heutzutage eingesetzten demografischen Entwicklung gibt es den Trend zum Wohnen in der Stadt. Wenn sich die Immobilien auf dem Land oder in Vorstädten befinden, besteht die Gefahr, dass bei einem eventuellen späteren Verkauf keine Wertsteigerung erzielbar ist. Ebenso ist es auch in den Städten wichtig, sich genau die Lage anschauen sowie Preise zu vergleichen. Hier kann auch der Makler hilfreich sein, indem dieser nach dem allgemeinen Preisniveau befragt wird und als Profi entsprechende Werttabellen liefern kann.

Vergleichsmiete: Hierbei ist die vergleichbare Miete über den Zeitraum des vorgesehenen Immobilienbesitzes sehr wichtig. Dabei ist dieser Wert eine zusätzliche wichtige Maßzahl für die Rendite-Berechnung der Geldanlage Immobilie.

Künftige Wertsteigerung: Hier sind ebenfalls entsprechende Vergleichszahlen von Bedeutung. Auch die Höhe der angenommenen Wertsteigerung ist ebenfalls eine wichtige Maßzahl für die Berechnung der Rendite für eine solche Geldanlage Immobilie.

Steuern: Bei einer selbstgenutzten Immobilie sind keine Steuern auf einen dabei erzielbaren Gewinn zu bezahlen. Deshalb ist es besonders wichtig, bereits vor den Erwerb einer solchen selbstgenutzten Immobilie sich über die spätere Nutzung Gedanken zu machen und was passiert, wenn die Kinder ausziehen. Sollte die Immobilie weiterhin selbst genutzt werden? Sind dadurch dann größere Umbauten erforderlich (Zusatzkosten)?

Auch bei einer Investition in eine selbstgenutzte Immobilie besteht die Möglichkeit, den Staat an einigen Ausgaben mit zu beteiligen und dadurch entstehen Möglichkeiten, die eigene Steuerschuld zu senken sowie die angebotenen Möglichkeiten auszunutzen.

Dazu gehört unter anderem die steuerliche Förderung der energetischen Sanierung von Immobilien. Davon profitieren neben den gewerblichen Nutzern auch die privaten Hauseigentümer. Hier können die Sanierungskosten als Sonderausgaben in der Einkommensteuererklärung angegeben werden.

Wenn eine selbstgenutzte Immobilie in einem städtebaulichen Entwicklungsgebiet oder einem Gebiet mit Denkmal Sonderrechten sich befindet, können hier weitere Aufwendungen als Sonderausgaben in der Steuererklärung angegeben werden. Ebenso wird die behindertengerechten Umgestaltung einer selbstgenutzten Immobilie gefördert. Auch hier können die Ausgaben als außergewöhnliche Belastungen geltend gemacht werden.

Zusätzlich besteht bei einer selbstgenutzten Immobilie die Möglichkeit, durch haushaltsnahe Dienstleistungen Steuern zu sparen. Dabei handelt es sich um Arbeiten, die von den Haushaltsmitgliedern selbst erledigt werden können. Dazu gehören unter anderem das Schneiden der Hecke, das regelmäßige Rasenmähen oder die Pflege von Beeten. Wenn diese Tätigkeiten von einem Dienstleister durchgeführt werden, können hier Kosten bis zu 4.000 Euro im Jahr steuerlich abgesetzt werden. Bei Erhaltungs-, Modernisierungs- und Renovierungsmaßnahmen beteiligt sich das Finanzamt bis zu 1.200 Euro an den jährlichen Handwerkskosten.

Private Hauseigentümer die eine Solaranlage auf ihrem Dach haben erhalten für den dort erzeugten Strom eine staatliche garantierte Einspeise-Vergütung und werden dadurch zu Unternehmen und haben dadurch weitere Steuerspar-Möglichkeiten. Die Ausgaben, die durch den Photovoltaikanlagen-Betrieb anfallen, können als Werbungskosten abgezogen werden. Dabei werden unter anderem vom Finanzamt die laufenden Betriebskosten, die Kosten für die Warten sowie Reparatur, die anfallenden Versicherungs- und Finanzierungskosten für diese Anlage steuerlich begünstigt. Die Eigentümer solcher Anlagen müssen aber auch Steuern bezahlen für die Einnahmen aus der Einspeisung von Strom in das öffentliche Stromnetz.

Somit ist eine Investition in eine selbst genutzte Immobilie, was die Sicherheit anbelangt, eine gute Auswahl. Wie bereits erwähnt, müssen vor den Kauf die Finanzierung, die Lage sowie die Verschuldungsdauer genau durchgerechnet werden. Eine Geldanlage in eine selbst genutzt Immobilie ist von sehr langfristiger Natur.

Die Vor- und Nachteile einer selbstgenutzten Immobilie kurz im Überblick:

Vorteile

- Ersparnis durch Miet- sowie Steuerfreiheit nach Abzahlung. Die bei einer Mietwohnung pro Monat anfallende Miete entfällt.
- Erhöhtes Sicherheitsgefühl in den eigenen Wänden. Wenn die Immobilie einem selbst gehört, gibt es nicht die Gefahr, dass man von einem Vermieter aus der Wohnung geworfen werden kann.
- Eventuelle Wertsteigerung sowie steuerfreier Gewinn bei Verkauf nach 10 Jahren. Wenn die selbst genutzte Immobilie nach 10 Jahren verkauft wird, ist der Wertzuwachs steuerfrei.

Nachteile

- Bei Fremdfinanzierung eine sehr lange Verschuldung. Die Situation wird dann problematisch, wenn während der Kreditlaufzeit Umstände auftreten, bei denen dann eine Rückzahlung gefährdet ist.
- Relative hohe Anschaffungskosten. Um eine Immobilie zu finanzieren, muss ein großer Betrag aufgebracht werden.
- Relative hohe Anschaffungskosten. Um eine Immobilie zu finanzieren, muss ein großer Betrag aufgebracht werden.

Haus oder Wohnung kaufen und vermieten

Aufgrund der historisch niedrigen Baufinanzierungszinsen spricht viel für eine Investition in Immobilien als Kapitalanlage. Die derzeitige Zinssituation macht viele traditionelle Zins-Sparformen unattraktiv. Zusätzlich gibt es für Immobilienkredite sehr günstige Zinsen, so dass Immobilien, die vor einigen Jahren noch nicht erschwinglich waren, sich heute eine größere Anzahl von Interessenten eher leisten kann. Eine ebenfalls hohe Nachfrage nach Mietwohnungen ist die Grundlage für auf längere Sicht steigende Mieten. Deshalb ist das Betongeld wieder sehr gefragt.

Bei der Auswahl einer guten Anlageimmobilie gibt es wichtige Faktoren:

Gute Lage

Ob eine Mietimmobilie dann erfolgreich ist, hängt von mehreren Faktoren ab. Dazu gehört auch der Zustand des Objekts, dessen Ausstattung und der Grundriss und in erster Linie die Lage. Vom Standort der Mietimmobilie hängen nicht nur der Kaufpreis, sondern auch die Möglichkeit der Vermietung und die Mietzins-Höhe ab. Wenn ein guter Mietzins zu erzielen ist, wird dadurch die Mietrendite des Objekts erhöht. Deshalb ist es auch auf längerfristige Sicht sinnvoll, ein Mietobjekt in einer attraktiven Lage zu erwerben.

Seit Jahren sind die Miet- und Wohnungspreise hauptsächlich in den Großstädten auf dem Vormarsch. Hier treffen die Ursachen, wie reger Zuzug und ein zu geringes Wohnungsangebot aufeinander. Davon ist nicht nur Süddeutschland betroffen Auch die Preise für Mietwohnungen in Städten, wie Dresden, Hamburg oder Dortmund, klettern zweistellig. Wenn hier jemand eine Entscheidung für eine Mietwohnung in einer aufstrebenden Stadt trifft, der hat langfristig gute Karten für eine hohe Mietrendite sowie die Aussicht auf einen Vermögenszuwachs.

Auch Studentenstädte sind hier sehr begehrt und deshalb gerade für Kapitalanleger im Immobilienbereich gut geeignet. Dabei ist der Betrieb von Hochschulen und Universitäten nicht von der aktuellen Konjunktur abhängig. Die Mitarbeiter bei Universitäten und Hochschulen fürchten nicht um ihren Job und viele Studenten oder Studentinnen suchen einen Arbeitsplatz in der gewohnten Umgebung. Dabei ist hier das Einkommensniveau dieser Absolventen in der Regel höher, als bei Menschen ohne Abschluss einer Hochschule und das wirkt sich dann wiederum positiv auf dem Gesamtmarkt und somit auch auf den Immobilienmarkt aus. Deshalb liegt gerade in solchen kleineren Städten, wo die Hochschule besonders starke Auswirkungen auf das Umfeld hat, der Wertzuwachs bei Eigentumswohnungen um bis zu 1,5 Prozent höher als in vergleichbaren Städten.

Aufgrund der oben geschilderten gegensätzlichen Situationen ist für eine gute Immobilienanlage im Mietobjektbereich die Lage das A und O.

Ein attraktiver Einkaufspreis

Neben der ausführlich geschilderten Lage muss der Einkaufspreis für die Immobilie vernünftig sein, um damit eine gute Mietrendite erzielen zu können. Dabei muss die Baufinanzierung auch optimal auf die eigenen Finanzen abgestimmt sein. Hierbei muss die Finanzierung langfristig tragfähig sein. Auch bei einer Mietimmobilie sollte mindestens 20 Prozent Eigenkapital vorhanden sein.

Kreditgeber (Banken oder Kreditinstitute) verlangen für Toppkonditionen bereits 40 Prozent Eigenkapital. Ebenso dürfen die Nebenkosten nicht außer Acht gelassen werden. Die Gebühren für Grunderwerbssteuer, Makler und Grundbucheintrag können die Kosten für einen Immobilienerwerb um bis zu 15 Prozent des Immobilienpreises verteuern.

Nach Experten-Meinung liegt ein akzeptabler Einkaufspreis für eine Wohnimmobile bei 25 bis 30 Jahres Kaltmieten. Wenn hier beispielsweise von einer monatlichen Kaltmiete von 800 Euro bei 25 Jahren ausgegangen wird, würde das einem Einkaufspreis von 200.000 Euro entsprechen. Vor einigen Jahren galt hier als Richtwert noch eine 15- bis 20-fache Nettokaltmiete. Aufgrund der veränderten Immobilienpreise ist dies heute jedoch nicht mehr ein realistischer Wert.

Überschaubare Verwaltungs- und Mietnebenkosten

Bevor die Entscheidung getroffen wird, eine Immobilien-Kapitalanlage in einer bestehenden Immobilie durchzuführen, sollten die Verwaltungs- und Mietnebenkosten genau angeschaut werden. Jeder Vermieter ist heute verpflichtet, jedem neuen Mieter einen Energieausweis vorzulegen, welcher Auskunft darüber gibt, in welcher Form die Wohnung gedämmt ist. Hier sollte grundsätzlich beachtet werden, dass hohe Mietnebenkosten sich negativ auf die Vermietung auswirken und hohe Modernisierungsmaßnahmen schmälern die Mietrendite.

Sanierungskosten

Renovierungs- und Sanierungskosten müssen vom neuen Eigentümer der Immobilie übernommen und aufgebracht werden. Dabei kann der Vermieter zwar den erforderlichen Erhaltungsaufwand (wie beispielsweise Ausgaben für Heizung oder neue Fenster) als Werbungskosten absetzen. Auch Verwaltungsaufwendungen (Honorare für Verwalter, Kostenaufwendungen für Eigentümerversammlungen etc.) können hier steuerlich anerkannt werden. Trotzdem sollte jeder Kaufinteressent einer Wohnung oder von einem Haus die Protokolle der Eigentümerversammlung zumindest der vergangenen 5 Jahre ausführlich durchlesen. Daraus kann dann der Immobilieninteressent auch entnehmen, was bereits saniert wurde und welche erforderlichen Investitionen in den nächsten Jahren durchgeführt werden müssen und danach die Entscheidung für den Kauf treffen.

Den Immobilienwert ermitteln

Hierbei ist eine wichtige Kennzahl der Mietmultiplikator. Dabei gehen die Experten hier davon aus, dass eine Wohnimmobilie nicht mehr als 25 bis 30 Jahreskaltmieten kosten darf. Wenn zum Beispiel eine Eigentumswohnung im Monat eine Nettokaltmiete von 1.500 Euro erwirtschaftet, so sind dies 18.000 Euro im Jahr und damit 450.000 Euro in den oben erwähnten 25 Jahren oder 540.000 Euro in den aufgeführten 30 Jahren. Eine solche Berechnung lässt die fortlaufenden Bewirtschaftungskosten sowie die Kaufnebenkosten außer Acht. Somit entsteht hier ein grober Anhaltspunkt dafür, ob eine angebotene Immobilie günstiger oder teuer ist.

Vor einer Kaufentscheidung die mögliche Rendite des Mietobjektes berechnen

Auch eine teure Immobilie mit einem hohen Mietmultiplikator kann eine geringe Rendite erwirtschaften. Das soll ein Beispiel verdeutlichen. Ein Zweifamilienhaus kostet 1 Million Euro. Die Mieteinnahmen betragen netto insgesamt 25.000 Euro. Der Mietmultiplikator liegt hier bei 40. Von den jährlichen Mieteinnahmen gehen noch 2.500 Euro Bewirtschaftungskosten ab. Somit liegen die Nettomieteinnahmen bei 22.500 Euro. Die Kaufnebenkosten betragen 8 Prozent und somit ist eine Gesamtinvestition von 1,08 Million Euro entstanden. Daraus ergibt sich dann eine Nettorendite von 2,1 Prozent.

Diese Nettorendite kann dadurch weiter geschmälert werden, wenn zum Beispiel einer der Miete nicht pünktlich bezahlt. Auch kann das soziale Umfeld, in dem sich die Immobilie befindet, sich negativ entwickelt und eine Vermietung zu den bisherigen Mietzahlen wird dadurch nicht mehr möglich.

Aber auch teure und überraschende Instandsetzungen und Reparaturen können die Rendite untergraben. Auch kann es vorkommen, dass der Vermieter auf Mieter herein fällt, die die Mietzahlungen verweigern und diese nicht so schnell aus der Wohnung geklagt werden können. Das sind alles Punkte, die die Nettorendite negativ beeinflussen können. Deshalb sollte im Vorfeld nochmals eine realistische Nettorendite vor der Kaufentscheidung durchgerechnet werden, um dann zu entscheiden, ob dann auch bei einem Negativ-Szenario noch eine vernünftige Rendite entsteht.

Bei dem Erwerb einer Miet-Immobilie die richtige Finanzierung wählen

In der aktuellen Niedrigzinsphase profitieren Käufer von Immobilien von den dort vorhandenen verbraucherfreundlichen Rahmenbedingungen. Bei einem Baudarlehen mit einer Zinsbindung von 10 Jahren oder länger sind heutzutage die Zinsen auf einem sehr niedrigen Niveau, so dass dies eine hohe Tilgungsleistung zur Folge haben kann. Somit besteht hier die Möglichkeit, mit Hilfe einer festgelegten Tilgungshöhe genau zu steuern, ob das Mietobjekt in einer Periode von 10,12 oder 15 Jahren abgezahlt werden soll. Wenn das komplette Darlehen innerhalb der Zinsbindung zurückbezahlt wird, gibt es hier bei einigen Kreditinstituten oder Banken zum Teil einen Zinsnachlass.

Wenn jemand eine Immobilie als Zweitimmobilie für die Geldanlage anschaffen möchte, bei dem ist es sinnvoll, hier eine Komplettfinanzierung in Form eines Volltilgerdarlehens in Anspruch zu nehmen. Diese Darlehensart bietet dem Kreditnehmer eine sehr gute Kalkulationssicherheit und der Kreditnehmer ist am Ende der

Laufzeit des Darlehens schuldenfrei. Gerade in der derzeit vorherrschenden Niedrigzinsphase sind die Raten für ein solches Volltilgerdarlehen wesentlich geringer, als die in einer Hochzinsphase der Fall wäre.

Der kleine Nachteil bei einer solchen Vorgehensweise liegt jedoch darin, dass die Tilgungsrate schon eine gewisse Höhe jeden Monat erreichen muss, damit dann die Immobilie am Ende der Darlehenslaufzeit auch schuldenfrei ist. In der Regel sollte die Tilgungsrate bei 3 bis 4 Prozent der Darlehenssumme liegen. Dass sollte man sich, bevor dann eine solche Entscheidung getroffen wird, genau überlegen, ob man in der Lage ist, diese monatlichen Tilgungsraten auf die Dauer zu bedienen.

Wenn eine Mietimmobilie gekauft wird, bedeutet das in der Regel eine langjährige monatliche Belastung. Zwar gibt es jeden Monat Mieteinkünfte, aber ungeplante Kosten für Reparatur- oder Instandhaltungskosten können hier eine Kalkulation schnell über den Haufen werfen. Deshalb ist bei einer solchen Immobilieninvestition ein finanzielles Polster ein unbedingtes Muss. Hier wird unter anderem von Experten empfohlen, ungefähr 20 Prozent des Gesamtinvestitionsvolumens in Form eines Vermögensrückhaltes als Reserve zu halten.

Die Vor- und Nachteile bei einer Geldanlage in einer Mietimmobilie im Überblick

Vorteile

- **Vermögensgewinn.** Auf der einen Seite erzielen Vermieter durch die einzunehmende Miete kurzfristig eine Rendite auf das eingesetzte Kapital und auf der anderen Seite kommt es zu einer langfristigen Wertsteigerung der Immobilie.

- **Wertstabilität.** Das Privatvermögen erhält durch Hinzunahme von Immobilienbesitz eine verbesserte Wertstabilität, weil sich die Vermögenswerte auf sehr unterschiedliche Anlageklassen verteilen. Das schützt vor Ausfallrisiken und das Gesamtvermögen wird dadurch stabilisiert.

- **Mieteinkünfte..** Der Wohnungseigentümer profitiert von regelmäßigen Mieteinkünften und er kann durch Mietpreissteigerungen die Rendite der Geldanlage erhöhen, wenn auf dem Markt ein Nachfrageüberhang vorhanden ist.

- **Inflationsschutz.** Die Anlage in Immobilien wirkt auch als Puffer gegen Inflation. Gerade in den vergangenen Jahrzehnten lagen die Renditen bei Investitionen in deutsche Wohngebäude wesentlich höher die tatsächliche Inflationsrate.

- **Zusatzrente.** Gerade im Ruhestand verfügen in der Regel Bezieher von Renteneinkünften, die noch zusätzlich von vermieteten Objekten Mieteinnahmen beziehen, über einen größeren finanziellen Spielraum als Rentner, die zur Miete wohnen. Nach Untersuchungen liegt hier der Spielraum oft über 30 Prozent.

- **Steuervorteile.** Vermieter haben hier die Möglichkeit, eine Gebäudeabschreibung, den anfallenden Erhaltungsaufwand sowie die Verwaltungs- und Reparaturosten über die Einkommensteuer geltend machen, um somit Steuern zu sparen.

Nachteile

- **Reparaturkosten.** Gerade bei einem großen Häuserkomplex hat der Eigentümer nur einen sehr beschränkten Einfluss auf die anstehenden Reparaturen und somit auch deren Größe, welche von einer Mehrheit in einer Eigentumsversammlung beschlossen wird.

- **Mieterfreundliche** Gesetzgebung. Es kann vorkommen, dass ein Mieter die Miete gar nicht oder nur zum Teil überweist. Dabei wird es den Wohnungseigentümer zum Teil durch eine Mieterfreundliche Gesetzgebung sowie Rechtsprechung es oft nicht leicht gemacht, Mietnomaden schnell aus der Wohnung zu bekommen.

- **Die Höhe der Miete.** Wenn sich die Umgebung und das soziale Umfeld im Laufe der Jahre verändern, so kann dies zu sinkenden Mieten und dann in der Folge zu sinkenden Erträgen führen.

- **Die Höhe der Zinsen und deren Bindung beeinflusst die Rendite.** Wenn die Kredite beim Kauf einer Immobilie über einen längerfristigen Zeitraum (als mindestens 15 Jahre) nicht abgesichert sind, besteht die Gefahr, dass sich die Geldanlage nach Ablauf der Zinsbindung aufgrund der dann eventuell vorhandenen höheren Zinsen nicht mehr rentabel ist und es sich nicht mehr rechnet.

- **Kapital ist sehr langfristig gebunden.** Beim Immobilienkauf kann man über viele Jahre über das dort investierte Geld nicht verfügen. Wenn dann die Immobilie vor Ablauf der Kreditlaufzeit verkauft werden muss, weil Geld benötigt wird, besteht die Gefahr einer Vorfälligkeitsentschädigung oder auch die Gefahr der Spekulationssteuer.

- **Fehlende Risikostreuung.** In der Regel muss für Immobilienanlagen eine größere Menge an Eigenmitteln eingesetzt werden, so dass weniger Kapital für anderes Investmentmöglichkeiten vorhanden ist. Wenn es sich eine Immobilieninvestition als Fehleinkauf erweist, besteht hier die Gefahr eines Totalausfalles.

- **Verwaltungsaufwand.** Wenn eine Wohnung oder ein Einfamilienhaus gekauft wird, das nicht von einer Eigentümergemeinschaft verwaltet wird, muss sich der Wohnungseigentümer auch neben der Mietersuche, um die jährliche Mietnebenkostenabrechnung, Reparaturen sowie Beschwerden der Mieter kümmern.

Indirekte Geldanlage in Immobilien über Immobilienfonds

Durch einen Anteilsschein an einem Immobilienfonds werden Anleger Miteigentümer von Wohnanlagen, Bürogebäuden oder Einkaufzentren. Wer den Verwaltungsaufwand von einer direkten Immobilie scheut und nicht sehr große Summen in eine eigene Immobilie stecken möchte, für den besteht alternativ die Möglichkeit, in einen Immobilienfonds zu investieren. Dieser Fonds kauft für eine große Anzahl von Anlegern mehrere oder eine Immobilie.

Bei Immobilienfonds handelt es sich um Investmentfonds, welche nicht in Anleihen oder Aktien, sondern in Immobilien investieren. Dabei wird von einer großen Anzahl von Anlegern Kapital eingesammelt und dieses wird dann in Einkaufszentren, Büros, Logistikimmobilien sowie Wohngebäuden angelegt. Jeder Anleger erhält dann ein Zertifikat, das dann seinen Anteil am Fondsvermögen beinhaltet. Dabei unterscheidet man zwischen Offenen Immobilienfonds und Geschlossenen Immobilienfonds.

Offene Immobilienfonds

Bei den Offenen Immobilienfonds ist der Anteileigner nicht auf eine bestimmte Platzierungssumme hin begrenzt. Grundsätzlich ist es für jeden neuen Anleger möglich, Anleger-Anteile zu erwerben.
In den vergangenen Jahrzehnten ist es teilweise immer wieder vorgekommen, dass

einzelne Fonds die Aufnahme von neuen Mittel eingegrenzt oder beschränkt haben. Wenn bei dieser Fonds-Art der Fondsmanager keine für seine Anlageziele attraktiven Büro-, Wohn- oder Gewerbeimmobilien findet, die in seine Anlagestrategie sich einpassen lassen können, ist er gesetzlich dazu verpflichtet, über die Liquiditäts-Reserve hinaus Anlagegelder in niedrigverzinslichen Anlagen zu „parken". Dadurch sinkt dann auch die Gesamtrendite des Fonds.

Dabei bezieht sich die Offenheit des Fonds auf die Rückzahlung des Investments. Diese Fonds-Art verfügt nicht über eine festgesetzte Laufzeit. Dabei können hier aufgrund der Wünsche der Anleger die gehaltenen Anteile an die Fondsgesellschaft zurück gegeben werden. Dabei unterliegen jedoch diese Anteilsscheine jedoch bestimmter Haltefristen

Der tägliche Preis eines Fondsanteils wird aus dem Nettoinventarwert des Fonds berechnet. Dieser Nettoinventarwert setzt sich aus dem Wert aller im Fonds enthaltenen Objekte (also Immobilien) und den Barreserven abzüglich der Verbindlichkeiten zusammen. Wenn dieser Betrag durch die Anzahl der ausgegebenen Anteile geteilt wird, so ergibt sich daraus der Rücknahme-Preis, zu dem dann die Anteile von der Fondsgesellschaft zurück gekauft werden.

Der Erwerb von Offenen Immobilienfonds erfolgt über Banken oder Kreditinstitute. Dabei werden von der Fondsgesellschaft die Immobilien verwaltet. Die Erträge der Fonds (Mieteinnahmen nach Abzug der Kosten) werden an die Anteilseigner ausgeschüttet. Bei einem hier gut verwalteten Fonds ist die Rendite zum Teil höher als bei festverzinslichen Wertpapieren. Die Erträge können auch alternativ für neue Immobilienobjekte verwendet werden. Dadurch erhöht sich das Fondsvermögen. Beim Erwerb von Anteilen an Offenen Immobilienfonds wird in der Regel ein Ausgabeaufschlag von 5 Prozent fällig. Dazu kommen noch Verwaltungskosten in der Höhe von 0,5 bis 2 Prozent.

Damit das Risiko gemindert wird, gibt es eine Mindesthaltedauer der Anteile von 24 Monaten und eine Kündigungsfrist von 12 Monaten. Wenn der Anteilseigner seine Anteile an die Fondsgesellschaft zurückgeben möchte, erhält dieser dann erst nach 12 Monaten nach seiner Kündigung seine Rückzahlung zu dem dann aktuell gültigen Anteilswert. Somit erhält dann das Fondsmanagement wesentlich mehr Zeit, um eine Liquiditätsstrategie aufzubauen und, wenn es erforderlich ist, auch unter Umständen Objekte zu veräußern.

Parallel zur Rückgabe an die jeweilige Fondsgesellschaft besteht auch die Möglichkeit, die Anteile kurzfristig an der Börse zu veräußern. Dort entsteht dann aufgrund von Nachfrage und Angebot ein Preis. Wenn die Nachfrage hoch ist, ist es auch für Anleger hier möglich, mehr als den offiziellen Rücknahme-Preis zu erzielen. Bei einer sinkenden Nachfrage ist der Verkauf hier eventuell nur mit Abschlägen möglich.

Die Rating-Agentur Feri Euro Rating bringt in regelmäßigen Abständen für die auf dem Markt vorhandenen offenen Immobilienfonds eine Bewertung heraus. Dabei sollten die Anleger grundsätzlich die Ergebnisse der vergangenen Jahre berücksichtigen. Hierbei sollten auch die Halbjahres- und Jahresberichte der Fonds, die allgemeinen Anlegerinformationen sowie ein Gespräch mit einem Berater durchgeführt werden. Weitere Entscheidungskriterien sind auch die Liquidität des Fonds, die Laufzeiten der Mietverträge für die im Portfolio befindlichen Immobilien sowie die Vermietungsquoten.

Fondsmanagement

Die Verwaltung von einem Offenen Immobilienfond wird treuhänderisch durch eine Kapitalverwaltungsgesellschaft (KVG) durchgeführt. Dabei geht es bei der Verwaltung um die Verwaltung des Vermögens und nicht um die Bewirtschaftung der Gebäude. Die Kapitalverwaltungsgesellschaft berechnet für ihre Tätigkeit Gebühren, die zum Teil in dem einmaligen Aufgabeaufschlag von 5 bis 5,5 Prozent enthalten ist. Eine solche Kapitalverwaltungsgesellschaft muss eine Aktiengesellschaft oder eine GmbH oder eine GmbH & co.KG (also eine Kapitalgesellschaft) als Rechtsform aufweisen und mit einem ausreichenden Eigenkapital ausgestattet sein. Wenn eine solche Kapitalgesellschaft einen Fond auflegen möchte, muss hier ein Anfangskapital von bis zu 300.000 Euro vorhanden sein und das Geld muss vollständig einbezahlt sein. Wenn das Fondsvermögen 250 Mio Euro übersteigt, muss die Kapitalverwaltungsgesellschaft weitere Eigenmittel in Höhe von mindestens 0,02 Prozent der den Betrag übersteigenden Summe aufbringen.

Die Vor- und Nachteile von Offenen Immobilienfonds

Vorteile

- **Wenig Verwaltungsaufwand.** Der Verwaltungsaufwand, wie bei einer Eigentumswohnung oder einem Haus, ist hier nicht vorhanden. Ebenso übernimmt die Organisation zum Beispiel die Renovierungsarbeiten, das Eintreiben der Mietschulden oder die Mietersuche.

- **Geringere Mindestanlage.** Da hier nicht Beträge in fünf- oder sechsstelliger Höhe im Minimum angelegt werden müssen, ist hier ein breiterer Kreis von Anlegern vorhanden.

- **Gesetzliche Diversifizierung vorgeschrieben.** In Deutschland muss jeder Offene Immobilienfonds mindestens 10 Objekte vorweisen. Dadurch wird die Gefahr, dass Mietausfälle von einem Objekt auf Einfluss die Rendite haben, vermindert.

- **Qualifiziertes Fondsmanagement.** Ein qualifiziertes Fondsmanagement legt großen Wert auf sehr hochwertige Objekte in einer guten Lage. Dazu gehören dann City-Immobilien mit Gewerbeeinheiten, die gut vermietet werden können, aber auch Misch-Immobilien, die aus Gewerbe- und Wohneinheiten bestehen und beide müssen von dem Fondsmanagement zur Risikostreuung gut gemischt werden.

Nachteile

- **Problem Liquiditätsreserven.** In der Finanzkrise von 2008 wollten viele Anleger ihre Anteile auf ein Mal an die Fondsgesellschaft zurückgeben. Dadurch waren die Liquiditätsreserven sehr kurzfristig aufgebraucht und die Fondsgesellschaft konnte nicht schnell genug die Objekte verkaufen. Damals sind bei 18 Fonds die Mittel ihrer Anlage eingefroren worden und die Abwicklung erstreckte sich über Monate und Jahre.

Damit dann zukünftig ein solches Risiko nicht mehr in diesem Ausmaße auftritt, wurden eine Mindesthaltedauer von 24 Monaten sowie eine Kündigungsfrist von 12 Monaten gesetzlich eingeführt. Wenn heute ein Anteileigner seine Anteile an die Fondsgesellschaft zurückgeben will, erhält dieser dann erst nach 12 Monaten nach der von ihm ausgesprochenen Kündigung die Rückzahlung zu den dann gültigen Anteilswerten.

Geschlossene Immobilienfonds

Bei den geschlossenen Immobilienfonds wird nur in eine begrenzte Anzahl von Objekten oder nur in 1 Objekt von einer begrenzten Anzahl von Anlegern investiert. Die bevorzugten Objekte sind hier Einkaufszentren, große Büroimmobilien in einer sehr zentralen Lage oder Hotels. Auch gibt es Anbieter, die hier in Logistik-Immobilien oder in Wohngebäude investieren.

Wenn die vorhandenen Anteile des Fonds verkauft worden sind, wird der Fond geschlossen und es werden keine neuen Anteile mehr ausgegeben. Ebenso sind solche geschlossenen Immobilienfonds oft zeitlich befristet, weil hier grundsätzlich der Plan besteht, die Immobilien nach einer bestimmten Haltezeit mit Gewinn zu veräußern und dann die Anleger auszahlen.

Die Mindestanlagebeträge sind bei solchen geschlossenen Immobilienfonds deutlich höher, als dies bei den offenen Lösungen der Fall ist. Sie liegen hier oft im vier- oder fünfstelligen Bereich. Auch die Gesellschafter bei den geschlossenen Immobilienfonds verfügen nur in begrenzten Umfang ein Entscheidungs- und Mitspracherecht.

Geschlossene Immobilienfonds werden nicht an einer Börse gehandelt und es besteht auch keine Möglichkeit, diese Fonds-Anteile während der langjährigen Laufzeit zurückzugeben. Hierbei handelt es sich um eine langfristige Kapitalanlage. Nur über den grauen Kapitalmarkt (Zweitmarkt) ist es zum Teil auch während der Laufzeit möglich, die Anteile zu veräußern, aber dies oft mit Verlust.

Geschlossene Immobilienfonds haben Gewinne erzielt, wenn sie azyklisch gehandelt haben. Das bedeutet in Zeiten der schwachen Immobilienmärkte günstig Immobilien zu kaufen und in den Boom-Zeiten die Fonds (wo die Preise dann sehr hoch sind) aufzulösen und die Objekte zu verkaufen. Dabei ist es wichtig, dass diese Fonds-Art ihre Objekte an langfristige und gute Mieter vermietet, denn bei Mietausfällen oder Leerständen kann aufgrund der Begrenztheit der Objekte schnell ein solcher Fond ins Wanken kommen.

Deshalb ist es wichtig, vor der Investitionsentscheidung, sich genau die Entwicklung der Produkte der jeweiligen Fondsgesellschaft anzuschauen. Wenn der geschlossene Immobilienfond nur in eine Immobilie investieren will, sollte die Qualität dieser Immobilie genau geprüft werden (wo befindet sich das Objekt; sind gute Mieter im Objekt vorhanden; wie lang laufen die Mietverträge etc.). Ebenso macht es Sinn, bei großen Objekten auch einen Wirtschaftsprüfer oder ein Steuerberater zur Rate zu ziehen.

Problematik Blind Pool bei Geschlossenen Immobilienfonds

Zum Teil kommen auch bei Geschlossenen Immobilienfonds sogenannte Blind Pools zum Einsatz. Das bedeutet, dass bei der Auflage des Fonds die genauen Investitionsobjekte noch nicht konkret feststehen. Hier spricht man dann von einem „Blind Pool“ oder auch „Blindpool“. Wenn der Fond bereits das eine oder andere Investitionsobjekt vorweisen kann, jedoch noch nicht alle Objekte, in die der Fonds investieren möchte, bereits abgeschlossen sind, spricht man von einem „Semi-Blind-Pool“.

Bei einem solchen Angebot muss der Anleger ein großes Vertrauen in die Leistungsfähigkeit sowie die Kompetenz der Geschäftsführung des Fonds haben, weil er hier dann nur in das Know How der Fondsmanager investiert und keine genauen Auswahlkriterien, was die Investitionsgegenstände anbelangt, vorliegen hat.

Gerade im Immobilienbereich sind solche Angebote in den letzten Jahren stärker im Kommen. Das hängt jedoch auch unter anderem damit zusammen, dass bei einer solchen Lösung für die Kapitalverwaltungsgesellschaft keine Eigenkapitalzwischenfinanzierung erforderlich ist und somit auch solchen Anbietern der Zugang zum Immobilienmarkt ermöglicht wird, die von der Bonität her nicht so stark sind.

Bei einem solchem Angebot ist äußerste Vorsicht geboten, weil vor der Investition das Anlageobjekt durch den Anleger nicht selbst beurteilt werden kann. Ebenso besteht die Gefahr, dass die Geschäftsleitung der Fondsgesellschaft nicht in der Lage ist, hier ausreichend gute Anlageobjekte zu finden, um dann die im Anlageprospekt aufgeführten Kriterien auch umsetzen zu können. Ebenso besteht hier auch das Risiko, dass die Streuung über die geplante Objektanzahl von Investitionsmöglichkeiten wesentlich geringer ausfällt, als dies bei der ursprünglichen Rendite-Prognose-Berechnung vorgesehen war.

Die Vor- und Nachteile bei Geschlossenen Immobilienfonds

Vorteile

- **Reduzierter Verwaltungsaufwand**. Wie bei den Offenen Immobilienfonds, entsteht auch hier nicht der Verwaltungsaufwand, wie dies bei einem Wohnungs- oder Hauskauf der Fall ist.

- **Höhere Renditen**. Gegenüber den Offenen Immobilienfonds werden von den Fondsgesellschaften den Anlegern hier höhere Renditen in Aussicht gestellt.
- Steuervorteile. Die Beteiligung an einem Geschlossenen Immobilienfond kann für den Anleger Steuervorteile in Einzelfällen zur Folge haben. Da dies von Fall zu Fall anders gelagert ist, sollten hier entsprechende Interessenten sich hierbei mit ihrem Steuerberater absprechen.

- **Prospekthaftung der Fondsgesellschaft**. In den Prospektunterlagen stehen für den Anleger-Interessenten alle wichtigen Informationen für eine Anlageentscheidung drin. Dabei haften dann die Emittenten für die Angaben des Prospektes von Gesetzes wegen. Hier ist dann eine Kontrolle durch einen unabhängigen Wirtschaftsprüfer nochmals von Vorteil.

- **Regelmäßige Ausschüttungen**. In der Regel gibt es bei den Geschlossenen Immobilienfonds regelmäßige Ausschüttung, je nach Konzeption und Zusammensetzung monatlich, vierteljährlich oder jährlich, so dass die Erträge regelmäßig zufließen.

- **Börsenunabhängige Entwicklung**. Im Unterschied zu Aktien oder anderen an der Börse gehandelten Wertpapieren sind Geschlossene Immobilienfonds nicht von dem Marktgeschehen an den jeweiligen Börsen abhängig.

Nachteile

- **Gefahr hoher Weichkosten**. Im Unterschied zu den Offenen Immobilienfonds sind die teilweise bei Geschlossenen Immobilienfonds vorhandenen hohen Weichkosten ein Nachteil. Diese Kosten müssen zunächst einmal erwirtschaftet werden, bevor dann der Anleger etwas an Gewinnen sehen kann.

- **Geschlossene Immobilienfonds sind unternehmerische Beteiligungen**. Das hat zur Folge, dass Ertragsausfälle sowie bis zum Extremfall ein Totalausfall möglich ist, wenn die im Fonds befindlichen Objekte in der Bewirtschaftung und dem späteren Verkauf nicht so umgesetzt werden, wie geplant.

- **Investition in nur eine begrenzte Anzahl von Objekten oder nur ein Objekt**. In einem solchen Fall kann der Ausfall von wenigen Mietern bereits sichtbare Auswirkungen auf die Renditeentwicklung haben.

- **Auszahlungen müssen zurückgezahlt werden**. Je nach der Ausgestaltung der Verträge können Ausschüttungen bei Geschlossenen Immobilienfonds auch zurückgefordert werden, wenn die Fondsgesellschaft in Schwierigkeiten gerät. Das ist besonders dann eine Gefahr, wenn dann anstelle der Gewinne Teile der Investitionseinlage für Ausschüttungen eingesetzt werden (Schneeballsystem).

- **Fonds mit Nachschusspflichten**. Hier gab es auch Modelle, bei denen die Anleger mit ihrem persönlichen Vermögen für die Verbindlichkeiten der Fondsgesellschaft haften. Seit dem Jahr 2013 sind solche Angebote in Deutschland verboten, jedoch nicht bei ausländischen Rechtsformen. Deshalb ist hier Vorsicht geboten.

Immobilien Crowdinvesting

Beim Immobilien Crowdinvesting geht es um eine Immobilienfinanzierung durch die Crowd. Unter der Crowd versteht man eine Vielzahl von Privatleuten, die auch als Schwarm bezeichnet wird. Da es sich hierbei um eine große Anzahl von Personen handelt, stellt hier jede einzelne Person nur einen kleinen Betrag bereit. Hierbei geht es um die Finanzierung unter anderem von Start-Ups oder auch Immobilienprojekten (Immobilien Crowdinvesting).

Beim Immobilien Crowdinvesting geht es bei dieser Art der Schwarmfinanzierung um eine direkte Investition in im Bau befindliche Grundstücke, Bestandsimmobilien oder auch in Grundstücke. Aufgrund der sehr überschaubaren Beträge ist diese Möglichkeit der Investition in Immobilien auch für Kleinanleger interessant. Dabei wird jedoch das hier eingesammelte Geld im Unterschied zu den hier bereits behandelten Offenen Immobilienfonds nur für ein Projekt im Immobilienmarkt verwendet. Hierbei wird das Objekt über eine entsprechende Plattform vorgestellt, auf der sich dann auch die entsprechenden Interessenten darüber ausführlich informieren können.

Auch liegen hier im Unterschied zu den Immobilienfonds (egal, ob Offene oder Geschlossene Immobilienfonds) die Verwaltungs- und Einstiegskosten für die Anleger wesentlich niedriger oder sogar teilweise bei 0 Euro. Die Anleger können hier digital investieren. Die Vorauswahl der Projekte wird entweder von Projektträgern oder von der Plattform, die das Projekt anbietet, übernommen. Davor erfolgt hier von dem Management eine genaue Überprüfung, bevor das Projekt veröffentlicht wird. Auch für den Bau- oder Projektträger ist eine solche Finanzierungs-Art günstig. Dabei erfüllt dann das Kapital der Anleger für den Bau- oder Projektträger die Funktion von Eigenkapital. Hier wird auch von dem sogenannten Mezzanine-Kapital (eine Mischform von Fremd- und Eigenkapital) gesprochen.

Die Funktionsweise von Immobilien Crowdinvesting.

Auf den einzelnen Plattformen, die im Internet solche Projekte anbieten, wird ein von dort oder vom dem jeweiligen Projektbetreiber ausgewähltes Immobilienprojekt vorgestellt und die Interessenten werden über die Konditionen informiert. In Absprache mit dem Bauträger wird von der Plattform ein Funding-Zeitraum festgelegt. Innerhalb dieses Zeitraumes soll ein bestimmte Funding- oder Anlagevolumen erreicht werden. Das Projekt wird dann umgesetzt, wenn die festgelegte Funding-Schwelle in Euro innerhalb der vorgeschriebenen Zeitspanne erreicht wird. Sollte diese Mindestfinanzierungsschwelle nicht erreicht worden sein, wird der Zeitraum nochmals verlängert. Sollte auch innerhalb dieses verlängerten Zeitraumes diese Summe nicht zusammen kommen, geht das eingesammelte Geld in der Regel an die Anleger zurück. Wenn das Projekt umgesetzt wird, werden die Anleger vom Internetdienstleister (von der Plattform) über den Fortgang des Projektes regelmäßig informiert. Dabei muss jede Investition, die von den Anlegern vorgenommen wird, den Bedingungen der Plattformbetreiber entsprechen.

Bei der Investitionsform, die hier angeboten wird, handelt es sich entweder um ein Nachrangdarlehen, Genussrechte oder eine stille Beteiligung. Auch wird der Mindestanlagebetrag von der Plattform vorgegeben. Dieser liegt in der Regel zwischen 25 und 500 Euro.

Die Verzinsung des Kapitals richtet sich nach dem vorhandenen Risiko, dem Ausschüttungsmodus sowie der Laufzeit der Anlage. Dabei wird hier ein Festzins festgelegt, der entweder jährlich oder insgesamt am Ende der Laufzeit ausbezahlt wird. Wenn der Investor bei einem Projekt auch von der Wertentwicklung des hier im Projekt vorhandenen Grundbesitzes partizipiert, liegt dort die Basisverzinsung niedriger, als wenn nur ein festgeschriebener Zinssatz vorhanden ist. Bei den Anlage-Projekten handelt es sich um Einkaufszentren, Wohnanlagen, Hotels, Büroimmobilien, Ärztehäuser, Studentenwohnkomplexe, Schlösser und vieles mehr.

Diese Art der Schwarmfinanzierung wird vom Gesetzgeber aus durch eine entsprechende Regulierung unterstützt. Hier gibt es zum Schutz der Kapitalanleger entsprechende Vorgaben für die digitalen Immobilieninvestitionen. Ebenso müssen für die Finanzierung das Vermögensanlagegesetz (VermAnIG) sowie das Kleinanlegerschutzgesetz (KASG) beachtet werden. Ab einer Anlagesumme ab 1.000 Euro muss der Privatanleger gegenüber dem Dienstleister versichern, dass dieser entweder maximal zwei Netto-Monatsgehälter anlegt ober über ein Vermögen von mindestens 100.000 Euro verfügt.

Hier besteht für den Anleger die Chance, bei einer relativ kurzen Bindungsfrist des dort investierten Betrages (zwischen 18 bis 48 Monaten), eine überdurchschnittliche Rendite zu erhalten. Hier besteht somit auch für Kleinanleger die Möglichkeit, höhere Zinsen zu erhalten. Ebenso entsteht für den Anleger hier keine zusätzliche Gebühr.

Den relativ hohen Zinsen stehen jedoch auch entsprechende Anlagerisiken gegenüber. Wenn zum Beispiel der Bauträger in Insolvenz geht, besteht die Gefahr, dass der Anleger sein eingesetztes Kapital verliert und muss somit einen Totalverlust einkalkulieren. Durch eine starke Steuerung in relativ viele Projekte lässt sich hier das Risiko verringern. Auch kommt der Anleger während des Zeitraums an die Anlagegelder nicht heran. Einen dabei funktionierenden regulierten Handelsplatz für solche Investments gibt es derzeit noch nicht.

Die Vor- und Nachteile von Immobilien Crowdinvesting

Vorteile

- **Kleine Anlagebeträge**. Hier können auch Kleinanleger bereits mit Summen ab 25 Euro in Immobilienprojekte investieren.
- **Hohe Renditen**. Die Renditen bewegen sich hierbei im Bereich zwischen 3 und 8 Prozent p.a..
- **Börsenunabhängig**. Es gibt keine Kursschwankungen und es besteht auch keine Nachschusspflicht.
- **Keine Verwaltungskosten**. Hier werden keine zusätzlichen Verwaltungsgebühren erhoben.

Nachteile

- Totalverlustrisiko. Wenn der Bauträger in Insolvenz geht, ist der Verlust des kompletten Anlagebetrages möglich.
- Nachrangdarlehen. Aufgrund der Nachrangigkeit der Anlegerforderungen werden im Insolvenzfalle zunächst die erstrangigen Forderungen beglichen.
- Keine Verfügbarkeit während der Laufzeit. Das angelegte Kapital ist während der Laufzeit nicht verfügbar.

- Risiken des Immobilienmarktes. Sollte es zu einem Preisverfall an den Immobilienmärkten kommen, wirkt sich dies auch hier aus.

Die Lücke eines Anlageportfolios im Immobilienbereich kann mit REITS geschlossen werden

Bei einem Anlageportfolio kann der Bereich Immobilien alternativ mit dem Anlagevehikel REITs abgedeckt werden.

Was genau sind REITs?

Bei dem Real Estate Investment Trust (abgekürzt REIT) handelt es sich um eine Anlagemöglichkeit, die für den Kauf von Immobilienvermögen Anlegergelder bündelt. Einen Reit kann man sich wie einen börsengehandelten Fonds oder ETF vorstellen. Hier wird dann im Unterschied dazu nicht in Anleihen oder Aktien investiert, sondern in Immobilien.

Die Grundidee hinter den REITS ist, den Anlegern es zu ermöglichen, ihr Kapital in Anlagemöglichkeiten zu investieren, die sonst für die meisten Menschen nicht erschwinglich wären. So ist zum Beispiel eine Investition für einen durchschnittlichen Investor in ein Einkaufszentrum in der Regel nicht direkt machbar, aber durch einen REIT wird das ihm möglich.

REITS erzielen Erträge aus ihrem Immobilienvermögen und geben diese in Form von Dividenden dann an ihre Aktionäre weiter.

Somit handelt es sich bei REITS um börsennotierte Unternehmen, die auf dem Gebiet der Bewirtschaftung, Erschließung, Verwaltung von Immobilien sowie im Hypothekengeschäft tätig sind. Dabei unterliegt der Geschäftsbetrieb besonderen Bestimmungen.

Der nächste und die weiteren Teile befassen sich mit dieser Anlageform im Immobilienbereich im Detail.

Weiterführende Informationen

Auf unserer Website können Sie das Buch kostenfrei als PDF sowie als Audiobuch herunterladen. Des weiteren erwarten Sie dort unsere Investment Videokurse, Bonusinhalte zum Buch sowie unser Investment Blog. Nutzen Sie jetzt den Link und sichern Sie sich unseren Immobilien Rendite Rechner für 0€ statt 99€.

http://cherryfinance.de/REITSB

Teil 1
Grundlegende Informationen zu REITs

• • • • • • • • • • •

Die historische Entwicklung der REITs (Real Estate Investment Trusts)

DIE EINFÜHRUNG DES ANLAGEINSTRUMENTES REAL Estate Investment Trust erfolgte zuerst in den USA im Jahr 1960. Die Gesetzgebung zu diesem Anlageinstrument wurde vom damaligen US-amerikanischen Präsidenten Eisenhower auf den Weg gebracht. Mit Hilfe dieses damals neuen Anlageinstrumentes sollten sowohl privaten als auch institutionellen Anlegern die Möglichkeit gegeben werden, sich auch mit kleinen Geldbeträgen an großen sehr professionell gemanagten Immobilienportfolios zu beteiligen.

Die erste Gründung eines REITS erfolgte im Jahr 1961. 2 Jahre später wurde dann der Continental Mortgage REIT der erste an der Börse notierte US-REIT. In den darauf folgenden Jahren kam es in den USA immer wieder zu rechtlichen Veränderungen, um das Anlageprodukt an die Veränderungen des Marktes anzupassen. Dies hatte dann in den USA einen wichtigen Anteil am Erfolg dieser Assetklasse.

Den Höchststand an börsennotierten REITS in den USA gab es im Jahr 1994 mit 226 gelisteten Gesellschaften. Heute liegt man knapp bei 160 börsennotieren REITs mit einer Marktkapitalsierung von ungefähr 450 Mrd US-Dollar. Seit dem Jahr 2010 gibt es in den USA keine Hybrid-Lösungen mehr.

Dabei erwirtschafteten die REITS, die in einkommensproduzierende Immobilien investieren (sog. Equity-REITS) in den letzten Jahrzehnten in den USA eine durchschnittliche Rendite von 13 Prozent. Solche REITS, die Geld direkt an Immobilienbesitzer verleihen oder in immobilienbesicherte Finanzierungstitel investieren, werden als Mortgage REITs bezeichnet. Die seit 2010 verbotenen Hybrid-REITS waren eine Mischform aus Equity- und Mortgage-Lösungen und konnten Immobilieneigentum erwerben, aber auch Kredite vergeben.

Die REITs in den USA zeichnen sich durch eine sehr hohe Diversifikation aus. Das gilt sowohl für Standardfonds als auch für Fonds mit einer hohen Spezialisierung oder Festlegung auf einzelne Nutzungsarten oder Teilmärkte.

Die Entwicklung in Deutschland

In Deutschland hat im Jahr 1958 die Bayerische Vereinsbank sowie die Bayerische Hypotheken- und Wechselbank das Internationale Immobilien-Institut AG gegründet. Das Ziel war damals, eine Art Fondsstruktur zu kreieren, mit deren Hilfe auch Kleinanleger wirtschaftlich am Immobilieneigentum beteiligt werden können. Das war in Deutschland dann der Anfang der Offenen Immobilienfonds und somit ist dann hier in Deutschland durch die Offenen Immobilienfonds eine Möglichkeit vorhanden gewesen, wo sich ein großer Anlegerkreis mit kleinen Sparbeträgen an Immobilien beteiligen konnte. Das Portfolio setzt sich aus verschiedenen Größen, Mietern sowie Nutzungsarten in verschiedenen Standorten zusammen. Danach ist damit auch der Grundsatz der Risikomischung erfüllt. Aus diesem Grund hat es in Deutschland bis zum Jahr 2007 gedauert, bis im Zuge der Internationalisierung der Finanzmärkte Deutschland bereit war, die Anlageklasse des REAL Estate Investment Trust einzuführen. Bisher war man davon ausgegangen, dass durch die Offenen Immobilienfonds hier bereits eine Lösung in Deutschland vorhanden war.

Die Anlageklasse REITs wurde deshalb in Deutschland zum 1. Januar 2007 eingeführt. Dabei sollte eine zu starke Reglementierung der abzudeckenden Geschäftsfelder hier verhindert werden. Der Schwerpunkt der Geschäftstätigkeit der G-REITs sollte im Erwerb, in der Errichtung, Vermietung und Verpachtung sowie der Veräußerung von indirekt oder direkt gehaltenen Immobilien liegen. Ebenso muss ein aktives Management, der den vorhandenen Immobilienbestand verwaltet, vorhanden sein. Dabei muss ein G-REIT mindestens 75 Prozent seines Vermögens (zu den jeweiligen aktuellen Marktwerten) in Immobilien investiert haben und die darauf resultierenden Bruttoerträge müssen zu mindestens 75 Prozent aus der Verpachtung, Vermietung oder der Veräußerung von Immobilien stammen.

Die Entwicklung in Asien

Neben den USA und Europa konnten sich die REITs auch im asiatischen Bereich behaupten und etablieren. Auch in Asien sind die Immobilienmärkt im Aufschwung. Die Grundlage hierfür sind zum Teil ein solides Wirtschaftswachstum, noch relativ niedrige Zinsen sowie zum Teil günstig bewertete Objekte. Gerade in Ländern, wie Philippinen, in Shanghai oder in Bangalore sorgt die Verlagerung von Arbeitsplätzen aus dem Westen für eine anhaltende Nachfrage nach Wohnungen sowie Büroimmobilien. In Singapur läuft ein fortlaufender Modernisierungsprozess bei den Touristenresorts sowie den dort vorhanden Malls und Kasinos. Das hierfür erforderliche Kapital kommt aus der REIT-Branche. In Singapur wird der REIT-Markt auf Milliarden US-Dollar im zweistelligen Bereich geschätzt und dadurch ist Singapur die Nummer 2 in diesem Bereich in Asien.

Japan liegt hierbei an Nummer 1 und die Kapitalisierung liegt hier im oberen zweistelligen Milliarden US-Dollar-Bereich an der Börse.

Die internationale Entwicklung der REITs

Das REIT-Konzept hat sich auch international durchgesetzt. Das Modell gibt es weltweit in über 40 Ländern, wobei die gesetzlichen Vorgaben sowie die Namensgebung von Land zu Land sehr unterschiedlich sind.

Dazu gehören u.a. Belgien, Einführung 1995 mit der Bezeichnung Societe d Investissement a Capital Fixe en Immobilier (Abkürzung SICAFI); Australien im Jahr 1998 Bezeichnung A-REIT; Singapur Einführung 1999 Bezeichnung S-REIT; Japan Einführung 2001 mit der Bezeichnung J-REIT; Südkorea Einführung 2001 mit der Bezeichnung K-REIT; Frankreich Einführung 2003 mit der Bezeichnung Societes d Investissemente Immobilier (Abkürzung SILC); Hongkong Einführung 2003 mit der Bezeichnung H-REIT; Großbritannien Einführung 2007 mit der Bezeichnung UK-REIT und Deutschland Einführung 2007 mit der Bezeichnung G-REIT. In Spanien wurden die REITs 2012 mit der Bezeichnung Sociedades Anonimas Catizadas de Inversion el Mercado Inmobiliaro (Abkürzung SOCIMI) eingeführt.

Auch in etwas exotischeren Märkten, wie zum Beispiel, Bulgarien (Einführung 2003 für den Blugarian REIT (BG-REIT) oder Malaysia Einführung 2005 mit der Bezeichnung Malaysian REIT (M-REIT) gibt es entsprechende REITs-Lösungen.

Einige Gründe, warum eine Investition in REITs sinnvoll ist

REITs ermöglichen es, dass Investoren mit kleineren Beträgen in Anlagemöglichkeiten investieren können, bei denen ein einzelner kleiner Investor sonst nicht die Möglichkeit hätte, diese Anlagemöglichkeit in sein Anlage- Portfolio mit aufzunehmen.

Zusätzlich gibt es hierzu unter anderem noch weitere Gründe.

Einnahmen

Die REITs müssen im Großen und Ganzen (siehe unten Vorgaben von der IRS) fast das gesamte zu versteuernde Einkommen auszahlen. Dadurch ergeben sich für die meisten REITS überdurchschnittliche Renditen. Aufgrund von Statistiken weisen von den börsennotierten Aktien-REITs, die an den wichtigsten US-Börsen notiert sind, mehr als 90 Prozent davon eine höhere Dividendenrendite als ein durchschnittliches S&P-Unternehmen aus.

Diversifikation

In einem Portfolio können REITs dabei helfen, ein Teil des anzulegenden Kapitals auf eine andere Anlageklasse (in diesem Fall Immobilien) zu verteilen.

Benutzerfreundlichkeit

Einem einzelnen Anleger oder Investor würde es große Schwierigkeiten bereiten, einen Kauf oder die Verwaltung von den in REITs platzierten Anlageobjekten, wie Einkaufszentren oder Hotels, durchzuführen. REITs ermöglichen es, hier jedem einzelnen Anleger ohne große Verantwortung an dieser lukrativen Anlageklasse teilzuhaben.

Total-Return-Potenzial

Immobilien verfügen über ein hohes Total-Return-Potenzial. In den letzten 25 Jahren haben die REITS, wie bereits erwähnt, die Gesamtrenditen des S&P übertroffen und es gibt auch hier eine größere Anzahl von REITs, die langfristig eine durchschnittliche Gesamtrendite von 15 Prozent oder mehr erzielt haben.

Die speziellen Anforderungen, die ein Unternehmen als REIT erfüllen muss

Damit ein Unternehmen als Real Estate Investment Trust (REIT) auftreten kann, muss es einige Bedingungen gemäß der IRS (International Revenue Service - die Bundessteuerbehörde der USA und ist dem Finanzministerium in den USA unterstellt) hierzu erfüllen.

Dazu gehören unter anderem

- Das Unternehmen muss mindestens 90 Prozent seines zu versteuerndes

Einkommens an die Aktionäre auszahlen. Dabei zahlen nach Angaben der National Associtíon of Real Estate Investment Trusts in den USA viele der REITS 100 Prozent ihres steuerpflichtigen Einkommens an ihre Aktionäre aus.

- Mindestens 75 Prozent des Vermögens muss in Immobilien investiert sein.

- Ebenfalls müssen mindestens 75 Prozent der Erträge aus Einnahmen von Mieten oder anderen Immobilieninvestitionen erzielt werden.

- Die Aktionszahl muss mindesten 100 Aktionäre betragen.

- Nicht mehr als 50 Prozent der Aktien von einem REIT dürfen von 5 oder weniger Personen gehalten werden. Deshalb gibt es eine größere Anzahl von REITS, die den Aktienanteil von einer Person auf 10 Prozent beschränken, damit diese Regel eingehalten werden kann.

- Wenn diese Voraussetzungen alle erfüllt sind und das Unternehmen als REIT eingestuft ist, kommt diese Unternehmen in den Genuss von einem großen Steuervorteil. Dies wird dann ausführlich unter der Rubrik „Steuervorteile für REITS“ behandelt.

Die unterschiedlichen Kategorien von REITS

Hierbei werden 2 Hauptkategorien von REITS unterschieden, und zwar Eigenkapital sowie Hypothek.

Die meisten börsennotieren REITs basieren auf Eigenkapital und sind Aktien-REITs. Das bedeutet, dass diese Kategorie mit Eigenschaften zur Erzielung von Erträgen ausgestattet ist. Normalerweise verwendet der größte Teil der Gesprächspartner den Begriff „REIT“, wenn es um Aktien REITs geht und wenn keine andere Kennzeichnung vorhanden ist.

Im Unterscheid dazu investieren Hypotheken-REITS in Hypotheken sowie hypothekarisch gesicherte Wertpapiere und weitere hypothekarische angebundene Vermögenswerte. Hypotheken-REITs sind auch nicht im S & P enthalten.

Bei den REITS Arten wird zwischen den Equity-REITS und Mortgage-REITs unterschieden. Die Equity-REITS beiziehen ihre Einkünfte fast ausschließlich aus der Vermietung von Immobilien. Die Mortgage-REITs erwerben besicherte Hypotheken und vergeben dann Darlehen an Immobilien-Projektentwickler. Bei dieser Art von REITS erfolgt keine direkte Investition in Immobilien. Die Hybrid-REITS, die in den USA seit 2010 verboten sind, sind eine Kombination aus Equity- und Mortgage-REITs.

Die Funktionsweise von EQUITY-REITs

Dabei unterscheidet sich der Aktienkauf bei einem Aktien-REITS nicht so stark vom Kauf von Aktien eines börsennotierten Unternehmens. Hierbei werden von den Equity-REITs gewerbliche Immobilien, die von Hotel bis hin zu Einkaufszentren oder vom Bürogebäude bis hin zu Apartments reichen, erworben. Der Erwerb dieser Immobilien hat das Ziel, Einnahmen zu erzielen. Dabei gibt es Equity-REITs, die sehr diversifiziert vorgehen und somit befinden sich in deren Portfolios die verschiedensten Arten von Immobilien. Andere Equity-REITS haben sich auf ein bestimmtes Immobilien-Thema dagegen spezialisiert und nur in Hotels oder in Einkaufszentren investiert.

Die Vor- und Nachteile bei einer Investition in EQUITY-REITs

Vorteile

- Höhere Dividenden-Renditen. Ein Equity-REIT ist von der IRS aus (Internal Revenue Service Bundessteuerbehörde der USA) dazu verpflichtet, mindestens 90 Prozent des zu versteuernden Einkommens an seine Aktionäre auszuzahlen. Somit darf diese Art von REITs nicht den größten Anteil der Gewinne einbehalten, um dadurch das eigene Wachstums voran zu treiben. Deshalb sind hier die Dividendenzahlungen in der Regel sehr hoch.

- Diversifizierung. Eine Equity-REIT bietet eine gewisse Art von Diversifizierung und somit muss der Aktionär dieser REITs-Art nicht selbst Immobilien in unterschiedlichster Ausführung kaufen, sondern erhält zum Teil ein sehr diversifiziertes Portfolio.

Nachteile

- Zum Teil kein Handel an öffentlichen Börsen. Solche Equity-REITS sind zum Teil nur beschränkt liquide, weil diese Aktien von den nicht börsennotierten REITS sich nicht so schnell verkaufen lassen, wenn dringend Geld benötigt wird.

- Schwierige Wertbestimmung der nicht öffentlichen REITs. Hier erfolgt in der Regel erst 18 Monate nach Abgabe des Verkaufsangebotes die Schätzung pro Aktie.

- Hohe Anfangsgebühren für nicht öffentliche REITs. Für solche Ausführungen entstehen zum Teil hohe Anfangsgebühren.

Die Funktionsweise von Mortgage REITs

Mortgage REITs (Abkürzung MREITs) bieten Finanzierungsmöglichkeiten für ertragsbringende Immobilien an. Mortgage REITs kaufen oder geben Hypotheken sowie hypothekenbesicherte Wertpapiere (Abkürzung MBS) aus und erzielen Erträge aus den Zinsen, die diese Anlagen abwerfen. Mit Hilfe der Mortgage REITs wird dem Immobilienmarkt erhebliche Liquidität zugeführt. Dabei erfolgt bei den Mortgage REITs die Investition sowohl in gewerbliche als auch private Hypotheken. Ebenso gehören hypothekenbesicherte Wertpapiere (Abkürzung RMBS) sowie gewerblich hypothekenbesicherte Wertpapiere (CMBS) mit dazu. In der Regel erfolgt bei den Mortgage REITs eine Konzentration auf den gewerblichen oder auf den Wohnungs-Hypothekenmarkt. Aber es gibt hier auch Ausführungen, die sowohl in CMBS als auch in RMBS investieren.

Mortgage REITS spielen in der US-Wirtschaft eine gewichtige Rolle. Solche MREITs tragen zur Finanzierung von 1,8 Millionen US-Häusern bei. Dabei bieten die MREITS eine gute sowie einfache Möglichkeit, eine Investition in Aktien am Hypothekenmarkt zu halten. Hierbei werden diese Aktien öffentlich gehandelt. Ebenso sind hier Transparenz sowie deren Liquidität öffentlich. Auch gibt es MREITS, die bei der SEC registriert sind, die jedoch nicht an der Börse notiert sind. Dabei werden diese nicht börsennotierten öffentlichen REITs (Abkürzung PNLRs) von Finanzberatern oder von Brokern an die Anleger verkauft und diese halten somit privat diese Anteile.

Diese REITs-Art hält Hypotheken sowie hypothekenbesicherte Wertpapiere in ihren Bilanzen und diese Investitionen in diese Hypotheken und Wertpapieren erfolgt sowohl mit Eigen- als auch mit Fremdkapital. Dabei ist es das Ziel eines MREITs, einen Gewinn aus der Nettozinsspanne oder der Spanne zwischen den Finanzierungskosten sowie den Zinserträgen der Hypothekenaktiva zu erhalten. Die Finanzierungsquellen sind vielfältig. Dazu gehören unter anderem Vorzugs- und Stammaktien, strukturierte Finanzierungen, Pensionsgeschäfte, langfristige und wandelbare Schuldtitel und andere Kreditfazilitäten. Bei den MREITs wird das Eigenkapital und auch das Fremdkapital an den öffentlichen Kapitalmärkten erhöht. Bei den MREITs kommen in der Regel weniger Kredite und deshalb mehr Eigenkapital zum Einsatz, um dadurch ihre Akquisitionen von MBS sowie Hypotheken zu finanzieren.

Bei den MREITs wird das damit verbundende Risiko mit kurzfristigen Finanzierungen durch verschiedene Absicherungsstrategien sowie durch Swaptions, Zinsswaps, Caps oder Floos und Zinssätze sowie mit anderen Finanzterminkontrakten gesteuert. Eine Risikosteuerung kann zum Beispiel auch durch die Anpassung der durchschnittlichen Laufzeiten der Vermögenswerte und deren Kredite sowie dem Verkauf von Vermögenswerten in zinsvolativen Situationen erfolgen. Dadurch entstehen Barmittel und dadurch reduziert sich die Kreditaufnahme.

Das Kreditrisiko oder Vorfälligkeitsrisiko bei MREITs (Mortage-REITs)

Ein großer Teil der Hypothekenpapiere, welche von den MREITs für Wohnimmobilien in den USA gekauft werden, sind die vom Bund (der USA) unterstützte sogenannte Agenturpapiere, die nur ein sehr begrenztes Kreditrisiko beinhalten. Die Kommerziellen MREITS können zum Teil durch die RMBS (gewerblich hypothekenbesicherte Wertpapiere) und CMBS (hypothekenbesicherte Wertpapiere) einem etwas höheren Kreditrisiko ausgesetzt sein. Das hier zugrunde liegende Kreditrisiko ist von der Kreditleistung des hier vorhandenen Darlehens, vom Grad der Überbewertung sowie von der Struktur des Wertpapiers (das bedeutet, welche Wertpapierklassen werden zuerst gezählt und welche kommen dann später dran) abhängig.

Wenn sich die Zinssätze verändern oder die Eigenheimkreditnehmer ihre Hypotheken refinanzieren müssen, wird dadurch die Wahrscheinlichkeit des Kreditrisikos beeinflusst.

Wenn es zu einer Refinanzierung kommt, ist der Investor, der eine solche Hypothek und ein Hypothekenwertpapier hält, dazu verpflichtet, den Erlös in das vorherrschende Zinsumfeld rein zu investieren. Dabei kann das Zinsumfeld höher oder niedriger sein. Deshalb müssen die MREITS dieses Vorfälligkeitsrisiko ebenfalls absichern und zwar mit solchen Instrumente, die sie ebenfalls für Zinsänderungsrisiken einsetzen.

Das Rollover Risiko bei MREITs

Die Aktiva bei einem MREIT setzen sich hauptsächlich aus den Hypotheken und den längerfristigen hypothekenbesicherten Wertpapieren zusammen. Die Verbindlichen dagegen können einen erheblichen Betrag an kurzfristigen Schulden enthalten. Dies kommt hauptsächlich bei den privaten MREITs vor. Diese Problematik in der Laufzeit erfordert dann, dass die kurzfristigen Schulden vor der Fälligkeit der Vermögenswerte überschrieben werden. Das hängt wiederum mit der Liquidität des REITs und dem reibungslosen Funktionieren des Marktes für kurzfristige Schuldtitel zusammen. Dazu gehört auch der Repo-Markt. Dieses Marktsegment ist mit geschätzten 2 Billionen Dollar und einem Handelsumschlag von mehreren hundert Milliarden Dollar sehr liquide. Von den Banken und die Händlern wird dieser Repo-Markt auch als eine der wichtigen Basisquellen für die Marktliquidität genutzt. Dabei ist in den Finanzierungsmärkten die Liquidität der Märkte mit dem des Marktes für Staatsanleihen zu vergleichen. Dieses Rollover-Risiko tritt hauptsächlich bei den privaten MREITs auf, während bei den an der Börse gehandelten MREITS in der Regel die Laufzeit der Verbindlichkeiten und deren Vermögenswerte deckungsgleich sind und somit hier ein wesentlich geringeres Rollover-Risiko auftritt.

Vorteile

- Möglichkeit der Diversifizierung. Mit Hilfe der MREITs besteht für den Anleger die Möglichkeit, Immobilienanlagen durchzuführen, ohne dass das Risiko eines Immobilienbesitzes vorhanden ist.

- Dividendenerträge ohne Kapitalgewinn. Da der IRS (International Revenue Service) verlangt, dass alle REITs mindestens 90 Prozent ihrer Einkünfte an die Anleger ausschütten, können hier die Aktionäre Geld in Dividendenform einnehmen, unabhängig davon, ob das Unternehmen Kapitalgewinne macht oder auch nicht.

Nachteile

- Veränderung der kurz- und langfristigen Zinssätze. Damit MREITs rentabel sind, müssen diese in der Lage sein, sich auf die Veränderungen von kurz- und langfristigen Zinssätzen einzustellen und diese zu überstehen. Wenn Zinssätze im Steigen begriffen sind, verlieren die Bestände bei einem MREIT an Wert und der Aktienkurs geht nach unten. Ebenso können jedoch auch MREITs an Wert verlieren, wenn die Zinssätze nach unten gehen und mehr Hypotheken vorbezahlt werden müssen. Dadurch wird auch die Höhe der Zinserträge begrenzt, welche MREITs erwirtschaften können.

- Erhöhtes Kreditrisiko. Wenn von einem MREIT Hypotheken erworben werden, die nicht von der Bundesbehörde garantiert werden, besteht die Gefahr, wenn diese Hypotheken in Verzug geraten, dass dann der REIT Geld verliert.

Die Besteuerung von REITS (für das Unternehmen und für den Anteilseigner)

Bei den meisten Unternehmen wird deren Gewinn doppelt besteuert. Wenn vom Unternehmen ein Gewinn erzielt wird, muss dafür Körperschaftssteuer bezahlt werden. In den USA sind dies aufgrund der „Tax Cuts and Jobs Act" ein Satz von 21 Prozent. Wenn dann die Aktionäre einen Teil des Gewinns in Form von Dividenden erhalten und ihre Aktien mit Gewinn wieder verkaufen, muss dafür wiederum Steuer gezahlt werden. Dabei gibt es zwar vergünstigte Steuersätze für langfristige Veräußerungsgewinne und qualifizierte Dividenden, aber dennoch liegt eine Doppelbesteuerung vor.

REITs dagegen zeichnen sich dadurch aus, dass bei den Gewinnen auf Gesellschaftsebene keine Besteuerung erfolgt, sondern nur die Gewinnausschüttungen an die Anleger besteuert werden. Den REIT-Status und die damit verbundene Befreiung von der Gewerbe- und Körperschaftssteuerpflicht wird jedoch auch nur gewährt, wenn ein REIT hier die hohen Anforderungen dafür erfüllt. Wie bereits erwähnt, muss der REIT hier hohe Ausschüttungen von mindestens 90 Prozent der Erträge vornehmen und mindestens 75 Prozent seiner Einkünfte aus Immobilientätigkeit erzielen. Durch besondere Vorgaben zum Unternehmensgegenstand, zur Börsennotierung, zum Grundkapital, zur Mindesthöhe der Ausschüttung und zum Streubesitz wird eine Art Sondertyp der Aktiengesellschaft in Form einer Immobiliengesellschaft hier geschaffen, die es dann auch zulässt, diese Art der Gesellschaft von der Körperschaftssteuer zu befreien und die ausgeschütteten Gewinne bei den Aktionären müssen dann voll versteuert werden.

Die Besteuerung der Dividenden bei einem REIT

In der Regel werden die REIT-Dividenden in 3 verschiedene Kategorien aufgeteilt. Dazu gehören die normalen Erträge, die Kapitalgewinne sowie die Kapitalrendite. Die Höhe hängt dann davon ab, wie der REIT im Steuerjahr dann seine Erträge erwirtschaftet hat. Dabei werden alle 3 Kategorien unterschiedlich besteuert.

Normale Erträge. Bei den normalen Erträgen erfolgt die Besteuerung zum individuellen Grenzsteuersatz (richtet sich nach der jeweiligen Steuerklasse). Aufgrund der „Tax Cuts and Jobs Act" können jedoch hierbei Durchleitungseinnahmen von den Einnahmen aus REITs abgezogen werden. Dadurch wird der zu zahlende Steuersatz gesenkt.

Kapitalgewinnausschüttungen. Bei den Kapitalgewinnausschüttungen erfolgt eine Besteuerung zu den günstigeren Kapitalgewinnsätzen, die auf 20 Prozent zuzüglich der Kapitalertragssteuer begrenzt sind.

Kapitalrendite. Hier erfolgt keine Besteuerung, weil dadurch die Kostenbasis der Aktie gesenkt wird. Dies kann jedoch zu Kapitalertragssteuern führen, wenn dann am Ende ein Verkauf steht.

Praxisbeispiel: Der Retail-REIT „National Retail Properties mit einer WKN-Nummer AOJMJZ hat für 2017 1,86 US-Dollar pro Aktie ausbezahlt. Hiervon entfielen 1,56 US-Dollar (ungefähr 84 Prozent) auf die normalen Einnahmen, 0,06 US-Dollar (in diesem Fall 3 Prozent) auf die Kapitalgewinnausschüttung und 0,25 US-Dollar (ungefähr 13 Prozent wurden als steuerfreie Kapitalrendite eingestuft). Aufgrund dieser Daten kann eine genaue Unterscheidung der 3 Einstufungen vorgenommen werden und in den USA gibt es dafür ein entsprechendes Steuerformular (Steuerformular 1099-DIV), wo dann diese Angaben eingetragen werden können.

Besteuerung der Anteilseigner eines deutschen REIT

Im § 19 des deutschen REIT-Gesetzes wird die Besteuerung der Anteilseigner der deutschen REIT-AG geregelt. Dabei gehören die Ausschüttungen von einer REIT-AG und den anderen REITS in Deutschland zu den Einkünften aus Kapitalvermögen (im Sinne des § 20 Abs.1 Nr. 1 EStG). Wenn die Anteile aus einem REIT im Betriebsvermögen gehalten werden, so sind hier die Ausschüttungen den gewerblichen Einkünften (gemäß § 20 Abs. 8 EStG) zuzuordnen.

Nach dem § 19 Abs. 2 Reitgesetz haben für die Veräußerung von REIT-Aktien, welche sich im Privatvermögen des Anteileigners befinden, die § 17 (Beteiligungsveräußerung) sowie die § 22 Nr. 2 und 23, Abs. 1 Satz 1 Nr. 2 EStG (Private Veräußerungsgeschäfte) Gültigkeit. Wenn sich die REIT-Aktien im Betriebsvermögen befinden, gilt hierfür der § 4 oder § 5 des EStG.

Aufgrund von § 19 Abs. 3 des REIT-Gesetzes ist das Halbeinkünfteverfahren und damit auch das Teileinkünfteverfahren (Verfahren zur steuerlichen Behandlung von Einnahmen aus Beteiligungen an Kapitalgesellschaften ausgeschlossen.

Quellensteuer für deutsche Anteilseigner bei REITs in den USA

Bei ausländischen Dividenden gibt es für jedes Land feste Quellensteuersätze. Das richtet sich nach dem jeweiligen Standort der Aktiengesellschaft. Die Ausschüttungen von REITs aus den USA unterliegen einem Quellensteuersatz von 30 Prozent. Dieser Satz ist doppelt so hoch, wie dies bei normalen Dividenden der Fall ist. Auf Antrag werden dann wiederum 15 Prozent zurück erstattet. Diese Belastung gilt dann für viele Anleger, die einen oder mehrere US-REITs in ihrem Depot haben. Wenn hier Veräußerungsgewinne ausgeschüttet werden, erhöht sich der Prozentsatz sogar auf

35 Prozent. Für die Anteilseigner mit einer Beteiligung von maximal 5 Prozent gibt es eine Ermäßigung von 5 Prozent. Bei Kapitalrückzahlungen fällt keine Quellensteuer an.

Zusammenfassung der steuerlichen Betrachtung der REITs national und international

National

Der Gewinn von REAL Estate Investment Trusts (REITs) wird nicht auf der Unternehmerseite besteuert. Dies erfolgt auf der Anlegerseite. Das bedeutet für deutsche Anleger, dass diese die Dividendeneinkünfte aus REITs als Einkommen aus Kapitalerträgen in ihrer Steuererklärung deklarieren und in Deutschland dann eine Besteuerung mit 25 Prozent Abgeltungssteuer plus SOLI erfolgt.

Im Gegensatz zu REITs versteuern die normalen Unternehmen ihre Gewinne zuerst mit der Körperschaftssteuer, bevor dann eine Ausschüttung an die Anteilseigner erfolgt. Dies schmälert dann wiederum die Dividende bei diesen Unternehmen. Das wurde früher durch das Halbeinkünfte-Verfahren geregelt. Diese Regelung ist im Jahr 2009 durch die Abgeltungssteuer ersetzt worden.

International

Wenn ein Anteilseigner REITS aus anderen Ländern im Portfolio hält, gelten die dort unterschiedlichen Regelungen der Versteuerung in den jeweiligen Ursprungsländern (wie zum Teil oben für die USA erklärt). Dabei fällt in den USA die Quellensteuer an, die aufgrund des mit Deutschland vorhandenen Doppelsteuerabkommens bei 15 Prozent liegt. In Singapur liegt hier der Steuersatz bei 10 Prozent für die ersten 5 Jahre und in Großbritannien werden die Ausschüttungen an deutsche Anteilseigner gar nicht versteuert.

Wichtige Kennzahlen für die Bewertung von REITs

Dabei ist Funds from Operations (Kurzfassung FFO) eine der wichtigen Messgrößen für die Investoren. Bei dieser Messgröße werden die Abschreibungen wieder dem Betriebsergebnis der REITs -hinzu addiert. Damit soll den Anlegern ein verbesserte Bild davon vermittelt werden, wie viel Geld ein REIT tatsächlich pro Aktie verdient. Bei REITs funktionieren die herkömmlichen Methoden zur Berechnung des Ertrags- oder des Nettoeinkommens nicht. Den REITs steht jedes Jahr ein Abschlag für die Abschreibung ihrer Immobilien zur Verfügung, so dass hier dann die ausgewiesenen REIT-Einnahmen deutlich geringer ausfallen, als dies tatsächlich der Fall ist. Somit verlieren die Immobilien rein buchungstechnisch Jahr für Jahr an Wert. In der Wirklichkeit steigt jedoch der Wert der Immobilie.

Zusätzlich zur FFO-Methode gibt es noch weitere Berechnungs-Methoden, die hier im Einzelnen vorgestellt werden.

Die FFO-Methode (Funds from Operations)

Bei der FFO-Methode handelt es sich um eine Kennzahl, die den operative Cash Flow des bei einem REITs vorhandenen Immobilienbestandes ausdrückt. Im Unterschied zum Nettogewinn werden hier durch die Abschreibungen (also keine Zahlungsmittelabflüsse) sowie die Verluste oder die Gewinne aus dem Immobilienverkauf (somit ergibt sich hier kein wiederkehrender oder operativer Cash Flow) korrigiert.
Daraus ergibt sich dann eine Berechnungsformel für den FFO.

Somit ist der FFO = Nettogewinn/Verlust + Abschreibungen sowie Amortisation - Gewinne aus dem Verkauf von Immobilien.

Dabei werden alle Bestandsteile bei der FFO-Berechnung in der Erfolgsrechnung von einem REIT aufgeführt. Wenn beispielsweise ein REIT eine Abwertung von 20.000 USD, einen Gewinn aus Immobilienverkäufen von 40.000 USD und einen Nettogewinn von 100.000 USD ausgewiesen hätte, so wäre der FFO 100.000 USD + 20.000 USD - 40.000 USD = 80.000 USD. Die REITs müssen ihre FFO-Berechnung in ihren öffentlichen Abschlüssen mit aufführen. Dies wird in der Regel in Form einer Kennzahl als Fußnote in der Gewinn- und Verlustrechnung mit angegeben.

Dabei darf man den FFO nicht mit dem operativen Cashflow von einem REIT verwechseln, welcher in der Kapitalflussrechnung des Unternehmens ausgewiesen wird. Der operative Cashflow misst den Nettobetrag der Zahlungsmittel und Äquivalenten, die aus dem laufenden regulären Geschäftsbetrieb in das Unternehmen einfließen. Aus diesem Grund darf der FFO nicht als Alternative für die Liquiditätssituation eines Unternehmens herangezogen werden.

Durch den FFO werden die Kostenrechnungsmethoden ausgeglichen. Dadurch kann dann die tatsächliche Leistung von einem REITS dargestellt werden. Dabei schreiben die Rechnungsgrundsätze nach GAAP (das sind die US-amerikanischen Rechnungslegungsvorschriften sowie die allgemein anerkannten Verfahrensweisen bei der Rechnungslegung) vor, dass alle REITs ihre Immobilien im Zeitablauf nach einer üblichen

Abschreibungsmethode abzuschreiben haben. Dabei nehmen jedoch viele Immobilien, die sich im Portfolio eines REIT befinden, im Laufe der Zeit an Wert zu. Dadurch wird die Wertminderung von einem REIT etwas ungenau. Deshalb müssen aufgrund dieser FFO-Methode die Abschreibung sowie die Amortisation zum Nettoergebnis hinzu gefügt werden, damit hier ein gewisser Ausgleich entsteht.

Ebenso werden bei der Berechnung des FFO auch die Gewinne aus dem Verkauf von Immobilien abgezogen, weil diese Verkaufsarten nicht als wiederkehrend betrachtet werden. REITs sind verpflichtet, 90 Prozent des zu versteuernden Einkommens in Dividendenform auszuschütten. Die Immobilienverkaufs-Gewinne tragen jedoch nicht zu einem zu versteuernden Einkommen von einem REITS bei und sollten aus diesem Grund nicht in die Leistungsbewertung mit einbezogen werden.

Beispiel für die Berechnung eines FFO von einen REIT

Bei dem Einkaufszentrum REIT Die Simon Property Group werden in den Gewinn- und Verlustrechnung 2017 als Mittel aus der operativen Geschäftstätigkeit ein Betrag in Höhe von 4 Milliarden US-Dollar gemeldet. Das ist ein Anstieg von 6 Prozent gegenüber dem Geschäftsjahr 2016. Dabei hat sich der Nettogewinn des Unternehmens 2017 auf 2,2 Milliarden US-Dollar belaufen. Im Jahr 2017 sind Abschreibungen in Höhe von ungefähr 1,8 Milliarden US-Dollar aufgelaufen. Diese Zahl wird dann um weitere Zahlen (dazu gehören auch eine Verringerung der Zahlung von Vorzugsausschüttungen und Dividenden in Höhe von 5,3 Millionen US-Dollar und eine nicht beherrschenden Anteils der Abschreibungen sowie Amortisationen von 17,1 Millionen US-Dollar) bereinigt. Von dem Unternehmen wird dann in der Gewinn- und Verlustrechnung in der Fußnote ein FFO pro Aktie von 11,21 USD im Vergleich zu einem ausgewiesenen Gewinn pro Aktie von 6,24 USD vermerkt.

Diese FFO-Methode hat einen wesentlichen Nachteil. Beim FFO werden nicht die aktivierungspflichten Instandhaltungskosten berücksichtigt. Dabei sind viele Instandhaltungsinvestitionen aktivierungspflichtig und werden somit als CapEx klassifiziert (unter CapEx, engl. Capital Expednitures, werden Investitionsausgaben für längerfristige Anlagegüter bezeichnet; dazu gehören unter anderem Maßnahmen, wie

Dacherneuerungen oder Fassadensanierungen). Deshalb wird von vielen Analysten der FFO noch um die Instandhaltungsinvestitionen reduziert. Hier spricht man dann vom AFFO (Adjustes Funds From Operations).

Die AFFO-Methode (AFFO Abkürzung von Adjustes Funds from Operations)

Bei dieser Messgröße handelt es sich um die Einnahmen aus Transaktionen, wie zum Beispiel flüssige Transfers in Form von Barmittlen sowie nicht illiquide Vermögenswerte beinhalten. Nach der Ermittlung der FFO werden bei der AFFO Methode noch die Instandhaltungs-Investitionen abgezogen, welche zur Aufrechterhaltung der Vermögenswerte der REITS verwendet werden.

Somit lautet hier die Formel

AFFO = FFO – Instandhaltungsinvestitionen

NOI (Net Operating Income) bei REITs

Im Unterschied zu FFO, der für seine Berechnung sich auf die offizielle Gewinn- und Verlustrechnung der REITs stützt (somit die tatsächlich vorhandenen Leerstandquoten oder die tatsächlich durchgeführten Investitionen), werden bei der Berechnung von NOI die Annahmen zu nachhaltig erzielbaren Kaltmieten oder zu Leerstands-Quoten zugrunde gelegt.

Als Grundlage dient hier die Kaltmiete lt. Mietspiegel. Dieser Betrag pro qm wird dann mit der Wohnfläche multipliziert und somit erhält man den Rohertrag. Davon werden dann die kalkulatorischen Bewirtschaftungskosten (Instandhaltungsrückstellungen, laufende Reparaturen, Verwaltungskosten etc.) abgezogen und dann ergibt sich dann danach der NOI.

Dabei werden hier alle wiederkehrenden Ausgaben, die dann amortisiert und aktiviert werden und die eventuell vorhandenen Mietzinslinien abgezogen. Diese Methode hat sich dann als genauere Einschätzungsformel für das Ertragspotential von einem REIT durchgesetzt. Diese Methode wurde entwickelt, um ein besseres Maß für die Dividendenausschüttung von einem REIT zu erhalten. Bei dieser Methode wird auch zusätzlich von der Verteilung der verfügbaren Mittel oder von der Verteilung der verfügbaren Barmittel gesprochen.

Bei der Kennzahl NOI werden die Betriebskostenvorauszahlungen der Mieter auf der Umsatzseite und die umlegbaren Betriebskosten (Wasser, Strom, TV etc.) auf der Kostenseite nicht berücksichtigt. Somit dient die Kennzahl NOI wesentlich besser für eine Bewertung von einer einzelnen Immobilie oder Eigentumswohnung. Für einen REITs insgesamt ist gegenüber dem NOI der FFO oder AFFO als Cash Flow dagegen besser geeignet.

Gerade bei Kreditgebern oder Gläubigern liefert der NOI wertvolle Informationen darüber, ob eine Immobilie genügend Einkommen verdient, um dadurch die Zahlungen für die vorhandenen Kredite zu stützen.

Auch wird bei dieser Kennzahl deutlich, ob Immobilienbesitzer ihre Ausgaben verzögern, weil sie dadurch versuchen, die Immobilie rentabler zu machen.

Der NOI als Kreditgeberkriterium. Gerade bei der Kreditvergabe werden von den kommerziellen Kreditgebern unterschiedliche Qualitätskriterien zu Rate gezogen, um zu bestimmen, ob bei einer Kreditaufnahme eine Hypothek erforderlich ist und welchen Kredit-Umfang vom Kreditgeber getragen werden kann. Hierbei ist dann der

NOI eines der Entscheidungskriterien.

Die Mieteinnahmen

Der Kreditgeber bewertet auch die Mieteinnahmen als Entscheidungskriterium bei dem Kreditnehmer. Ebenso kommen hier noch der Zustand der Immobilie sowie andere Faktoren mit hinzu. Somit wird eine Hypothek dann gewährt, wenn die Immobilie in der Lage ist, die Schulden zu bedienen und die Hypothekenzahlungen erfüllt werden können und dadurch ein akzeptabler Einkommensfluss vorhanden ist. Auch hierbei ist der NOI eine wichtige Kennzahl.

Der Faktor Kosten

Die Ausgaben für eine Immobilie ist eine wichtige Konstante bei der Berechnung des NOI. Je nach Immobilienart, können hier die Werbe- und Marketingausgaben sehr unterschiedlich sein. Dabei wäre für die Werbungskosten bei einem Apartmenthaus die Kosten für Mieterwerbung der größte Kostenblock. Auch gilt dies für Büro- oder Einzelhandelsimmobilien. Je nach Art der Immobilie, können auch Marketingkosten entstehen, um das Objekt gegenüber den Kunden oder Verbrauchern zu präsentieren (zum Beispiel bei Einkaufszentren).

Auch gehört ein professionelles Management für die Verwaltung von größeren Gewerbeimmobilien dazu. Hier kann ebenfalls ein erheblicher Aufwand entstehen. Auf der anderen Seite können auch durch den Einsatz eines solchen Managements Einsparungen bei der Wartung und dem Betrieb von Immobilien erzielt werden.

Aufgrund dieser hier aufgeführten Punkte hilft die Bewertungskennzahl NOI dabei, um eine Realisierbarkeit einer Immobilieninvestition zu erkennen. Dabei bedeutet dieses Ergebnis, herauszufinden, wie viel Geld die Immobilie einnimmt, nachdem alle ihre Ausgaben gedeckt sind und nicht dabei alle Aufwendungen für Instandhaltung sowie für den Betrieb erfasst worden sind.

NAV (Net Asset Value) bei REITs

Bei Unternehmenspräsentationen von REITs taucht neben dem FFO oft auch eine Aussage zum NAV (Net Asset Value) auf. Bei NAV (Net Asset Value) handelt es sich um den Marktwert der von einem REIT gehaltenen Immobilien abzüglich der Nettofinanzverbindlichkeiten der REIT-Organisation und die bezogen auf die einzelne Aktie. Der NAV wird normalerweise von den REITs selbst veröffentlicht und durch Gutachter oder Prüfer (also unabhängig zum Beispiel im Immobilienbereich von Jones Lang LaSale) auf der Basis von Vertrags-Mietenmultiples (im Verhältnis zum Umsatzmultiple) ermittelt.

Mit Hilfe von NAV werden die Buchwerte eines REITS ermittelt. Dabei geht es hier aufgrund der Rechnungslegung nach GAAP (unter GAAP versteht man die anerkannten Rechnungslegungsgrundsätze der USA sowie die anerkannten Verfahrensweisen bei der Rechnungslegung) bei den REITS wesentlich komplizierter zu, als dies in anderen Sektoren der Fall ist. Hier kann nicht einfach der Aktienwert in der Bilanz herangezogen werden. Dies liegt an 2 Gründen.

Die Rechnungslegung nach GAAP macht es notwendig, dass Immobilien zu ihren Anschaffungskosten (historischer Wert) bewertet werden. Das ist ein kleines Problem, wenn die Immobilien neu gekauft worden sind, aber es kann ein größeres Problem werden, wenn dies vor Jahrzehnten der Fall war. Dadurch gibt es dann den 2. Grund. Gerade in einer Zeit der steigenden Immobilienpreise neigen Immobilien dazu, aufzuwerten und sind somit eine gute Absicherung gegen Inflation. Aber die Rechnungslegung nach GAAP ist die Abschreibung von Immobilien erforderlich (in der Regel über einen Zeitraum von mehreren Jahrzehnten). Somit werden Immobilien nicht nur zu einem historischen Anschaffungswert gebucht, der in der Regel unter dem aktuellen Marktwert liegt, sondern es erfolgt auch eine Abschreibung bis 0.

Das Problem wird dadurch gelöst, dass hier Daten außerhalb der Bilanz verwendet werden, um dadurch den tatsächlichen Marktwert der Immobilie zu berechnen, um dann mit Hilfe dieser Daten der tatsächlichen NAV zu ermitteln.

Die Ermittlung NAV

Erster Schritt:

Der erste Schritt dabei ist zunächst die Ermittlung der Netto-Betriebsergebnis (NOI) des Immobilienvermögens. Dabei ist das Netto-Betriebsergebnis der gesamte Immobilienertrag abzüglich der Betriebsaufwendungen für die im Portfolio befindlichen Immobilien sowie die Immobiliensteuern.

Dabei kann für Objekttypen mit kürzeren Mietverträgen, wie zum Beispiel Wohnungen oder Hotels, die in der Gewinn- und Verlustrechnung angegebene Anzahl eingesetzt werden. Sollte der REIT jedoch Immobilien mit Leasingverträgen von mehr als einem Jahr (Lagerhallen, Büros, Einzelhandel) im Portfolio haben, gibt es hier wiederum mit der Rechnungslegung nach GAAP Probleme. Immobilienleasingverträge langfristiger Natur enthalten in der Regel eine Rückstellung für periodische Mietsteigerungen, die in der Regel einen festen Prozentsatz oder auch die aktuelle Inflationsrate ausmachen können und, je nach Objektausführung sowie Markt, entweder jährlich oder alle paar Jahre anfallen. Dabei erfordert jedoch die Rechnungslegung nach GAAP, dass die in der Gewinn- und Verlustrechnung aufgeführten Einnahmen der durchschnittlichen Jahresmiete über die gesamte Laufzeit des Leasing-Vertrages entsprechen. Dadurch werden die Erträge in den späteren Jahren unterbewertet und die Erträge in den früheren Jahren des Leasingverhältnisses überbewertet.

Um dieses Problem zu lösen, muss eine lineare Mietanpassung vorgenommen werden. Die REITs legen hier offen, in welcher Form dies durchgeführt wird.

Sollte beim einem REIT Joint Ventures im Portfolio vorhanden sein, wird das Nettobetriebsergebnis (NOI) in diesem Fall nicht in der Gewinn- und Verlustrechnung aufgeführt. Hier muss dann ein Pro-Forma-Anteil des REIT an dem Joint Ventures hinzugefügt werden.

Zweiter Schritt:

Der nächste Schritt besteht jetzt darin, das berechnete Nettobetriebsergebnis (NOI) durch einen Kapitalisierungssatz (dem sogenannten Cap-Satz) zu dividieren. Dabei wird eine Cap Rate häufig im Bereich der Immobilientransaktionen verwendet. Bei einem Cap-Satz handelt es sich um den NOI eines REITs oder einer Immobilie geteilt durch den Gesamtkaufpreis dieser Immobilie oder durch den Gesamtkaufpreis des gesamten Portfolios bei einem REIT.

Wenn eine große Immobilientransaktion von einem REIT durchgeführt wurde, gibt es hierzu eine gewisse Obergrenze. Je niedriger dieser Obergrenze ist, desto höher ist der Wert der Immobilie (das kann man auch mit dem Verhältnis zwischen Anleihen und Zinssätzen vergleichen). Dabei hängen die Cap-Sätze stark von dem Typ der Immobilie, von den Märkten, der Qualität der Immobilie und davon ab, wie schnell die Immobilie ersetzbar ist. Die Ermittlung der für einen REIT erforderlichen Cap-Satz bedarf nochmals einer ausführlichen Erklärung. Wenn die Cap-Rate vorhanden ist, erfolgt, wie bereits erwähnt, eine Teilung des Nettobetriebsergebnisses (NOI) durch diese Zahl und somit gibt es dann den „Bruttowert des Immobilienportfolios".

Dritter Schritt :

Dem Ergebnis aus dem zweiten Schritt wird dann das Nicht-Immobilienvermögen (Forderungen, Barmittel, unbebaute Grundstücke etc.) hinzufügt. Sollte der REIT über Projekte in der Entwicklung verfügen, so werden die unter der Rubrik „laufende Bauarbeiten" übernommen. Danach sollte ein Zwischenergebnis ermittelt werden.

Vierter Schritt:

Und dem Ergebnis im dritten Schritt werden die materiellen Verbindlichkeiten abgezogen und danach erhält man den Nettoinventarwert des REITs.

Fünfter Schritt:

Die im vierten Schritt ermittelte Zahl wird durch Anteilszählung (Anzahl der Aktien) dividiert und dadurch liegt dann der NAV pro Aktie vor. Wenn diese Zahl sich über dem aktuellen Aktienkurs befindet, sind die Aktien dieses REITS unterbewertet und hier ergibt sich für die Neueinsteiger eine Anlagemöglichkeit. Dabei handelt es sich hierbei um eine Abweichung bei den meisten REITS um ungefähr 15 Prozent vom NAV und die sehr guten REITs (die sog. „Blue-Chips-REITs) tendieren dazu, immer den NAV-Aufschlag einzurechnen. Bei Small-Cap-REITS wird von der Tendenz her mit einem entsprechendem Abschlag gehandelt.

Zusammenfassung NAV (Net Asset Value) bei REITs

Bei NAV handelt es sich um eine wichtige Messgröße für die Bewertung von REITs. Da der Buchwert oder vergleichbare Kennzahlen bei REITs sehr unzuverlässig sind, ist der NAV eine Vorgehensweise, die den Buchwert umgeht, um dadurch eine genauere Schätzung des aktuellen und tatsächlichen Marktwertes des REITs-Portfolios zu erhalten. Für die Berechnung des Nettobetriebsergebnis (NOI) wird von der berechnenden Person eine subjektive Bewertung der REITs-Vermögenswerte erstellt. Dabei wird für den aktuellen Markt ein Cap-Satz festgelegt, welcher zur Aufteilung des Betriebsertrages einer Immobilie oder eines Portfolios verwendet wird. Daraus ergibt dann ein geschätzter Marktwert. Dieser Marktwert abzüglich etwaiger Verbindlichkeiten aus Hypotheken ergibt dann de NAV. Dabei kann das Nettobetriebsergebnis durch die vorhandenen Aktienanteile geteilt werden, und somit ergibt es ein Nettobetriebsergebnis pro Aktie, mit dessen Wert dann auch der NAV pro Aktie ermittelt werden kann.

Der NAV ist somit eine gute Messgröße für die REITs-Analyse. Dabei ist dann dieser Wert natürlich nur so gut, wie die analysierende Person die Bewertung der einzelnen REIT-Positionen durchführt. Hierbei sollte diese Berechnung sehr sorgfältig erfolgen, um einen so genau wie möglichen NAV für den gesamten REIT zu bekommen.

Cap-Rate (Kapitalisierungsrate)

Der Kapitalisierungszinssatz wird bei gewerblichen Immobilien verwendet, um die zu erwartende Rendite für die Immobilieninvestition anzugeben. Im umgangssprachlichen Bereich wird diese Kennzahl auch als „Cap-Rate" bezeichnet. Die Berechnung erfolgt auf der Grundlage des Nettoeinkommens, das eine Immobilie ungefähr in Zukunft erzielen wird. Diese Kennzahl wird dafür verwendet, um eine eventuell zu erwartende Rendite des Anlegers im Immobilienbereich abzuschätzen.

Dabei stellt der Cap-Zinssatz die Rendite einer Immobilie über einen Zeitraum von einem Jahr dar. Voraussetzung dabei ist es, dass die Immobilie mit Barmitteln und nicht in Darlehensform erworben wird.

Die Berechnung der Cap-Rate

Die gängigste Möglichkeit:

Für die Berechnung gibt es mehrere Versionen. Bei der am häufigsten verwendeten Version wird dieser Zinssatz einer Immobilie dadurch errechnet, in dem der Nettobetriebsertrag (NOI) der Immobilie durch den aktuellen Marktwert dividiert wird.

Nettobetriebsergebnis / aktueller Marktwert

Das Nettobetriebsergebnis (NOI). Das Nettobetriebsergebnis ist das zu erwartende Jahresergebnis, das durch eine Immobilie oder bei einem REIT durch das komplette Immobilienportfolio (zum Beispiels durch Mieten) erzielt wird. Dabei kommen alle Kosten für die Verwaltung der Immobilie oder des Portfolios zum Abzug. Ebenso beinhalten dann diese Aufwendungen (die her zum Abzug kommen) auch die regelmäßigen Kosten für die Instandhaltung der Immobilie oder der kompletten Immobilienanlagen und die Grundsteuern.

Unter dem aktuellen Marktwert versteht man den aktuellen Tageswert der Immobilie oder des kompletten Immobilienportfolios zu den aktuell vorhandenen Marktkursen.

Eine weitere Möglichkeit der Ermittlung der Cap-Rate:

In diesem Fall erfolgt die Berechnung auf der Basis der ursprünglichen Kapitalkosten oder der Anschaffungskoten der Immobilie.

Cap Rate in Prozent = Nettobetriebsergebnis / Kaufpreis

Diese zweite Möglichkeit kommt jedoch aus 2 Gründen relativ selten zum Einsatz. Der erste Grund liegt in den unrealistischen Ergebnissen für alte Immobilien, die vor mehreren Jahrzehnten oder Jahren zu relativ niedrigen Preisen gekauft worden sind und auch auf vererbte Immobilien kann diese Möglichkeit nicht angewandt werden, weil dort dann der Kaufpreis gleich Null ist und somit das Ergebnis total verfälscht. Da die Immobilienpreise stark schwanken, ist die erste Möglichkeit mit dem aktuellen Marktpreis eine realistischere Darstellung.

Einsatz der Cap Rate bei einem Beispiel aus der Praxis

Ein REIT möchte 1 Million US-Dollar anlegen und erwägt, in eine der 2 verfügbaren Anlagemöglichkeiten zu investieren.

Bei der ersten Möglichkeit kann der REIT unter Beachtung der Anlagevorschriften in Staatsanleihen investieren, welche einen Zinssatz von nominal 3 Prozent pro Jahr bieten und die zweite Möglichkeit ist der Kauf eines Geschäftshauses mit verschiedenen Mietern, die eine reguläre Miete zahlen. Die Gesamtmiete beträgt pro Jahr 90.000 US-Dollar und der Investor muss pro Jahr insgesamt 20.000 US-Dollar für Instandhaltungskosten sowie Grundsteuern bezahlen. Somit ergibt sich ein Nettobetriebsergebnis von 70.000 US-Dollar. Ebenso geht man davon aus, der im ersten Jahr der ursprüngliche Kaufpreis auch dem aktuellen Immobilienwert von 1 Million US-Dollar entspricht.

Somit liegt dann hier dann die Cap Rate bei 70.000 US-Dollar / 1 Million US-Dollar = 7 % (Nettobetriebsergebnis (NOI) / Immobilienwert).

Dadurch liegt die mit dieser Immobilieninvestition erzielten Rendite von 7 Prozent wesentlich höher, als dies bei einer Standardrendite der Staatsanleihen von 3 Prozent der Fall wäre. Dabei stellen dann die zusätzlichen 4 Prozent gegenüber den 3 Prozent die Abdeckung des Risikos dar, das der REIT durch die Investition in die Immobilie anstelle der Anlage in Staatsanleihen eingeht.

Das Risiko kann hier auch sein, dass einige Mieter ausziehen und nicht sofort Nachmieter gefunden werden und es dadurch zu Mietausfällen kommen kann oder dass die Instandhaltungskosten durch unvorhersehbare Reparaturen stark nach oben gehen können. Dadurch wird dann die Cap-Rate wesentlich geringer.

Die Cap-Sätze beruhen immer auf den zu erwartenden Einschätzung der zukünftigen Einkünfte des Immobilienportfolios eines REIT und unterliegen auch deshalb Abweichungen. Dieser Zinssatz (der Cap-Rate) gibt aber auch an, wie lange es dauern kann, bis der zum Beispiel von einem REIT investierte Betrag dann zurückerhalten wird. So dauert es zum Beispiel bei einer Immobilie bei einer Cap-Rate von 10 Prozent ungefähr 10 Jahre, bis die Investition zurück geflossen ist.

Dabei kann es vorkommen, dass es bei den verschiedenen Immobilien in einem Portfolio unterschiedliche Cap-Raten entstehen. Es kann sogar so weit gehen, dass für dieselbe Immobilie über unterschiedliche Zeithorizonte es zu unterschiedlichen Risikostufen kommt. Hierbei kann der Cap-Rate-Wert für Immobilien höher liegen, die ein höheres Netto-Betriebsergebnis erzielen und eine niedrigere Bewertung aufweisen und auch umgekehrt.

Ein Beispiel hierfür:

Wenn sich zum Beispiel ein Wohnkomplex von einem REIT in einem noblen Stadtzentrum befindet und ein anderer Wohnkomplex liegt am Stadtrand, so wird aufgrund der heutigen Situation die erste Immobilie für einen REIT eine höhere Miete abwerfen als die Immobilie am Stadtrand bei gleichen Bedingungen. Das kann jedoch zum Teil durch höhere Wartungskosten und einen höheren Steuersatz wiederum kompensiert werden. Ebenso wird die im Stadtzentrum liegende Immobilie aufgrund ihres höheren Marktwertes eine etwas niedrigere Obergrenze in Prozent als die Immobilie am Stadtrand haben. Das zeigt auf, dass ein niedriger Cap-Wert eine bessere Ertragsaussicht und eine bessere Bewertung bei einem geringeren Risiko entspricht. Ein höherer Wert des Cap-Satzes deutet auf niedrigere Renditechancen für die Immobilie und damit auf ein höheres Risiko hin. Somit ist gerade für REITs der Cap-Satz ein wichtiges Bewertungs-Instrument bei der Bewertung von neuen Immobilien.

Zusammenfassung Cap-Rate

Die Cap-Rate ist für einen schnellen Vergleich des ungefähren Wertes bei ähnlichen Immobilienanlagen bei einer Anlageentscheidung von einem REIT oder wenn das Gesamtportfolio von verschiedenen REITs verglichen wird, hilfreich. Trotzdem sollte die Cap-Rate nicht als alleiniger Entscheidungsfaktor für die Anlageentscheidung herangezogen werden, weil hier der Zeitwert des Geldes, die Hebelwirkung sowie die zukünftige Cashflow-Entwicklung aus Veränderungen der Immobilie oder aus der Veränderung der Immobilienportfolios nicht berücksichtigt wird. Auch hängt der Cap-Rate jeweils auch vom Markt oder der persönlichen Situation einer Immobilie ab.

Einbeziehung des Wachstums eines REIT in die Bewertung

Wenn eine Bewertung eines REIT auf der Basis von FFO (Funds from Operations), AFFO (Adjustes Funds from Operations), NAV (Net Asset Value) oder NOI (Net Operations Income) durchgeführt wird, so gibt es hier die Indikatoren für den Wert des aktuell vorhandenen Immobilienbestandes. Dabei sind jedoch die zukünftigen Wachstumsmöglichkeiten nicht berücksichtigt.

Solche Wachstumsmöglichkeiten eines REITS sind in der Zukunft die Aufnahme von weiteren Objekten sowie die Optimierung des Leer- bzw. Mietstandes und die Wertentwicklung des Portfolios.

Hier haben dann die REITs verschiedene Möglichkeiten, diese Wachstumspunkte anzugehen.

- **Eigenmittel aus selbst erwirtschafteten Cash Flow (AFFO).** Hier kann dann der freie Cash Flow (abzüglich des eingesetzten Cash Flows für Schuldentilgung und Dividendenzahlung) zum Kauf von weiteren Objekten oder zur Optimierung des Mietstandes eingesetzt werden.

- **Revalutierung von anderen Krediten.** Das bedeutet die Kreditaufnahme auf ein bereits komplett oder zum Teil abgezahltes Immobilienprojekt und Verwendung dann dieses Betrages als Eigenkapital. Dadurch kann neues Objekt finanziert werden und dadurch wird dann das Wachstum des REITs erhöht. Diese Maßnahme muss jedoch im Einklang auf die Auswirkung auf eine finanzielle Stabilität oder auf dem Cash Flow erfolgen.

- **Kapitalerhöhung.** Das bedeutet die Aufnahme von neuem Eigenkapital und somit eine Verwässerung der Anteile der bisherigen Altaktionäre. Das ist natürlich für die bereits vorhandenen Aktionäre die ungünstigste Variante. Wenn jedoch ein REIT schnell wachsen will, ist dies unvermeidbar. Die bereits vorhandenen Aktionäre profitieren jedoch auch hier vom Zukauf von neuen Objekten oder der Aufwertung von bereits im Portfolio vorhandenen Objekten und somit von dem zusätzlichen Wachstum des REIT.

Das Wachstum aus Eigenmitteln oder der Kreditaufnahme auf bereits bestehenden Objekten dauert in der Regel wesentlich langsamer, als wenn dann ein Schub durch eine Kapitalerhöhung hier dazu kommen könnte.

Das KGV-Problem bei REITs und weshalb hier der FFO oder AFFO benötigt wird (nochmals von einer anderen Seite dargestellt)

Bei REITs handelt es sich um Aktiengesellschaften. Um einschätzen zu können, ob eine Aktie teuer oder günstig vom Aktienmarkt her bewertet wird, gibt es hierzu diverse Kennzahlen. Dazu gehört unter anderem auch die Kennzahl KGV (Kurs-Gewinn-Verhältnis). Dabei wird der aktuelle Börsenkurs in das Verhältnis zum erwarteten Gewinn pro Aktie des laufenden Geschäftsjahres gesetzt. Hier erhält man dann eine Kennzahl, welche aussagt, in wie vielen Jahren sich ein Investment in die Aktie bei einem sich nicht verändernden Unternehmensgewinn bezahlt gemacht hat oder amortisiert.

Die Formel lautet: KGV = Kurs der Aktie /Gewinn pro Aktie.

So sagt zum Beispiel ein KGV von 15 aus, dass es 15 Jahre dauert, bis das Unternehmen, von dem eine Aktie gehalten wird, das Aktieninvestment in Form von Unternehmensgewinnen erwirtschaftet hat.

Bei REITs stößt man jedoch bei dieser Kennzahl an seine Grenzen. Immobilienunternehmen verdienen ihr Geld zum Teil aus Mieterträgen abzüglich der Aufwendungen aus Vermietung sowie dem Verkauf von Objekten abzüglich der damit verbundenen Aufwendungen. Hinzu kommen noch sonstige betriebliche Erträge sowie Fair-Value-Änderungen von Renditeliegenschaften sowie aus der Bewertung von Vorratsimmobilien. Jetzt werden die einen Ertragsarten nochmals näher betrachtet.

Das Mietergebnis

Im Mietergebnis sind die Umsätze auf der Vermietung von Wohnungen abzüglich der damit angefallenen Aufwendungen vorhanden. Diese Umsätze stammen in der Regel aus langfristig abgeschlossenen Mietverträgen mit gewerblichen oder privaten Wohnungsnutzern und unterliegen deshalb nur geringen Veränderungen.

Diese Umsätze aus der Vermietung werden durch die Miethöhe pro Quadratmeter, die Anzahl der Wohnungen und deren Leerstandsquote beeinflusst. Dieser Teil der Umsätze wird nachhaltig erzielt und kann als stabil eingestuft werden. Hierbei fließt dann in regelmäßigen Abständen (in der Regel Eingang einmal im Monat) Geld in Form von Mieten von den Mietern an das REIT.

Das Ergebnis aus Verkäufen von Immobilienobjekten

Die Umsätze und Aufwendungen aus dem Wohn- oder Gewerbeimmobilien-Verkauf sind in diesem Ergebnis enthalten. Dieses Ergebnis unterliegt starken Veränderungen. Hier können je nach Nachfrage und Angebot und je nach Marktlage. unterschiedliche Ergebnisse erzielt werden. Hier ist auch ein negatives Ergebnis denkbar. Das hier erzielte Ergebnis ist somit zwar zahlungswirksam, jedoch sehr volatil. Es ist auch schwer planbar und nicht nachhaltig.

Sonstige betriebliche Erträge

Diese Gruppe der Erträge sind normalerweise von der Größe her von untergeordneter Bedeutung. Eine solche Ertragsart gibt es auch außerhalb der Immobiliengesellschaften. Diese Position enthält in der Regel Umsätze aus Dienstleistungen, Erträge von Rückstellungsauflösungen sowie andere Erträge. Hier sind zahlungswirksame, aber auch nicht zahlungswirksame Sachverhalte vorhanden. Sonstige betriebliche Erträge können wiederkehrend oder auch einmalig sein.

Fair-Value Bewertung

Die Immobilienbestand-Bewertung wird regelmäßig an den aktuellen Marktpreis-Stand auf dem Immobilienmarkt angepasst. Dabei sind die Verluste oder Gewinne aus der Fair-Value-Bewertung des Portfolios reine Buchgewinne oder -verluste aufgrund der für REITs geltenden internationalen Bilanzierungsstandards. Solche Buchungsgewinne oder -verluste sind nicht zahlungswirksam, nicht nachhaltig, volatil oder auch nicht planbar. Aber gerade in Zeiten stark steigender Immobilienpreise und den Marktveränderungen sind solche Erträge ein gewichtiger Anteil.

Aufgrund des oben aufgeführten Sachverhaltes ist allein das Mietergebnis langfristig planbar und nachhaltig und in der Regel macht dies das Kerngeschäft der REITs aus.

Die Abschreibungen und Wertminderungen bei Immobilien

Gewerbliche Bauten sowie Wohngebäude werden regelmäßig über ihre voraussichtliche Nutzungsdauer abgeschrieben. Aufgrund der jeweils anwendbaren Bilanzierungsregeln gibt es hierzu unterschiedliche Nutzungsdauern. Dabei wird zum Beispiel in Deutschland in der Regel bei Wohngebäuden eine gewöhnliche Nutzungsdauer von 50 Jahren unterstellt. Die internationalen Bilanzierungsregeln (IFRS) gehen hier unter anderem von anderen Nutzungsdauern aus. Der Wertverzehr durch Abnutzung soll durch die Abschreibung dokumentiert werden. Dadurch wird der Buchwert der Gebäude nach dem Erwerb(Bau) um 2 Prozent jedes Jahr (bei 50jähriger Nutzungsdauer) bis zum Jahr 50 auf 0 abgeschrieben. Eine solche Immobilie verliert an Wert, wenn hier keine Instandhaltungsmaßnahmen durchgeführt werden.
In der Praxis werden solche Instandhaltungsmaßnahmen natürlich durchgeführt, so dass der Wert von Büro- sowie Wohnimmobilien eher steigt als fällt, da aufgrund der aktuellen Marktsituation und der Inflation die Nachfrage nach Immobilien steigt und dadurch die Preise nach oben gehen. Die üblichen Instandhaltungsmaßnahmen schlagen sich jedoch aufgrund der Bilanzierungsregeln nicht im Buchwert der Immo-

bilie nieder, sondern sie verursachen Kosten und mindern dadurch die Umsätze aus der Vermietungstätigkeit.

Im Jahresüberschuss oder Nettogewinn von einem REIT sind jedoch die Abschreibungen sowie sonstige Wertminderungen auf Gebäude enthalten. Deshalb müssen die daher dem Gewinn wieder hinzugerechnet werden, um dadurch ein realistisches Bild vom Wert des Immobilienbestandes sowie der Ertragslage des REIT zu erhalten.

Vom Gewinn pro Aktie zu dem FFO (Funds from Operations)

Bei den obigen Ausführungen wurde dargelegt, wie sich der Gewinn von einem REIT normalerweise zusammensetzt oder von welchen wesentlichen Ertragsquellen der Nettogewinn abhängig ist. Dabei wurde auch dargestellt, dass nur das Ergebnis auf Vermietung planbar und zuverlässig als Ertragsgröße ist. Abschreibungen auf Immobilien sowie die Verkaufserlöse bei Objekten beeinflussen den Jahresüberschuss und den Nettogewinn, vermitteln jedoch ein nicht den tatsächlichen Verhältnissen entsprechendes Bild einer nachhaltigen Ertragslage eines REIT.

Somit ist der Gewinn pro Aktie (KGV) (Nettogewinn oder Jahresüberschuss pro Aktie) keine Kennzahl, die zu einer objektiven Bewertung eines REIT herangezogen werden kann.

Deshalb muss der Nettogewinn oder Jahresüberschuss korrigiert werden. Dies erfolgt durch:

- planmäßige Abschreibung auf die Gebäude im Portfolio
- Wertberichtigungen auf teilweise zuvor abgeschriebene Gebäude
- Buchgewinne oder Buchverluste aus Fair-Value Bewertung von Gebäuden
- Gewinne aus dem Verkauf zuvor abgeschriebener oder zuvor teilweise abgeschriebener Gebäude

Ergebnis dann Funds from Operations (FFO) oder das Ergebnis aus der operativen Vermietungstätigkeit.
Das entspricht dem vereinfachten Berechnungsschema des US-Verbandes der REITs und sollte nochmals die Betrachtung und Herangehensweise an den FFO (Funds from Operations) aus der Sicht der KGV darstellen.

Mit Hilfe des FFO wird somit bereits ein deutlich realeres und verbessertes Bild der Ertragslage eines REIT vermittelt.

Somit ist man nach Ermittlung des FFO in der Lage, anstelle des Nettogewinns oder Jahresüberschusses den FFO in die KGV-Formel einzusetzen. Dabei muss zuvor dann der FFO noch durch die Aktienanzahl, die sich im Umlauf befinden, geteilt werden. Dadurch entsteht jetzt beim KGV ein ganz anderes Bild und somit wird dann die Bewertung viel realistischer.

Von Funds from Operations (FFO) zu Adjustes Funds fom Operations (AFFO)

Zusätzlich wird vom Verband der US-REITs darauf hingewiesen, dass der FFO zwar ein genauerer Ansatzpunkt als der reine KGV ist, er jedoch keine Aussagekraft darüber hat, in welchem Umfang die REITS Cash generieren und dadurch Dividenden zahlen können.

Deshalb muss der FFO weiter bereinigt werden, um eine noch aussagekräftige Kennzahl für die Fähigkeit des REIT zur Zahlung einer durch das operative Geschäft abgedeckten Dividende zu erhalten.

Bei dieser Kennzahl handelt es sich um „Adjusted Fund from Opertaions" (AFFO) und das bedeutet übersetzt das angepasste Ergebnis aus der operativen Vermietungstätigkeit. Die Grundlage hierfür ist der FFO (Funds from Operations). Damit diese Kennzahl errechnet werden kann, muss davor die Kennzahl FFO ermittelt werden. Wenn dann der FFO vorliegt, wird somit das Ergebnis wie folgt ermittelt.

Funds from Operations (FFO) oder Ergebnis aus der operativen Vermietungstätigkeit

- wiederkehrende Investitionsausgaben (Capex).
- Anpassung der tatsächlichen gezahlten Miete auf der vertraglich vereinbarte Durchschnittsmiete.
- Wertberichtungen auf Grundstücke, auf denen gerade gebaut wird.
- Gewinne aus dem Verkauf von Grundstücken, auf denen gerade gebaut wird.

Ergibt dann den AFFO (Adjusted from Operations) oder das angepasste Ergebnis aus der operativen Vermietungstätigkeit.

Dabei spielen hierbei die Wertberichtigungen auf Grundstücke (nicht die Gebäude) sowie die Anpassung der tatsächlich im Geschäftsjahr gezahlten Miete an die insgesamt vertraglich vereinbarte Durchschnittsmiete und die wiederkehrenden Investitionsausgaben (Capex) hierbei eine Rolle.

Unter Capex versteht man bei REITs oder anderen Immobilienunternehmen aktivierte Investitionen in das Portfolio von Immobilien. Dabei handelt es sich um Aufwendungen, die nicht in der Gewinn- und Verlustrechnung aufgeführt sind, sondern direkt in der Bilanz aktiviert worden sind. Hierbei kann es sich durchaus um sehr umfassende Instandhaltungs- und Modernisierungsmaßnahmen (große Summen und umfangreiche Wertsteigerung-Instandhaltungen) handeln, die vom Umfang her das normale Maß erheblich übersteigen. Durch solche Maßnahmen entsteht normalerweise auch eine signifikante Wertsteigerung im Immobilienportfolio. Solche Aufwendungen können, je nach Immobilienportfolio, auch in jedem Jahr anfallen.

Dadurch ist dann die Kennzahl AFFO nachhaltiger, als dies bei FFO der Fall ist, weil dort auch die Aspekte enthalten sind, die die langfristige Vermietungstätigkeit unter Einbeziehungen der kurz- und langfristigen Investitionen berücksichtigt.

Von „Adjusted Fund.from Operations" (AFFO) zu „Cash Available for Distrubtion (CAD)

Jetzt kommt noch die Kennzahl CAD, die bisher nicht dargestellt worden ist, ins Spiel. Unter CAD versteht man das ausschüttbare Ergebnis. Um diese Kennzahl zu erhalten, ist dann die Ausgangsbasis AFFO. Damit man mit dieser Kennzahl arbeiten kann, muss vorher die Kennzahl AFFO ermittelt worden sein.

AFFO (Adjustes Fonds from Operations) oder das angepasste Ergebnis aus der operativen Vermietungstätigkeit / aktivierte Zinsaufwendungen
ergibt dann das Cash Available for Distrubition (CAD) oder das ausschüttbare Ergebnis.

Hierbei werden von dem AFFO noch die aktivierten Zinsaufwendungen in Abzug gebracht, die beispielsweise in Zusammenhang mit den Kredit im Rahmen der Wohngebäudeherstellung stehen. Somit erhält man mit der Kennzahl CAD das tatsächlich für eine Barausschüttung zur Verfügung stehende Ergebnis. Wenn ein Anleger in einem REIT Wert auf eine ausreichend durch das laufende Ergebnis untermauerte Dividende legt, für den ist dieses Ergebnis wichtig. Von der Praxis her unterscheidet sich das CAD-Ergebnis kaum vom AFFO-Ergebnis, es sei denn, dass es sich hierbei um Immobilienprojektentwicklungsfirmen handelt. Hier kann es dann zu nennenswerten Abweichungen kommen.

Zusammenfassung der Betrachtung vom KGV (Kurs-Gewinn-Verhältnis)

Der KGV und somit der reine Nettogewinn oder der Jahresüberschuss von einem REIT ist hier nicht die geeignete Kennzahl zur Bewertung der Aktien von REITs.

Dieser Nettogewinn muss um von den Veräußerungsgewinnen und den Abschreibungen und den vorhandenen Bewertungseffekten im Bereich des Immobilienportfolios bereinigt werden. Der hier dann ermittelte FFO (Funds from Operations) vermittelt ein realistischeres Bild über die operative Ertragssituation des REIT und kann somit als Vergleichsgröße zwischen unterschiedlichen REITs eingesetzt werden.

Wenn jedoch die vergleichende Person auf Sicherheit sowie eine längerfristige Nachhaltigkeit der Dividende Wert legt, muss sich diese Person die Kennzahl AFFO (Adjustes Funds from Operations) anschauen. Dort sind die wichtigsten langfristigen Investitionsausgaben, die für den Immobilienstand getätigt wurden, enthalten. Dadurch erhält diese Person ein wesentlich genaueres Bild für die vermietungsbezogene Ertragslage auf Cash-Basis. Noch genauer wird dann das Bild beim CAD (Cash Available for Distrubition), weil hier die aktivierten Zinsaufwendungen noch abgezogen werden. Somit ist der CAD das tatsächlich für eine Bauausschüttung zur Verfügung stehende Ergebnis.

Somit sind die Kennzahlen AFFO sowie CAD die Grundlage für die Ausschüttungsquote. Die Kennzahlen Nettogewinn (KGV) sowie FFO sind für die Feststellung der Ausschüttungsquote nicht anwendbar und dafür nicht geeignet.

Durch die Darstellung vom KGV her bis hin zu den Kennzahlen AFFO sowie CAD wird nochmals deutlich, dass die REITS mit normalen Aktiengesellschaften nicht vergleichbar von den Kennzahlen her sind, weil hier ein anderer Geschäftsgegenstand zugrunde liegt.

REIT-Fonds/ETFs

Bei den REIT-ETFs handelt es sich um börsengehandelte Fonds, die den größten Teil ihres Vermögen in Aktien-REIT-Wertpapiere sowie den damit verbundenen Derivaten anlegen. Dabei steht die Abkürzung ETF für „Exchange Trades Funds“ und das bedeutet dann ins Deutsche übersetzt „börsengehandeltes Fonds“. Im Gegensatz zu klassischen Fonds, wird ein solcher ETF nicht durch Einschätzung von einem Fondsmanagement gesteuert, sondern hier wird passiv die Entwicklung eines bestimmte „Index“ nachgebildet.

Dieser Vorgang wird auch als Replikation bezeichnet. Hier wird eine Gruppe von Aktien (bei REITs dann die Aktien-Wertpapiere) zusammengefasst und deren Kursentwicklung wird dann in dem Index dargestellt. Der Unterschied zu normalen Aktien-REITs liegt auch darin, dass hier nicht ein Einzelwert gehandelt, sondern eine Vielzahl von REITs als Investitionsgrundlage vorhanden sind und somit das Risiko wesentlich verringert wird.

Dabei variieren die Indizes von Anbieter zu Anbieter. Die hier sehr häufig verwendeten Benchmarks sind zum Beispiel der MSCI US-REIT sowie der Dow Jones US-RE-

IT-Index. Von beiden Indizes hängt ungefähr zwei Drittel des Gesamtwertes des in den USA börsennotierten REIT-Marktes ab.

Auch gibt es hier eine geografische Einteilung und zwar in 5 unterschiedliche Kategorien in Form Global, USA (wie oben angeführt), Europa, Eurozone sowie Asien. Dabei werden die wichtigsten Indizes von der European Public Real Estate Association (Abkürzung EPRA) in Kooperation mit dem Indexanbieter FTSE in Großbritannien und der National Association of Real Estate Investment Trusts (Abkürzung NAREIT) aus den USA berechnet und veröffentlicht.

Die Vorteile bei einem REITs -ETF

Im Vergleich zu den aktiv gemanagten Immobilienfonds fallen bei den REITs-ETFS die Verwaltungsgebühren für die Fondsmanager weg und deshalb sind ETFs kostengünstig. Ebenso ist hier eine einfache Handhabung vorhanden, weil die persönliche Auswahl von Einzelwerten sehr zeitaufwendig und schwierig ist. Auch kann hier bereits mit wenigen Mitteln diversifiziert werden, weil ein solcher ETF einen kompletten Korb von REITs enthält. Zusätzlich ist es jederzeit aufgrund der Börsenlistung möglich, ein- und auszusteigen und damit kann man sehr flexibel reagieren.

Aus welchem Grund werden REIT-ETFs für langfristige Investitionen verwendet?

Mit Hilfe eines REIT-ETFS hat der Anleger die Möglichkeit, über einen längeren Zeitraum eine konstante Rendite zu erzielten. Hierbei sind in den REIT-ETFS auch der eine oder andere kleinere REIT enthalten, aber auch bei den einen oder anderen ETFS gibt es eine Konzentration auf die TOP-REITs. Gerade solche TOP-REITs verfügen über ein sehr erfahrenes Management, die mit umfangreicher Sachkenntnis in ihrem Spezialmarkt ausgestattet sind und auch die dort auftretenden Schwankungen gut gestalten können. Dadurch ist es den ETFS auch möglich, über einen langen Zeitraum (von mehreren Jahren) eine gute Rendite zu erzielen.

Trotzdem sollte jedoch bedacht werden, dass auch bei den REIT-ETFS es sich um Aktien handelt, bei denen auch Kursschwankungen auftreten können, die gegenüber einem direkten Investment oder auch gegenüber offenen Immobilienfonds wesentlich größer sein können.

Praxisbeispiel von einem REITs-ETF aus dem Hause HSBC (HSBC ist eine international operierende britische Großbank mit Sitz in London)

Der REIT-ETF aus dem Hause HSBC bildet der FTSE Epra/Nareit Developed Index nach. Dort sind die aufgrund ihrer Marktkapitalisierung gewichteten größten Immobilienunternehmen der Aktienmärkte weltweit enthalten. Dabei bildet der regionale Schwerpunkt die USA mit einer Gewichtung von 54 Prozent (von den 334 gelisteten Unternehmen kommen 133 aus den USA). Der zweitgrößte Länderschwerpunkt bildet Japan mit knapp über 11 Prozent, danach kommt Hongkong mit knapp unter 8 Prozent, gefolgt von Australien mit knapp 6 Prozent und Großbritannien mit knapp 5 Prozent. Auch 13 deutsche Gesellschaften gehören hier zum Index. Die Renditen lagen hier immer über 6 Prozent p.a.. In den letzten 3 Jahren entstand hier sogar einen Plus im mittleren zweistelligen Prozent-Bereich.

REIT Exchange Trades Notes (ein Verwandter der ETFS)

Bei den Exchange Traded Notes (ETNs) handelt es sich um börsengehandelte Inhaberschuldverschreibungen, welche die Wertentwicklung von einem hier zugrunde gelegten Basiswert exakt nachbilden. Hierbei liegt dann ein Delta 1-Instrument (hier besteht keine Option und der Verlauf ist mit dem Index identisch) vor. Der Anlagestil ist hier ebenfalls passiv. Ein ETN bildet dann genau den Index ab, in dem dann ein

Korb von REITs gebündelt ist.

Im Unterschied zu den ETFS handelt es sich um Exchange Trades Notes nicht um Sondervermögen.

Der Unterschied zu Zertifikaten

Die Exchange Traded Notes bieten im Unterscheid zu den Zertifikaten genau die Wertentwicklung des dabei zugrunde liegenden Index ab. Unabhängige Market Maker sorgen für die Liquidität des Exchange Trades Notes, während bei Zertifikaten des lediglich der Emittent den Handel gewährleistet. Ebenso ist im Unterschied zu den Zertifikaten der Emittent von ETNs auch nicht am Spread (dem Handelsaufschlag) beteiligt. Somit profitieren bei ETNs die Anleger von sehr engen Spreads, weil auch mehrere unabhängige Market-Maker hier mit einander im Wettbewerb sind und dadurch zum Teil Wettbewerbspreise aufrufen.

Auch wird für die ETNs in regelmäßigen Abständen ein Nettoinventarwert berechnet, so dass dann die Investoren auf der Grundlage die am Markt gestellten Kurse nachrechnen und bewerten können. Bei den ETNS sind auch Leerverkäufe möglich. Somit ist es für Investoren hier möglich, Short-Positionen aufzubauen, während dies bei einem Zertifikat nicht möglich ist.

Auch kann zum Teil bei den ETNs eine Hebelung der Investition mit der gleichen Menge an zinsgünstigem Fremdkapital vorgenommen werden. Hier wird dann zum Teil mit einer „Leverage Strategy" gearbeitet. Dadurch können hohe Ausschüttungsrenditen entstehen.

Die Ausgabe von ETNs kann ungedeckt oder auch gedeckt erfolgen. In der Regel haben die Papiere eine Höchstlaufzeit, die jedoch, je nach der jeweiligen Emission, schwanken kann.

Bei den ungedeckten ETNs besitzt der Emittent (also die ausgebende Stelle) selbst nicht die in einem Korb zusammengefassten REITs-Aktien, dem Emittenten ist jedoch eine bestimmte Wertentwicklung garantiert worden. Bei den gedeckten ETNs dagegen wird der Basiswert oder eine andere Sicherheit hinterlegt.

Dabei handelt es sich, wie bereits erwähnt und im Unterschied zu Investmentfonds oder ETFs nicht um das sogenannte Sondervermögen. Das Sondervermögen ist immer rechtlich vom Emittenten getrennt und somit im Eigentum des Anlegers (entsprechend seiner Anteile) und kann im Insolvenzfall des Emittenten nicht in die Insolvenzmasse fallen. Bei den ETNs dagegen verbleiben die Sicherheiten sowie der Höhe und Art immer im Eigentum des Emittenten. Somit erwirbt hier der Käufer eines REIT ETNs immer eine Forderung von dem Emittenten und kann somit auch mit einer Spar- oder Festgeldanlage verglichen werden. Unterschieden wird hier lediglich in der Rückzahlung von der Fälligkeit. Bei einer Fest- oder Sparanlage erhält der Bankkunde die Einlage plus die vereinbarten Zinsen ausbezahlt, während im Falle eines REIT ETNs den entsprechenden Preis für den Basiswert.

Die Risiken bei den REIT ETNs

Das größte Risiko bei REIT ETNs ist das Emittenten-Risiko. Wenn der Emittent in Insolvenz geht, ist das Anlegerkapital verloren.

Ein großer Emittent war vor der Finanzkrise 2008 der UBS. (Schweizer Großbank mit Sitz in Zürich und gleichzeitig einer der weltweit größten Vermögensverwalter). Bei der UBS wäre es im Jahr 2008 fast der Fall gewesen, dass das Unternehmen in die Insolvenz gegangen wäre, wenn nicht die Schweizer Nationalbank und die Schweizer Bundesregierung das Unternehmen nicht mit 60 Milliarden Franken gestützt hätten.

Ebenso ist dann auch dieser ETN den Risiken des ihm zugrunde liegenden Basiswertes ausgesetzt. Die Beeinflussung in negativem Sinne kann durch Konjunktureinbruch, Veränderung der Stimmungslage, Wechselkursveränderungen, Zinsen, Inflation, um nur einige zu nennen, erfolgen. Gerade REITs reagieren sehr zinssensibel. Aufgrund des dort eingebauten Hebels wirken natürlich die Preisänderungen nach unten oder auch nach oben um den Faktor 2.

Von Vorteil ist es dann, wenn dann in den Emissionsbedingungen ein automatisches Sonderkündigungsrecht eingebaut ist, sobald dann der Preis von dem ETN unter eine bestimmte Marke fällt, kann dieses Sonderkündigungsrecht in Anspruch genommen werden. Durch eine solche eingebaute Notbremse wird für den Anleger dafür Sorge getragen, dass sich sein Verlust nur auf dessen Einlage beschränkt.

Die Chancen bei den REIT ETNs

Bei REIT ETNs ist die Ausschüttungsrendite sehr verführerisch. In der Regel liegen die Jahresrenditen von REIT ETNs oberhalb von 15 Prozent. Nach einer Frist von 5 bis 6 Jahren könnte dann der Anleger seine Investition vor Steuern wieder raus bekommen haben.

Da vom Emittenten die Wertentwicklung selbst garantiert wird, fallen für den Anleger keine zusätzlichen Kosten (wie zum Beispiel Ordergebühren) an. Das bedeutet, nach der Emission haben die REIT ETNs fast keine Abweichung zwischen dem Preis des jeweiligen REIT ETN und der Wertentwicklung des Indexes. Nur die nicht sehr hohe Verwaltungsgebühr kommt hier in Anrechnung. Diese Verwaltungsgebühr liegt in der Regel zwischen 0,4 bis zu 0,8 Prozent des auf täglicher Basis ermittelten Anteilspreis im Jahr.

Die Funktionsweise anhand eines Praxisbeispiels - dem ETRACS Monthly Pay 2x Leverages Mortgage REIT ETN

Bei diesem ETN liegt die Dividendenrendite oberhalb von 19 Prozent pro Jahr. Dabei handelt es sich um einen unbesicherten ETN, welcher den MVIS Global Mortgage REITs Price Return Index mit einem Hebel von 2 abbildet. Dieser Index setzt sich aus 25 verschiedenen REITs mit einem Marktkapital von 200 Millionen US-Dollar zusammen.

Die Emission erfolgte im Oktober 2012 zu einem Kurs von 25,00 US-Dollar je Anteil. Die Laufzeit beträgt 30 Jahre. Um den zweifachen Hebel zu erhalten, wurde zusätzlich zu dem Eigenkapital pro Anteil von 25,00 US-Dollar ein zusätzlicher Betrag von 25,00 US-Dollar als Fremdkapital mit einbezogen.
Diese Summe von 50,00 US-Dollar wurde dann in den Basiswert des oben erwähnten Index investiert. Durch die Aufnahme von Fremdkapital entstehen folgende zwei Wirkungen: Wenn der Wert des Index steigt, steigt auch der Preis des ETN hier 2 x und umgekehrt. Ebenso erhält der Anleger durch den Hebel auf seine Investition auch eine doppelte Ausschüttung. Die Dividende der in diesem Index enthaltenen Mortgage REITs wird monatlich ausgeschüttet.

Ihre kostenfreies Hörbuch

Dieses Buch können Sie als neuer Audible Nutzer kostenlos als Hörbuch genießen. Folgen Sie dem Link um sich dieses Hörbuch jetzt kostenfrei zu sichern:

cherryfinance.de/ADBL11

TEIL 2
Nach bestimmten Gattungen gegliederten REITs

• • • • • • • • • • •

SCHWERPUNKTMÄSSIG SIND DIE MEISTEN REITS auf einen bestimmten Typus von Immobilien spezialisiert. Dabei gibt es hier einige Schwerpunkte.

Wohn REITs

Ungefähr 14 Prozent aller REITs haben sich auf Wohnimmobilien, wie Einfamilienhäuser, Wohnhäuser oder Studentenwohnungen, spezialisiert.

Ein Wohn REIT verfügt über ein Portfolio von Mietwohnungen. Dabei handelt es sich hier normalerweise um große Wohnimmobilien, wie hohe und mittlere Gebäude, Seniorenwohnungen oder Studentenwohnungen.
Mehrfamilienhäuser, die sich innerhalb eines Portfolios eines solchen Wohn REIT befinden, verfügen oft über Hunderte von Wohnungen innerhalb eines Gebäudes. Dabei sind ein Teil der Wohn REITs auch voll integriert. Das bedeutet, dass diese Art von REITs nicht nur Immobilien besitzen, sondern diese auch selbst sanieren, weiter entwickeln und verwalten.

Ein Teil der Wohn REITs sind auch sogenannten Multifamily REITS. Diese Art von REITs verdienen ihr Geld mit Belegungsraten sowie Mietpreisen. Deshalb wird hier versucht, in Märkte zu investieren, bei denen ein starkes Wirtschaftswachstum sowie hohe Eintrittsbarrieren vorhanden sind und gleichzeitig Verschiebungen in der Bevölkerung vorhanden sind. Dazu gehören unter anderem die alternde Generation der Babyboomer, die in Seniorenwohnungen zieht, oder die Generation Y, die bei den Eltern auszieht und jetzt Wohnungen und Häuser benötigt. Grundsätzlich bedeutet jede neue Bildung eines Haushaltes auch eine zusätzlich Nachfrage nach Wohnraum.

Auch der Beschäftigungsstand ist eine wichtige Komponente für einen Wohn REIT. Wenn in einem bestimmten Ort oder einer Stadt keine Arbeitsplätze vorhanden sind, wird dort die Nachfrage nach Wohnraum sinken. Zusätzlich besteht jedoch die Möglichkeit, dass kleinere Einkommen die Nachfrage nach Mietwohnungen im Vergleich zum Kauf von Eigentumswohnungen erhöhen können. Deshalb gibt es in den USA immer wieder Gebiete (zum Beispiel in Manhattan oder in Washington, D.C.), bei denen die Menschen grundsätzlich mieten, auch wenn der Besitz dort für sie erschwinglich wäre, weil das Mieten einfach mehr Flexibilität bietet. Dabei ist Manhattan oder Washington, D.C. einer der größten Märkte für Mehrfamilienwohnungen in den gesamten Vereinigten Staaten (USA) auf der Grundlage des dort vorhandenen Gesamtverkaufsvolumens von Mehrfamilienhäusern. Grundsätzlich sind in den USA die Wohnungsmärkte an der West- und Ostküste am stärksten. Deshalb haben sich auch einige Wohn REITs auf diese Gebiete konzentriert.

Auch gibt es Wohn REITs, die sich auf sehr hochwertige Luxusimmobilien konzentrieren. Solche Immobilien ziehen dann Mieter mit einem höheren Einkommen an, die dann auch bereits sind, die teuren Mieten zu übernehmen. Solche Luxusimmobilien beinhalten auch für den Mieter entsprechende Annehmlichkeiten, wie Fitnessstudios, Schwimmbäder, Clubhäuser, Geschäftszentren oder Spülräume, die dann auch von den REITs verwaltet werden. Solche High-End-Annehmlichkeiten helfen teilweise auch, die Mieter zu halten.

Die Risiken bei Wohn REITs

Eine der größten Risiken bei Wohn REITs ist der Einkommensverlust, wenn der REIT die derzeitigen Bewohner nicht halten kann oder neue dort nicht einziehen. Dies kann dann eintreten, wenn der Wettbewerb von einer anderen Wohn-Art oder einer anderen Immobilie in der näheren Umgebung attraktiver ist.

Ebenso können auch niedrigere Hauspreise Wohn REITs negativ beeinflussen, weil sich dann ein größerer Anteil der Mieter entscheidet, anstelle von Mieter Hausbesitzer zu werden. Dadurch können sowohl Belegungsarten als auch Mieten bei Mehrfamilienhäusern nach unten gehen. Zusätzlich werden auch flächendeckende sinkende Löhne problematisch, weil dadurch die Möglichkeit der Eigentümer eingeschränkt wird, die Mieten zu erhöhen.

Die Chancen bei Wohn REITs

Ein breit aufgestellter Wohn REIT bietet für den Anleger die Möglichkeit, seine Immobilieninvestitionen zu diversifizieren und das gerade in solchen Situationen, wenn die Mieten steigen. Auch hier gibt es entsprechende Untersuchungen, dass die steigenden Mieten in Form von steigender Dividende direkt an die Aktionäre weiter gegeben werden, weil REITs gemäß Gesetz 90 Prozent des zu versteuernden Einkommens als Dividende an die Aktionäre weitergeben müssen.

Deshalb ist es hier überlegenswert, anstelle in eine einzelne Eigentumswohnung oder ein Reihenhaus in einen Wohn REIT zu investieren, weil hier eine wesentlich größere Diversifikation über unterschiedliche Immobilien sowie geografische Gebiete hinweg vorhanden ist und zusätzlich wird das ganze professionelle Immobilienmanagement von Fachleuten übernommen.

Einige große Wohn REITs aus den USA

Dazu gehört unter anderem die Firma American Campus Communities. Sie hat schwerpunktmäßig Studentenwohnungen in der Nähe oder an den großen US-Universitäten.

Auch die Firma AvalonBay Communities ist in den USA ein großer Wohn REIT. Diese Firma ist auf Apartment-Immobilien in hochpreisigen Küstenstädten, wie San Francisco oder New York, spezialisiert.

Auch die Firma Equity Residential hat ihren Portfolio-Schwerpunkt als Wohn REIT im Bereich der Apartment-Immobilien und verfügt über ein ähnliches Geschäftsmodell wie AvalonBay Communities.

Retail REITs

Bei den Retail REITs handelt es sich um das größte Segment im Bereich des Immobiliensektors und hier liegt man dann vom Anteil her zwischen 17 und 24 Prozent, bezogen auf alle REITs. Hierbei besteht das Portfolio aus Einzelhandelsimmobilien, wie Outlet-Center, Großmärkte, Einkaufszentren oder freistehende Immobilien für Einzelhändler. Auch gibt es hier REITs, die sich mit verschiedenen Einzelhandelsimmobilien befassen. Diese REITs-Art bezieht ihre Einkünfte aus der Miete, die sie den Mietern der Einzelhandelsimmobilien berechnen. Dabei ist es für einen Retail REIT wichtig, dass die Mieter ebenfalls gut verdienen, gute Bilanzen aufweisen und auch relativ wenig Schulden aufweisen.

Die Risiken bei Retail REITs

Wichtig ist hierbei, dass solche Immobilien hier ausgesucht werden, wo der Einzelhandel auch in der Lage ist, etwas zu verdienen. Wenn die Einzelhändler (also die Mieter) aufgrund schlechter Verkaufszahlen Probleme im Cashflow erhalten, können sich die monatlichen Zahlungen verzögern oder gar ausbleiben. Dann müssen neue Mieter gefunden werden und das ist dann nicht auf die Schnelle nicht so ganz einfach. Gerade im Einzelhandelsbereich hat sich das Shopping-Verhalten verändert und es erfolgt immer mehr eine Verlagerung hin zu einem Mall-Modell, so dass die Eigentümer von reinen Einzelhandelsflächen immer mehr unter Zugzwang geraten, sich dem Druck entsprechend anzupassen.

Die Chancen bei Retail REITs

Gerade bei schwachen Wirtschaftsphasen entstehen bei Retail REITs mit guten Liquiditätsreserven Kaufgelegenheiten von guten Immobilien.

Bei starken Ankermietern ist hier eine Sicherheit vorhanden. Dazu gehören unter anderem Baumärkte und Lebensmittelgeschäfte.

Einige große Retail REITs aus den USA

Dazu gehört unter anderem das Unternehmen Simon Property Group. Hierbei handelt es sich um einen der größten REITs überhaupt. Dieses Unternehmen verfügt über ein umfangreiches Portfolio von hochwertigen Einkaufszentren. Ebenso ist Simon Property auch im Filialgeschäft stark involviert.

Ebenfalls hat sich das Unternehmen Realty Income auf Einzelhandelsimmobilien konzentriert. Die hier im Portfolio gehaltenen Einzelhandelsimmobilien sind so gestaltet, dass hier nur ein Mieter vorhanden ist, der auch für die Unterhaltskosten, die Versicherungen sowie für die Grundsteuer aufkommen muss.

Healthcare REITs

Diese REITs-Art hat sich auf Immobilien, wie Ärztehäuser, Krankenhäuser, Verwaltungsgebäude, Life-Science-Immobilien sowie Seniorenwohnanlagen, spezialisiert.

Gerade die Aussichten für REITs, die sich auf Immobilien im Bereich der Medizin und des Gesundheitswesen spezialisiert haben, sind gut. Der Bedarf an Gesundheitsdienstleistungen ist auch in den USA auf einem Höchststand. Eine solch steigende Nachfrage erfordert mehr Krankenhäuser, Arztpraxen, Rehazentren, um nur einige zu nennen. Hinzu kommt auch in den USA die demografische Veränderung. Dabei wird gemäß einigen Untersuchungen in den USA erwartet, dass die ältere Bevölkerung bis 2050 um mehr als 144 Prozent wachsen wird. Zusätzlich kommt noch hinzu, dass von der Bevölkerungszahl her mehr Personen die Gesundheitsversorgung, die bisher ohne Deckung der Kosten waren, in Anspruch nehmen wird. Deshalb steigt zusätzlich die Nachfrage nach allen Möglichkeiten der Leistungserbringer. Somit werden immer mehr Konsumenten ihre Ärzte aufsuchen und die Ärzte benötigen Infrastruktur, um diese Nachfrage zu erfüllen. Das führt zu einer steigenden Nachfrage nach Betriebs- und Büroflächen.

Ein Großteil der Betreiber solcher oben erwähnten Einrichtungen lebt von den Belegungsgebühren sowie den Rückerstattung von Midicaid und Medicare sowie von privaten Entgelten. Dabei erfolgt gerade in den USA bei den REITs in diesem Bereich eine Spezialisierung auf bestimmte Arten vom Immobilien-Bereiche. Dazu gehören unter anderem Seniorenwohnsitze (mit Schwerpunkt betreutes oder unabhängiges Leben), Unterkünfte für qualifiziertes Pflegepersonal, Gebäude für medizinisches Büros, Krankenhäuser oder Life-Science-Labors.

Die Risiken bei Healthcare REITs

Aufgrund von gesetzlichen Veränderungen durch den Staat (siehe zum Beispiel Versuch Abschaffung der letzten US-Gesundheitsreform „Obamacare" durch die aktuelle Regierung) kann es zu negativen Auswirkungen auf diesen Bereich kommen.

Die Gesundheitsbranche ist in der Regel sehr pflegeintensiv und dies kann nicht durch IT-Maßnahmen ersetzt werden. Somit ergeben sich hier immer wieder Probleme bei den Kostensenkungsmaßnahmen.

Die Chancen bei Healthcare REITs

Aufgrund der Zunahme der alternden Bevölkerung im Hauptanlageland USA ist der Bedarf an zusätzlichen Immobilien in diesem Bereich hoch und führt auch in Zukunft zu einem erhöhten Bedarf an dieser Art von Immobilien.

Einige große Healthcare REITs aus den USA

Bei Omega Healthcare handelt es sich um eine der größten Gesundheits REIT in den USA sowie in Großbritannien. Omega Healthcare ist an ungefähr 900 Standorten vertreten. Die Immobilien sind an 80 verschiedene Betreiber vermietet. Das Portfolio setzt sich aus Pflegeeinrichtungen sowie Seniorenwohnungen zusammen und die Immobilien in den USA sind breit gestreut. Ein Schwerpunkt davon liegt mit einem Anteil von knapp unter 10 Prozent in Ohio. Dabei wird von Omega Healthcare auf die Aufnahme von qualifizierten Pflegeeinrichtungen geachtet, die es dann den Patienten ermöglichen, nach deren Entlassung aus dem Krankenhaus weiterhin eine für sie finanzierbare Möglichkeit zu erhalten, weitere medizinische Maßnahmen in Anspruch zu nehmen.

Auch die Firma HCP ist ein großer REIT im Gesundheitswesen, die sich auf drei verschiedene Immobilientypen konzentriert. Dazu gehören Arztpraxen, Life-Science-Einrichtungen und Seniorenwohnungen.

Auch der Physicians Realty Trust gehört zum Bereich der Healthcare REITs. Das Unternehmen investiert in Bürogebäude, die hauptsächlich mit großen Gesundheitslösungen verbunden sind.

Self Storage REITs

Die Self Storage REITs verfügen über eigene Lagerräume, die dann in Fläche an deren Kunden vermietet werden.

Gerade in den USA ist die Selbstlagerung sehr verbreitet. Ungefähr jeder zehnte Amerikaner hat eine Lagereinheit angemietet. In den letzten Jahren waren jedoch die

Auslastungsraten leicht rückläufig, sodass es dann diesen Unternehmen erschwert worden ist, ihre Einnahmen durch erhöhte Mieten zu steigern. Der Vorteil bei dieser Art der Zusammensetzung des Immobilienportfolios liegt jedoch darin, dass der Break Even Point hier bereits bei 30 bis 40 Prozent Auslastung erreicht werden kann.

Die Risiken bei Self Storage REITs

Wenn es zu wirtschaftlichen Schwierigkeiten kommt und der Bedarf an Lagerfläche zurückgeht, entsteht eine rückläufige Auslastung bei den Lagerflächen und dadurch können die Einnahmen sinken.

Auch gibt es bei einer rückläufigen Auslastung die Problematik, notwendige Mietpreiserhöhungen durchzusetzen.

Die Chancen bei Self Storage REITs

Bei dieser Art von Immobilien liegt der Break Even-Point bereits bei einer relativ kleinen prozentualen Auslastung (in der Regel bei 30 bis 40 Prozent).

Bei einer positiven Wirtschaftentwicklung steigen die Auslastung und somit auch die Gewinne.

Einige große Self Storage REITs aus den USA

Zu den großen REITs in diesem Bereich gehört die Firma Public Storage. Dieses Unternehmen verfügt über 2.000 Objekte.

Auch gut im Markt liegt Life Storage mit einem sehr diversifizierten Portfolio von Lagerflächen in den USA.

Industrielle REITs

Die industriellen REITs repräsentieren ungefähr 7 Prozent der im FTSE NAREIT-Index vorhandenen Aktien-REITs. Das Portfolio dieser REITs-Art besteht aus Industrieimmobilien, wie Fertigungszentren, Lagerhallen, Distributionszentren, Bürogebäuden, Gewerbeparks sowie High-Tech-Flächen. Damit hier eine vernünftige Diversifizierung mit einer Vielzahl von Standorten entsteht, besteht das Portfolio auch teilweise aus Beteiligungen.

Dabei werden häufig von den industriellen REITs oft geographische Standorte ausgewählt, die strategisch für die Verteilung passen. Hierbei gelten Flughäfen, Eisenbahnen, große Autobahnkreuze oder Seehäfen als strategisch günstig, weil an solchen Knotenpunkten der Warenverkehr erleichtert wird. Das Portfolio wird dann bei einem solchen REIT an solchen geografisch günstigen Regionen nach Überprüfung der dort vorhandenen Nachfrage aufgebaut. Ebenso wird dann vom Management überprüft, ob die Nachfrage stabil bleibt oder in den kommenden Jahren ein Rückgang zu erwarten ist.

Dabei sind die Mieter solcher Immobilien breit strukturiert und können in vielen verschiedenen Bereichen, wie zum Beispiel Maschinenbau, Bauwesen, Getränke und Nahrungsmittel oder Informationstechnologie tätig sein. Auch gehören hier unter anderem Transportunternehmen, Logistikanbieter, Hersteller oder Einzelhändler mit dazu.

Aufgrund des Besitzes von Immobilien von unterschiedlichen Mietern ist ein solcher REIT auch gegen Schwankungen bei den Mieteinnahmen geschützt, welche durch eventuelle negative Veränderungen in bestimmten Gebieten oder Branchen verursacht werden können. Auch eine Staffelung der Beendigungsdaten der Mietverträge

bei den Immobilien bietet einen Schutz vor einem schnellen Einkommensverlust.
Die Risiken bei industriellen REITs

Wenn ein branchenübergreifender Konjunktureinbruch entsteht, können hier auch Leerstandsprobleme flächendeckend entstehen, obwohl eine gute geografische und branchenspezifische gute Verteilung vorhanden ist.

Wenn ein nicht genügend austariertes Portfolio in Bezug auf dessen geografische sowie branchenspezifische Verteilung vorhanden ist, können Leerstände hier auftreten, wenn es bei bestimmten Branchen zu einen Einbruch kommt.

Die Chancen bei industriellen REITs

Wenn sich ein solcher REIT vom Portfolio so aufstellt, dass er auch gegen Schwankungen bei den Mieteinnahmen durch eventuelle negative Auswirkungen in bestimmten geografischen Gebieten oder Branchen gewappnet ist, kann damit gutes Geld verdient werden und die Anteilseigner sind vor Einkommensverlust geschützt.

Der REIT muss über ein gutes Management verfügen, das auch in der Lage ist, strategisch günstige Regionen, was den Standort und die Zukunftsbranchen anbelangt, ausfindig zu machen. Dann gibt es bei einem gut diversifizierten Portfolio eine gute und vernünftige Zukunftsentwicklung.

Einige große industrielle REITs aus den USA und Deutschland

Die Firma Prologis hat sich in den USA auf Distributionszentren konzentriert und hat sich zur Aufgabe gemacht, vom Wachstum des E-Commerce und den dadurch verbundenen Anstieg an Logistikimmobilien zu profitieren.

Bei der Firma Deutsche Industrie REIT AG handelt es sich um einen deutschen REIT, der in Light-Industrial Immobilien bundesweit investiert. Dabei umfasst Light Industrial die Lagerung sowie die Distribution von Handelsgütern sowie deren Produktion und Verwaltung. Das Portfolio über ungefähr 41 Objekte besteht schwerpunktmäßig hauptsächlich aus mittelständischen bis großen Gewerbe- und Industrieparks. Dabei sind die Flächen gut als Logistikimmobilien ausgerüstet und haben jeweils eine gute lokale Präsenz. Die Aktie ist im Prime Standard der Frankfurter Wertpapierbörse und am regulierten Markt der Börse Berlin notiert. Das Unternehmen hat seit Anfang 2018 des Status eines REIT.

Hotel REITs

Die Art von REITS besitzt und verwaltet Hotelimmobilien. Hier spricht man auch von REITs für Resorts und Unterkünfte. Dabei gibt es sehr unterschiedliche Arten von Hotelimmobilien, die in einem solchen Portfolio enthalten sein können. Dazu gehören unter anderem Hotels mit Full-Service, mit Konferenzzentren, Suiten oder einem eingeschränktem Service sowie Hotels an Flughäfen. In den Portfolien dieser REITs befinden sich auch Hotels von bekannten Marken. Dazu gehören beispielsweise Hilton, Marriott, Hyatt, Fairmont oder Starwood. Ebenso können sich in einem solchen Portfolio auch neben kompletten Hotelanlagen auch Joint-Ventures befinden. Dabei ist dann das Hotel nicht oder nur teilweise Eigentum des REIT.

Die Hotel REITS erhalten die Erträge aus den im Portfolio vorhandenen Hotel-Immobilien. Dabei werden die Hoteleinnahmen durch die Zimmernachfragen von Privatpersonen sowie Geschäftsleuten über Unterbringungs- und Reisediensten, den jeweiligen Auslastungsraten, den Zimmerpreisen sowie durch die Nachfrage nach Zimmertypen (z.B. niedrigere oder höhere Preise) beeinflusst.

Ebenso kann ein Hotel REIT auch Einnahmen aufgrund der Lizenzierung einer Hotelmarke erzielen. Dadurch ist es diesem REIT auch möglich, seine Einkommensströme zu diversifizieren, um dadurch das Anlagerisiko zu reduzieren. Auch kann bei diesen REITS eine Konzentration auf nationale oder internationale Hotelketten eine Anlagestrategie sein.

Auch kann hier eine Anlagestrategie sein, in preiswerte Gästehäuser die sich an Bundesstraßen oder Autobahnen befinden, zu investieren. Ebenso kann die Finanzierung von Hotels zum Geschäftsmodell der REITS gehören.

Das Problem aufgrund der oben geschilderten Sachlage ist jedoch für Hotel REITs, dass hier die Einnahmen abhängig sind von der Belegung der Hotels und den allgemeinen wirtschaftlichen Bedingungen, die momentan in dem Land, wo sich der Standort der Hotels befindet.

Die Risiken bei Hotel REITs

Hotel REITS sind von den Belegungszahlen und somit auch von den allgemeinen wirtschaftlichen Bedingungen, die gerade in dem Land, wo sich der Standort befindet, abhängig.

Wenn hier keine vernünftige Diversifizierung nach Standorten vorgenommen wird, kann es hier schnell zu Einkommensverlusten durch negative Veränderungen der Auslastungsraten kommen.

Die Chancen bei Hotel REITs

In guten wirtschaftlichen Zeiten kann hier bei einer hohen Belegungsrate der Cashflow explodieren und somit die Anteileigner mit einer guten bis sehr guten Rendite rechnen. Dabei ist es wichtig, dass hier genau die Branchen ausgesucht werden, in denen hohe Zuwachsraten in der Zukunft erwartet werden.

Einige große Hotel REITs aus den USA

Dazu gehört die Firma Apple Hospitality REIT, welche ein größeres Portfolio an Select-Service-Hotels (Mittelklassehotels) besitzt. Dabei gehören zu den wichtigsten Hotelmarken in dieser Service-Kategorie die Homewood Suites by Hilton oder die Courtyard by Marriott.

Dagegen konzentriert sich der REIT Host Hotels and Resorts auf hochwertige Immobilien im Hotelbereich.

Office REITs

Das Portfolio von Office REITs besteht hauptsächlich aus Büroimmobilien. Diese Immobilien sind an die unterschiedlichsten Mieter dieser Immobilien vermietet. Dabei reicht die Palette von Wolkenkratzern bis zu Büroparks. Hierbei konzentrieren sich einige REITs auf bestimmte Marktarten, wie beispielsweise auf Vororte oder zentrale Geschäftsviertel. Ebenso gibt es REITs im Office-Bereich, die sich auf bestimmte Arten von Mietern, wie zum Beispiel Biotech-Unternehmen oder Regierungsbehörden, festlegen.

Gerade in aufstrebenden Ballungszentren, wo entweder am Stadtrand oder auch in bestimmten Stadtbereichen sich große Konzerne ansiedeln, werden hier Büroflächen benötigt. Auch sind der Kaufpreise gerade auch in noch nicht so starken Städten, die aber eine gute Zukunftsentwicklung aufweisen, noch nicht so hoch, wie in den wichtigsten Ballungszentren. Solche Märkte sind auch weniger volatil, was die Belegungsraten sowie die Miethöhe anbelangt.

Auch muss bei den Office REITS immer das Ziel sein, die älteren Vermögenswerte zu veräußern und durch die Umschichtung des Kapitals höherwertige und neue Vermögenswerte (also neue Immobilien im Bürobereich) ins Portfolio mit aufzunehmen. Dadurch entsteht dann ein erheblicher Mehrwert.

Die Risiken bei Office REITs

Wenn bei dieser REIT-Art auf die falschen Flächen, was die geografische Zuordnung anbelangt, gesetzt wird und das Portfolio zu einseitig aufgebaut ist, können Probleme in der Nachvermietung entstehen und dies kann zu Einnahmeverlusten aufgrund von Leerständen führen.

Dasselbe Problem kann auch auftreten, wenn hier nicht konsequent auf Branchen gesetzt wird, die eine Zukunft haben. Auch hier besteht dann das Problem mit der Nachvermietung und der Aufbau von Leerständen.

Die Chancen bei Office REITs

Bei einem gut austarierten Portfolio (richtige Ansatzpunkte geografisch; Vermietung aus Zukunftsbranchen) gibt es eine gute Mietauslastung, was wiederum zu steigenden Einnahmen führt.

Ebenso ist es wichtig, die einzelnen im Portfolio befindlichen Gebäude immer von der Einrichtung und Ausstattung her auf dem aktuellen Stand zu halten und die älteren Vermögenswert zu veräußern, um damit dann in weitere vorhandene Immobilien zu investieren zu können und diese dann auch für neue Bereiche zu öffnen. Ebenso sollte dann das Portfolio durch neue auf die Zukunft ausgerichtete Gebäudeinvestitionen erweitert werden.

Einige große Office REITs aus den USA und Deutschland

Bei der Firma Boston Properties handelt es sich um einen der größten Büro-Immobilien-Eigentümer in den USA. Das Unternehmen konzentriert sich von der geografischen Umgebung her auf San Francisco, Washington D.C., New York und Boston.

Dem Empire Stat Realty Trust aus den USA gehören auch eine größere Anzahl von Büro-Immobilien im Großraum New York.

Bei der Firma alstria-office REIT-AG handelt es sich um einen deutschen REIT, der sich fast ausschließlich auf deutschen Büroimmobilien in ausgewählten Märkten konzentriert. Dabei strebt das Unternehmen die Schaffung nachhaltiger Werte an. Das Portfolio umfasst zwischenzeitlich mehr als 117 Gebäude mit einer vermietbaren Fläche von 1,6 Millionen Quadratmeter. Die Gründung erfolgt im Jahr 2006 und die Umwandlung in einen REIT 2007. Das Unternehmen ist im Prime Standard der Frankfurter Wertpapierbörse sowie im MDAX notiert.

Rechenzentrum REITs

Unter einem Rechenzentrum versteht man eine dafür spezialisierte Einrichtung, die für den Betrieb von Servern sowie anderen Netzwerkgeräten einen sicheren und zuverlässigen Raum anbietet. Gerade in diesem Bereich haben sich in den letzten Jahren durch den weltweiten Anstieg des hier vorhandenen Bedarfs große Marktfelder entwickelt.

Zu den Aufgaben von den Inhabern solcher Spezialimmobilien gehört nicht nur die Bereitstellung von Räumen, sondern diese Inhaber müssen sich auch um die Versorgung mit Strom sowie die Zugangs- und Klimakontrolle kümmern.

Die Rechenzentren haben sich vom Spezialprodukt zu einer eigenständigen Assetklasse im REIT-Bereich entwickelt. Dies liegt auch an dem hier vorhandenen Rendite-Potential, der sich, je nach Typus des Gebäudes zwischen 5 bis zu 9 Prozent p.a. bewegt.

Die weltweit in allen Bereichen fortschreitende Digitalisierung nimmt nicht nur immer größere Datenvolumen in Anspruch, sondern hierbei entscheidet auch die regionale Verfügbarkeit von solchen Rechenzentren über die Zukunft von neuen Technologien. Deshalb ist gerade für ein solches Spezial-REIT wichtig, hier auch mit seinen Standorten in den ländlichen Raum zu gehen.

Die Anforderungen an diese Gebäude sind jedoch komplex und kostenintensiv. Die Baukosten pro Quadratmeter liegen hier oft im mittleren fünfstelligen Bereich. Dazu gehören unter anderem auch die hohen Reininvestitions-Kosten für die dort einzusetzenden technischen Anlagen und die hier ebenfalls hohen Versicherungskosten. Zusätzlich ist hier auch die Höhe der Stromkosten ein entscheidender Standort-Faktor. Auch fallen hohe Kosten für die Thematik Sicherheit bei solchen Rechenzentren an.

Die Risiken bei Rechenzentren REITs

Hierbei handelt es sich um Spezialgebäude. Die Ausstattung dieser Gebäude sind sehr komplex und auch kostenintensiv, so dass hier zum Teil Baukosten je Quadratmeter im fünfstelligen Bereich auftreten können.

Der Inhaber von solchen Gebäuden muss für die komplette Funktionsfähigkeit sorgen und das ist zum Teil sehr aufwendig und kostenintensiv.

Die Chancen bei Rechenzentren REITs

Durch die weltweit in allen Themenbereichen sich sehr schnell weiter entwickelnde Digitalisierung mit immer größer werdenden Datenvolumen ist hier ein enormes Wachstumspotential vorhanden.

Ebenso schreitet hier der Bedarf an solchen Gebäuden auch in den regionalen Regionen (in fast jedem Land) voran, so dass auch im ländlichen Bereich solche Spezialgebäude erforderlich sind. Deshalb werden solche Rechenzenten auch in etwas abseits gelegenen Gebieten benötigt.

Einige große Rechenzentren REITs aus den USA

Zu diesem Bereich gehört die Firma Digital Realty Trust. Hierbei handelt es sich um einen sehr großen Rechenzentren-REIT, der weltweit aktiv ist, jedoch einen großen Schwerpunkt in den USA hat.

Auch die Firma Quinix ist ein großer Rechenzentren-REIT und die Einkommensquellen dort sind geografisch diversifiziert. Fast die Hälfte des Umsatzes kommt jedoch von amerikanischem Boden.

Diversifizierte REITs

Bei dieser REIT-Art handelt es sich um eine Kombination aus zwei oder mehreren verschiedenartigen Immobilienarten, auf die sich das Unternehmen spezialisiert hat.

Da ja gewisse REIT-Arten zum Teil sehr konjunkturabhängig sind, ist es sinnvoll, dann ein Teil der Anlagen in solchen Immobilienversionen zu tätigen, die davon nicht betroffen sind, um dadurch eine größere Stabilität im Portfolio zu erhalten.

Auch gibt es hier dann Möglichkeiten, wenn eine Verteilung auf verschiedenartige Immobilien erfolgt, dann das Portfolio so auszurichten, dass stetig wachsende Einnahmen entstehen können.

Dazu gehören auch die Veränderungen in der Verhaltensweise der Bevölkerung. Die USA haben sich zum Beispiel in den letzten Jahren zu einem Mieterland entwickelt, so dass die Nachfrage nach Mehrfamilienimmobilien in den letzten Jahren erheblich zugenommen hat. Ein diversifizierter REIT muss dann dieser Verhaltensveränderung ebenfalls Rechnung tragen, und auch solche Veränderungen in der Verhaltensweise der Bevölkerung im Aufbau seines Portfolios mit berücksichtigen.

Die Risiken bei den diversifizierten REITs

Wenn hier eine Aufteilung auf verschiedenartige Immobilienarten vorgenommen wird, die alles sehr konjunkturabhängig sind (zum Beispiel Büro- und Hotelimmobilien- bei beiden geht die Auslastung bei einem starken Konjunkturabschwung zurück), kann es zu erheblichen Einkommensrückgängen kommen.

Eine solche Entwicklung kann auch eintreten, wenn die Veränderungen in der Verhaltensweise der Bevölkerung falsch eingeschätzt und hier die Trends nicht richtig im Portfolio berücksichtigt werden.

Die Chancen bei den diversifizierten REITs

Aufgrund der Möglichkeit, das Portfolio so aufzubauen, der hier verschiedenartige Immobilienarten berücksichtigt werden können, bekommt das Gesamtkonstrukt mehr Stabilität und ist nicht auf einzelne zum Teil konjunkturabhängige Immobilienstrukturen alleine angewiesen.

Bei einer Veränderung der Verhaltensweise der Bevölkerung (zum Beispiel hin zu einer verstärkten Mieterstruktur) kann rechtzeitig auf solche Veränderungen reagiert und das Portfolio kann entsprechend umgebaut werden.

Ein diversifizierter REIT aus den USA als Beispiel

Die Firma W.P. Carey verfügt über 900 Immobilien im Portfolio und wurde 1973 gegründet. Das Portfolio erstreckt sich über verschiedene Immobilienarten. Dazu gehören unter anderem Hotel-REITs, Warenhäuser, Büro REITS sowie Logistikzentren. Die Immobilien befinden sich ungefähr zu 2 Dritteln in den USA und zu 30 Prozent in Europa. In den Objekten von Carey gibt es über 200 verschiedene Mieter und die Vermietungsdauer beträgt im Durchschnitt 10 Jahr bei einer 99prozentigen Vermietungsquote.

Hypotheken REITs

Ungefähr 10 Prozent der REITs sind in Hypotheken und nicht in Immobilien investiert.

Solche REITs-Arten sind jedoch auch nicht ohne Risiko. Wenn durch die Zentralbanken die Zinssätze erhöht werden, führt dies zu einem Rückgang der Buchwerte bei den Hypotheken REITs und dadurch sinken die Aktienkurse. Ebenso halten Hypotheken REITs einen größeren Anteil ihres Kapitals über unbesicherte und besicherte Schuldtitel. Wenn die Zinsen steigen, werden die künftigen Finanzierungen teurer und dadurch sinkt der Wert des Kreditportfolios. Deshalb ist es hierbei besonders von Bedeutung, hier eine richtige Mischung zu finden, damit die Auswirkungen den Zinsveränderungen immer wieder angepasst werden.

Ein Hypotheken REIT aus den USA als Beispiel

Bei der Firma Annaly Capital handelt es sich um einen über 13 Milliarden schweren Hypotheken-Reit. Bei den Hypotheken-REITs ist es wichtig, darauf zu achten, dass diese unter dem realen Buchwert gekauft werden. Ein Verkauf ist dann gegeben, wenn dann die Aktie bei 105 bis 110 Prozent über dem Buchwert liegt. Bei Annaly ist das komplette Portfolio abgesichert. Das Unternehmen verfügt über reichlich Erfahrung in allen Zinsfeldern.

Die Entwicklung der deutschen REITs

Der Markt für die deutschen REITs hat sich in den letzten Jahren etwas verhalten entwickelt. Als im Jahr 2007 der German-REIT (G-REIT) in Deutschland eingeführt wurde, sind daran große Erwartungen geknüpft worden. Damals haben viele Immobilienunternehmen eine zügige Umwandlung in eine REIT AG geplant. Die Branche ist damals von bis zu 20 Börsengängen und einer Marktkapitalisierung in kurzer Zeit von 100 Milliarden Euro ausgegangen. Die Branche hat jedoch erhebliche Rückschläge hinnehmen müssen. Aktuell gibt es mit der alstria-office REIT-AG, der Fair-Value REIT AG, der Hamborner REIT AG, der Deutschen Konsum REIT-AG und der Deutschen Industrie REIT-AG nur eine sehr überschaubare Anzahl von REITs.

Auch gehen Branchenkreise davon aus, dass die REIT-Gesetzgebung in Deutschland eine Ursache dafür ist und deshalb ein größerer Anteil der Unternehmen von ihren Plänen zur Umgestaltung in ein REIT Abstand genommen haben. So ist es gemäß dem deutschen REIT-Gesetz verboten, vor 2007 erbaute Wohnimmobilien zu kaufen. Ausländische REITs haben dagegen die Möglichkeit, solche Bestandwohnungen zu erwerben. Daher verfügen diese über einen erheblichen Vorteil gegenüber dem Wettbewerb aus dem deutschen Bereich.

Ebenso wird auch die Auffassung kundgetan, dass die Regelungen zur Höchstbeteiligung und zum Streubesitz verbessert werden sollten. Gemäß den gesetzlichen Bestimmungen darf ein einzelner Aktionär nicht mehr als 10 Prozent der Anteile an einem deutschen REIT halten. Zusätzlich müssen mindestens 15 Prozent der Aktien sich im Streubesitz befinden. Wenn gegen diese gesetzlichen Vorgaben verstoßen wird, gibt es von der Seite der REITs aus keine Möglichkeiten, den Verursacher eines solchen Verstoßes zu belangen. Dem REIT dagegen droht der Verlust des REIT-Status.

Eine Investition in deutsche REITs hängt von dem Investor selbst sowie dessen Erwartungen, Wünsche und dessen persönliche Situation als Anleger oder Investor ab. Grundsätzlich sind auch die deutschen REITS eine gute Möglichkeit für Kleinanleger in sehr kontrollierte sowie sehr solide deutsche Unternehmen zu investieren, welche noch zusätzlich breit streuen und damit auch von ihrer Seite aus das Risiko deutlich begrenzen.

Dabei ist eine Investment in deutsche REITs für Anleger auch dadurch interessant, weil der Großteil der Unternehmensgewinne ausgeschüttet wird und somit beim Anleger damit mehr übrig bleibt, als dies bei einem anderen Investment in Unternehmen der Fall ist. Dabei fließen die Dividenden in der Regel vierteljährlich. Von Vorteil ist es auch, dass man sich als Anleger auch von den deutschen REITs jederzeit schnell trennen kann. Zusätzlich kann die Geschäftstätigkeit von REITs immer klar nachvollzogen werden und dies selbst von Aktionären, die über die Branche wenige Kenntnisse aufweisen.

Die Chancen bei REITs allgemein

Mit Hilfe von REITs kann sich auch ein Kleinanleger unkompliziert an globalen und großen Immobilienportfolios beteiligen und erhält im Vergleich zu anderen Anlagemöglichkeiten hier konstant fließende Einnahmen.

Gegenüber einer Direktinvestition in Immobilien kann das von Vorteil sein. Bei einer Direktinvestition in Immobilien in nur ein Objekt besteht hier die Gefahr für den Investor, dass hier ein erhebliches Klumpenrisiko für ihn entstehen kann. Ebenso schlagen bei einem einzelnen Objekt eventuell anstehende kostenintensive Reparaturen oder die Objektlage, die sich verschlechtert, erheblich auf den potenziellen Wiederverkaufswert durch. Bei den REITs dagegen werden mehrere oder eine Vielzahl von Liegenschaften in zum Teil auch noch verschiedenartigen Immobilienarten in sehr unterschiedlichen Regionen bewirtschaftet, so dass hier der Anleger ein sehr breit gestreutes Immobilienportfolio aufbauen kann.

Das oben Erwähnte tritt auch auf die Einnahmen (in diesem Fall Mieteinnahmen) auch zu. Wenn bei einem Einzelobjekt ein langwieriger Rechtsstreit mit zusätzlicher Zahlungsverweigerung der Miete vorhanden ist, führt die zu erheblichen Einnahmen-Verlusten. Das gilt auch für Mietnomaden oder insolvente Mieter. Auch ein leeres Objekt bringt keine laufenden Einnahmen. Auch einer solchen Situation wirken REITs entgegen. Gerade in diesem Bereich werden Nutz- sowie Mietverträge normalerweise langfristig abgeschlossen und zudem sind hier eine Vielzahl von verschiedenen Vertragspartner oder Mieter vorhanden, so dass hier das Risiko des regelmäßigen Einnahmeausfalls sehr verringert wird. Zusätzlich ist bei REITs in der Regel ein professionelles Management vorhanden, das auch die Verwaltungskosten niedrig hält und das sich eigenständig um die baulichen und rechtlichen Probleme kümmert.

Ebenso bieten REITs gegenüber den geschlossenen Immobilienfonds oder sonstigen nicht börsennotierten Immobiliengesellschaften auch zusätzlich eine Notierung an liquiden Börsen und eine transparente Preisbildung ist vorhanden. Die hierbei in Anrechnung kommenden Handelsgebühren sind normalerweise kleiner, als dies bei den Ausgabeaufschlägen oder in Form von Agio bei Immobilienfonds bis zu 5 Prozent der Anlagesumme der Fall ist und, wenn es um den Direkterwerb einer Immobilie geht, liegen hier die Nebenerwerbskosten teilweise deutlich über 10 Prozent.

Bei der Anlage in REITs handelt es sich um eine Sachwert-Anlage und gerade in Phasen mit Inflation wird dadurch das Vermögen der Anleger geschützt. Auch bieten REITs als ausländisches Immobilieneigentum aus Anlegersicht die Chance auf Währungsgewinne (aber auch die Gefahr von Währungsverlusten), weil der Kaufpreis sowie die Mietverträge normalerweise in der jeweiligen Landeswährung, wo sich das Objekt befindet, geschlossen werden.

Ebenso ist das REIT-Geschäft nicht so stark einem Wandel unterworfen, wie die Unternehmen im Bereich Hochtechnologie oder zyklischer Konsumgüter es sind.

Zusätzlich weisen auch die Anlageklassen, die mehrere Auszahlungsintervalle haben, eine geringere Kursvolatilität auf, als solche, die nur einmal im Jahr auszahlen. Das wirkt sich dann etwas dämpfend auch auf den Kursverlauf aus.

Auch profitieren REITS von dem auch zukünftig fortschreitenden Trend der Urbanisierung, da sich ein großer Teil der Immobilienanlagen, die von REITs verwaltet werden, im städtischen Umfeld befindet. Dabei spielt natürlich an den jeweiligen Standorten noch zusätzlich die ökonomische sowie demographische Entwicklung eine Rolle.

Die Risiken bei REITs allgemein

Wie in verschiedenen weltweit zunächst boomenden und dann danach zusammenbrechenden Immobilienmärkten in den vergangen Jahrzehnte belegt wurde, sind Immobilien auch eine schwankungsintensive Anlageklasse. Das gilt nicht nur für die

Anlagemöglichkeit in REITs, sondern grundsätzlich für alle Immobilienanlagen. Dazu gehört auch ein Direktinvestment. Aus diesem Grund ist die Auswahl von sehr soliden Unternehmen, die auch ihr Immobilienportfolio regional und nach REITs-Art vernünftig gestreut haben, hier besonders wichtig. Dazu kommt dann noch auch die Verteilung nach Ländern, die zu unterschiedlichen Zeiten im Immobilienbereich abkühlen oder überhitzen. Gerade bei Post-Crash-Perioden bieten hier die solide aufgestellten REITs eine günstige Einstiegmöglichkeit. Dabei sollte man sich hier dann solide Titel mit einem hohen Disagio und einer auch weiterhin guten Dividendenrendite aussuchen, da sich hier im Normalfall die Börsenkurse viel schneller sinken, als dies eigentlich die Ertragslage hergibt.

Gerade im Immobiliensektor ist eine relativ hohe Fremdfinanzierungsquote ein Risiko für viele Unternehmen. REITs müssen auch durch ihre Konzentration der Geschäftstätigkeit auf Immobilien zunächst hohe Anfangsinvestitionen durchführen, die auch durch langjährige Darlehen oder Kredite gehebelt werden. Dabei bestimmt dann der Verschuldungsgrad dann auch die Höhe der hier zu stemmenden Fixkosten. Gerade in Krisenzeiten, wenn Mietzahlungen ausbleiben, kann sich ein hoher Verschuldungsgrad als nicht mehr tragbar erweisen und der REIT wird insolvent. Das ist auch der Grund, weshalb REITs teilweise sensibel auf Zinsveränderungen in beide Richtungen reagieren. Gerade die Mortgage REITs verfügen über relativ hohe Fremdkapitalquoten.

Gerade in der jetzigen Niedrigzinsphase werden kurzfristige Kredite aufgenommen und gleichzeitig erwirbt ein Mortage REIT zusätzlich langfristige Hypothekendarlehen (ebenfalls aufgrund des niedrigen Zinssatzes). Das ist dann eine sehr riskante Vorgehensweise, aber für den REIT kann es sehr lukrativ sein. Deshalb ist es für jeden REIT-Interessenten erforderlich, sich genau mit den jeweiligen Bilanzen der REITs auseinander zu setzen.

REITs müssen sich aufgrund des vorgeschriebenen Geschäftsgegenstandes auf das Immobiliengeschäft konzentrierten. Dadurch kann das Wachstumspotential beschränkt werden, weil sie nicht auf neue Investitionsmöglichkeiten außerhalb der Immobilienbranche regieren können. Obwohl sich die Ertragssituation bei REITs wesentlich stabiler erweist, als dies bei den sehr von der Konjunktur abhängigen Industrie- und Dienstleistungsbereiche, trifft es auch REITs bei starken Konjunktureinbrüchen. Dabei wird das Mietniveau bei solchen Immobilien, die stark mit Mietern aus dem kommerziellen Bereich zusammen arbeiten, stärker beeinflusst , als dies bei Mietern aus den nichtkommerziellen Bereich der Fall ist. Ebenso können bei starken Konjunktureinbrüchen vermehrt Leerstände sowie Zahlungsausfälle auftreten.

Immobilien haben in vielen Ländern auch eine hohe sozialpolitische Bedeutung. Hier können für die Anleger ebenfalls daraus Vermögens- und Ertragsrisiken entstehen. Dabei werden die Regulierung sowie die Baugesetzgebung in Bezug auf den Erwerb von Immobilieneigentum von ausländischen Firmen gerade in Zeiten der Rezession in der Regel immer aggressiver und repressiver. Das gilt in gleichem Maße auch in der Steuergesetzgebung in den dann davon betroffenen Ländern.

Zusätzlich sind auch Risiken vorhanden, die mit der Art der Immobilien, die sich im Portfolio von einem REIT befinden, zusammenhängen. Dazu war zum Beispiel im Jahr 2018 der Selfstorage Markt mit Überangebotsproblemen konfrontiert. Dadurch sind diejenigen REITs, die viele Immobilie aus diesem Markt im Portfolio hatten, stark unter Druck geraten und im Kurs gefallen. Deshalb ist es auch für jeden Anleger sehr wichtig, bei der Auswahl seines Portfolios von REITS Aktien darauf zu achten, dass hier auch, wie in den vorigen Ausführungen mehrmals erwähnt, auf eine vernünftige Verteilung sowohl in geografischer Hinsicht, aber auch im Blick auf den Verwendungszweck der Immobilien geachtet wird.

Grundsätzlich entsteht die Wertigkeit von einem REIT durch die im Portfolio enthaltenen Immobilien. Wenn jedoch, wie zum Beispiel nach der Finanzkrise 2008, der komplette Immobilienmarkt rückläufig ist, sinkt auch der innere Wert von REITs.

NAREIT (Nationale Vereinigung der Immobilieninvestmentfonds)- wichtige REITs-Organisation in den USA in deren Indizes

Bei NAREIT (gegründet 1960) handelt es sich um eine in Washington D.C. ansässige Vereinigung der US-REITS, die an den wichtigen Börsen gehandelt werden, die zusammen Immobilienvermögen im Wert von fast 3 Billionen US-Dollar besitzen. NAREIT ist dabei eine der wichtigsten Stimmen der REIT-Industrie, die auch auf viele politische Entscheidungsträger Einfluss nimmt, die für entsprechende Gesetzgebung in diesem Bereich zuständig sind. Ebenso ist NAREIT auch eine der wichtigsten Informationsquellen für die Entscheidungsträger der REITs in der ganzen Welt. Seit dem Jahr 1972 werden auch die entsprechenden Unternehmensdaten von dort aus zur Verfügung gestellt.

Bei NAREIT sind die REITs sowie andere Unternehmen aus dem Immobilienbereich auf der ganzen Welt Mitglieder. Die Vereinigung wird von einem unabhängigen Vorstand (6 Mitglieder) geleitet. Der Präsident dieser Vereinigung ist der CEO Steven A. Wechsler.

Von NAREIT aus wird eine Vielzahl von Publikationen für die Investoren, Mitglieder, Experten sowie für politische Entscheidungsträger veröffentlicht. Dabei ist die Website von NAREIT für alle Zielgruppen das wichtigste Kommunikationsmittel. Ebenfalls wird von der Vereinigung in einem Rhythmus von zwei Monaten das Magazin „REAL Estate Investment Today“ herausgeben. Dieses Magazin konzentriert sich auf den REIT-Ansatz bei Investitionen in Immobilien. Ebenso wird täglich von NAREIT eine Kurznachrichten-Zusammenfassung aus dem REITs-Bereich versendet. Auch gibt es regelmäßige Mitteilungen an die Mitglieder sowie diverses Schulungsmaterial für den REIT-Bereich.

Zusätzlich wird von der NAREIT-Organisation eine Reihe von Indizes zusammengestellt, bei denen es ausschließlich um öffentlich gehandelte REITs geht.

Dazu gehören unter anderem die Topline Indizes „FTS NAREIT All REITs-Index“ (das ist ein Index von allen öffentlich gehandelten REITs mit relativen Marketinggewichtungen). Dieser Index ist über Echtzeit-Updates verfügbar und wird einmal im Monat neu gewichtet. Diese Gewichtung hat für neue sowie zusammengeführte REITS sowie für die Emission von Eigenkapital durch bestehende REITs Gültigkeit.

Ein weiterer Index ist der „FTSE NAREIT Equity-REIT-Index“. In diesem Index sind ebenfalls die Daten aus dem großen NAREIT-Index enthalten, jedoch werden hier die REITs für Hypotheken mit Ausnahme einer reinen Aktien-Immobilien-Benchmark ausgeschlossen.

Auch der „FTSE NAREIT Mortgage REIT-Index“ gehört hier dazu. Hierbei handelt es sich um einen Index aller öffentlich gehandelten REITs für Hypotheken.

Von NAREIT wird jedes Jahr eine Vielzahl von Branchenveranstaltungen in den USA durchgeführt. Ziel dieser Veranstaltungen ist es, für die Branchenexperten, Investoren sowie Mitglieder entsprechende aktuelle Informationen zu vermitteln. Im Mittelpunkt hierbei steht der REITWorld NAREIT-Jahreskongress, wo sich alle wichtige Größen im REIT-Bereich aus den USA sowie auch anderen Ländern, die mit NAREIT zusammenarbeiten, treffen. Auch gut besucht ist die jährliche REIT-Week. Hierbei handelt es sich um ein Investorenforum von NAREIT, wo dann die Investoren in REITs mit den jeweiligen Management-Teams der REIT-Unternehmen zusammen kommen, um sich dann zu vernetzen und sich über die aktuellen Entwicklungen und

Veränderungen der Unternehmen zu informieren.

Auch erfolgt von der Vereinigung NAREIT eine jähre Auszeichnung der Mitglieder sowie der Branchenexperten mit dem Investor Care (Communications & Reporting Excellence). Damit werden herausragende Leistungen im Bereich der Nachhaltigkeit ausgezeichnet. Ebenso gibt es hier noch dieLeadership und Industry Achievement-Auszeichnungen für ausgewöhnliche und herausragende Beiträge innerhalb der Immobilien- und REIT-Branche.

Der EPRA-Index

Der „FTSE EPRA Global Real Estate Index" wird von der European Public Real Estate Association mit Hauptsitz in Brüssel (Belgien) in Zusammenarbeit mit FTSE (Großbritannien) und der bereits ausführlich geschilderten NAREIT (USA) erstellt. Dieser Index setzt sich aus unterschiedlichen börsennotierten REITs zusammen, die an verschiedenen Börsen gehandelt werden.

Bei der ERPA (European Public Real Estate Association) handelt es sich um eine gemeinnützige Organisation, durch die die Interessen der europäischen REITs und Immobilienunternehmen vertreten werden. Die EPRA wird von einer unabhängigen Geschäftsleitung geführt. Den Vorsitz hierbei hat momentan Herr Rolf Buch.

Seit der Gründung in Amsterdam im Jahr 1990 ist von seitens der EPRA zunächst eine Partnerschaft mit Euronext eingegangen worden. Danach folgten dann weitere Partnerschaften mit FTSE (Großbritannien) sowie NAREIT (USA). Dabei wurden in Zusammenarbeit mit FTSE sowie NAREIT die FTSE EPRA/NAREIT Global Indexreihen aufgebaut, die heute in der EPRA-Index-Plattform aufgeführt sind und weltweit als anerkannte Leistungs-Benchmarks für REITs sowie börsennotierte Unternehmen gelten.

Die Haupttätigkeit der EPRA besteht darin, Interesse für die alternativen Investitionsangebote in börsennotierte Immobiliengesellschaften und REITs in Europa zu erweitern und entsprechende Daten sowie Statistiken von diesen börsennotierten Immobiliengesellschaft oder REITs auf einer Basis von breit angelegter Forschungs- und Analysetätigkeit zur Verfügung zu stellen. Dies erfolgt von ERPA eigenständig, aber zum Teil auch in Kooperation mit verschiedenen Bildungsinstitutionen.

Was die Finanzberichterstattung anbelangt, so verfolgt EPRA hier das Ziel der Entwicklung von einheitlichen Berichtserstattungs- und Bewertungsregeln im Bereich und innerhalb des europäischen Immobiliensektors. Ebenfalls wird von ERPA der Prozess zu Einführung von umfassen KPIs unterstützt. Zusätzlich werden in Kooperation mit Deloitte jährlich die REITs und Immobilienunternehmen, basierend auf den von diesen Unternehmen vorgelegten Geschäftsberichten, mit dem goldenen, silbernen sowie bronzenen Best-Practice-Award ausgezeichnet.

FTSE

Bei der Vorstellung von EPRA wurde mehrmals FTSE erwähnt. Bei dem FTSE 100 (Financial Times Stock Exchange-Indes) handelt es sich um den wichtigsten britischen Aktienindex. Dabei steht die Abkürzung FTSE für „Financial Stock Exchange". Beim FTSE sind die Kursentwicklung der 100 größten sowie umsatzstärksten Unternehmen, die an der London Stock Exchange gelistet sind, zusammengefasst. Der FTSE bildet somit das Marktsegment der britischen Standardwerte ab. FTSE ist der Leitindex vom britischen Aktienmarkt. Die Ermittlung erfolgt von der FTSE Group, welche aus einer Joint Venture-Lösung der Financial Times und der Londoner Börse hervorgegangen ist. Zu den 100 stärksten Unternehmen in Großbritannien zählen auch britische REITs sowie weitere Immobiliengesellschaften. Deshalb fließen dann diese Informationen aus diesem Teilbereich dann in den EPRA ein und werden dort dann entsprechend berücksichtigt.

Der RX REIT Index in Deutschland

Dieser Real Estate Indizes RX Real Estate stammt von der Deutschen Börse und wurde mit der gesetzlichen Einführung der deutschen REITs aufgelegt. Dabei gibt es hier einige Unterschiede. Der RX REIT All Share Index bezieht sich ausschließlich auf die Asset Klasse REITs. Dagegen beinhaltet der RX Real Estate Index zusätzlich auch weitere dem Immobilienbereich zuordenbare Unternehmen. Im RX REIT All Share Index sind dann ausschließlich die REITs Unternehmen enthalten, die an der Deutschen Börse gehandelt werden. Aktuell sind dort unter anderem die Firmen Alstria Office Reit, Deutsche Konsum Reit AG sowie die Hamborner REIT AG enthalten.

Auf unserer Website können Sie das Buch kostenfrei als PDF sowie als Audiobuch herunterladen. Des weiteren erwarten Sie dort unsere Investment Videokurse, Bonusinhalte zum Buch sowie unser Investment Blog. Nutzen Sie jetzt den Link und sichern Sie sich unseren Immobilien Rendite Rechner für 0€ statt 99€.

http://cherryfinance.de/REITSB

AUF UNSERER WEBSITE FINDEN SIE
TOLLE BONUSINHALTE SOWIE
WEITERFÜHRENDE INFORMATIONEN

Teil 3
Auswahlkriterien für die REIT-Auswahl/Aufbau eines individuellen REIT-Portfolios/mögliche Einkommensstrategien

Grundsätzliche Aussagen zur Investition in REITs und zu dem Depot-Aufbau

WENN ETWAS NEUES (WIE ZUM Beispiel die Anlage in REITs) angefangen wird, fehlt zunächst einfach die Erfahrung. Die Erfahrung kommt dann durch Ausprobieren. Somit muss man sich zunächst darüber Gedanken machen und mit einer Strategie anfangen. Dieser Prozess entwickelt sich dann zu einem „Eigenleben" weiter. Auch mit den ersten Problemen bei einer REITS Anlage werden die Höhen sowie Tiefen sowie die ersten größeren Schwankungen dieser Anlage entstehen.

Dabei ist für eine Person die Anlagestrategie dann perfekt, wenn er selbst nicht eingreifen muss. Bei einer anderen Person hingegen ist Aktion erforderlich und das Gefühl, den Anlageprozess selbst zu bestimmten und die Werte selbst auswählen, zu bewerten und dann auch zu kaufen.

Dabei kollidieren hier das Engagement und das Risiko.

Risiko/Risikotragfähigkeit

Dabei hat jeder Mensch eine andere Risikotoleranz und reagiert in Stresssituationen (auch finanzieller Natur) sehr unterschiedlich. Während die eine Person bereits bei einem kleineren Verlust verkauft und den REITs den Rücken kehrt, reagiert eine andere Person, die etwas längerfristiger denkt, überhaupt nicht darauf.

Engagement/Interesse

Auch gibt es Personen, die bereits nervös werden, wenn nur ein REIT ins Minus geht. Diese Person benötigt Kontrolle und hat das Gefühl, etwas tun zu müssen und handelt deshalb aktiv. Auch beschäftigen sich Personen mit einem enormen Interesse mit den einzelnen REITs Unternehmen und deren Geschäftsberichten, wenn dann das REITS-Portfolio zum Hobby wird.

Daraus kann dann eine passive oder eine aktive Anlagestrategie abgeleitet werden.

Passive Anlagestrategie

Bei dieser Art der Anlagestrategie wird zu Beginn eine zugrundeliegende Strategie bestimmt und zum Teil nicht mehr verändert. Dabei werden fest Aus- und Einstiegspunkte festgelegt und dann aufgrund der entsprechenden Entwicklung durchgeführt. Diese Vorgehensweise ist dann am einfachsten, weil keine weiteren Entscheidungen mehr getroffen werden. Wenn dann hier zum Beispiel ein Sparplan für REITs eingerichtet ist und Monat für Monat dieser automatisch ausgeführt wird, werden dann aus der Struktur der zu Beginn festgelegten Strategie immer wieder Aktien nachgekauft. Das Ziel einer solchen Strategie ist es, eine langfristige Rendite zu erwirtschaften, die dann dem Ergebnis der Vergleichsindizes entspricht.

Aktive Anlagestrategie

Bei einer aktiven Anlagestrategie werden die Anlageinstrumente (hier REITS und REITS FTS) immer wieder neu aufgrund der sich verändern Marktbedingungen ausgesucht und es wird durch Verkäufe und Käufe darauf reagiert. Dabei ist das Ziel einer solchen Vorgehensweise, eine Rendite über den Marktdurchschnitt zu erwirtschaften.

Bei REITs als Anlageprodukte handelt es sich um Zwitter. Bei dieser Wertpapierklasse werden die Eigenschaften von Immobilien und Aktien miteinander vereint. Dabei sind REITS in Form einer unternehmerischen Beteiligung mit einer Börsennotiz auch zum Teil größeren Kursschwankungen ausgesetzt, als dies zum Beispiel bei einer Eigentumswohnung der Fall wäre. REITs verbriefen aber auch auf der anderen Seite das Miteigentum an aktiven und bewirtschafteten Immobilien. Somit ist es hier für den Anleger möglich, ein diversifiziertes und globales Immobilienportfolio zusammenzustellen. Zusätzlich entwickeln sich REITs und Aktien teilweise deutlich unterschiedlich und somit korrelieren beide Anlageprodukte nur beschränkt miteinander. Auch durch die Zunahme von REITs kann ein Aktiendepot breiter aufgestellt werden. Dabei wird das Risiko bei gleicher Renditeerwartung gesenkt.

REITs sind gerade für Anleger besonders geeignet, die in erster Linie auf eine möglichst konstante Ausschüttungen achten und nicht Kursgewinnspekulationen in den Mittelpunkt ihrer Anlagestrategie stellen.

Deshalb können Anleger, bei denen die erwähnte Dividenden-Ausschüttung wichtig ist, in einzelne REITs investieren. Hierbei wird jedoch immer auch das Einzelwertrisiko mit ins Portfolio geholt. Zu den Einzelwertrisiken gehören zum Beispiel Managementfehler der Unternehmensleitung, die dann direkt auf die Einnahmen sowie den Kurs durchschlagen. Dieses Risiko kann eventuell durch den Kauf von Exchange Trades Funds (REIT ETFS) vermieden werden.

Grundsätzliches zum Depotaufbau

Die Kernaussage eines erfolgen Depotaufbaus ist Diversifikation. Mit diesem Wort wird der Fachbegriff für den Effekt, die Anlagerisiken durch Streuung des Kapitals zu vermindern, umschrieben. Dabei ist es wichtig, das richtige Mittelmaß zu finden.

Wenn ein REITs-Depot nur einen kleinen Teil von Titeln umfasst, hängt hier die Entwicklung des Depots von den Schwankungen der dort vorhandenen einzelnen REITs-Werte ab. Deshalb lautet auch eine bekannte Börsenregel „Lege niemals alle Eier in einen Korb". Ebenso sollte die Streuung auch nicht so weit führen, dass hier eine Übertreibung entsteht und der Überblick verloren geht. Aus diesem Grund sollte ein solcher Depotaufbau aus einer überschaubaren Anzahl von REITs oder auch REITs ETFS bestehen (Aussage von Experten acht bis zehn Anlagemöglichkeiten). Gerade bei den REITS muss man über den Tellerrand hinaus blicken, weil hier der Schwerpunkt gerade nicht in Deutschland, sondern in anderen Ländern, wie zum Beispiel USA, liegt.

Auch die Diversifikation, was die unterschiedlichen REITs-Arten anbelangt, muss unbedingt beim Depotaufbau durchgeführt werden. Ein Teil von den REITs-Arten unterliegen auch unterschiedlichen Konjunkturzyklen, so dass Gesundheit REITs und Office REITS hier einen anderen konjunkturellen Hintergrund aufweisen.

Auch für ein REITS Depot gilt, Verluste begrenzen und Gewinne laufen lassen.

Zum größten Teil werden Verluste ausgesessen in der Hoffnung, dass doch noch in der Zukunft ein Turnaround erfolgt. Auch wenn die Schwankungen bei REITs Aktien nicht so stark sind, sollte man sich trotzdem darüber Gedanken machen, wenn ein Wert sich nicht weiter entwickelt, diesen dann kurzfristig auszutauschen. Anders herum sollten dann die REITs Beteiligungen gehalten werden, die zum Erfolg des Portfolios beitragen.

Dabei erweisen sich in der Praxis eine nicht vorhandene Diversifikation sowie das Aussitzen von Verlusten in erster Linie um die größten Fallstricke.

Die Schlüssel zur Beurteilung eines REIT

Hierbei müssen im Vorfeld einige Punkte aufgrund der bisher dargelegten Ausführungen zu REITs beachtet werden.

Bei REITS handelt es sich um echte Total-Return-Anlageprodukte. Dort wird eine hohe Dividendenrendite bei einem moderaten sowie langfristigen Kapitalzuwachs geboten. Deshalb kann hier auch die Vergangenheit in die Gegenwart oder Zukunft reproduziert werden, weil somit diejenigen REITs die in der Vergangenheit gute Arbeit geleistet haben, eine Überlegung zur Neuanlage in der Zukunft sind.

Im Unterschied zu den normalen Immobilien, erfolgt bei den REITs ein Börsenhandel. Somit ist dieses Anlageprodukt sehr flexibel und kann sofort in Liquidität umgewandelt werden.

Da aufgrund der Abschreibung der tatsächliche Wert einer Immobilie aufgrund des reinen Ergebnisses häufig über - oder unterschätzt wird, sollte hier nicht die Ausschüttungsquote (Dividende) verwendet werden, um einen REIT zu bewerten. Dagegen ist der Funds from Operations (FFO) (dieser definiert den Nettogewinn abzüglich des Verkaufs von Immobilien während des Geschäftsjahres und abzüglich der Abschreibungen) hierbei eine wichtige Kennzahl. Je höher dieser Wert ist, desto besser ist der Ergebnis dieser Aktie.

Auch ein starkes Management ist oft entscheidend für den Erfolg und macht den Unterschied. Deshalb sind solche Unternehmen mit einem Management-Team mit viel Erfahrung hier im Vorteil.

Ebenso zahlen sich die Qualität der Immobilien und deren Vermietungsstand und dadurch auch die Höhe der Mieteinnahmen aufgrund der Qualitätsimmobilien aus.

Um hier eine Beurteilung durchzuführen, sind dann die Daten über die Erfolgsbilanz, die Schulden oder auch die Besteuerung und die Gesamtreputation des jeweiligen REITs, wichtig. Auch ist es wichtig, ob der REIT die ausgewiesene Dividenden-Ausschüttung vollständig aus seiner operativen Geschäftstätigkeit abdecken kann.

Auswahlkriterien aus den Vergangenheitszahlen und der aktuellen den aktuellen Gegenwartsdaten der einzelnen REITs

Wenn es um eine Anlage oder eine Investition in REITs geht, betrachten die meisten Anleger zunächst die Ausschüttungsrendite in der Vergangenheit als ein Entscheidungspuzzle im Auswahlprozess. Die Ausschüttungsrendite trifft jedoch keine Aussage über die Nachhaltigkeit der hier durchgeführten Ausschüttungen. Ebenso kann daraus auch nicht abgeleitet werden, welche Stärken und Schwächen der ausgewählte REIT hat.

Deshalb müssen hier andere Faktoren aus der Vergangenheit und Gegenwart herangezogen werden. Dazu gehören unter anderem folgende Faktoren:

Wachstum in den Grundzahlen

Zu den Grundzahlen gehören unter anderem der Brutto-Umsatz, der Netto-Immobilienertrag (NPI) sowie die Ausschüttung an die Anteilsinhaber eines REITs auf der jährlichen Basis. Diese Angaben werden dann überprüft, ob sie auf jährlicher Basis konstant wachsen.

Bei dem Brutto-Umsatz handelt es sich um das Einkommen, das ein REIT durch Miete, durch den Betrieb der an der Immobilie vorhandenen Parkplätze etc. erzielt. Wenn von diesem Wert dann die immobilienbezogenen Aufwendungen, wie Grundsteuer, Wartungskosten oder Verwaltungskosten, abgezogen werden, erreicht man den Netto-Immobilienertrag (NPI).

Als Praxisbeispiel kann der Brutto-Umsatz von dem First Real Estate Investment Trust (SGX: AWoU - REIT aus dem Gesundheitswesen) angeführt werden. Hier ist der Brutto-Umsatz von 2007 bis 2017 von 28 Millionen USD, über 57 Millionen USD (2012) bis auf 110 Millionen (2017) kontinuierlich angestiegen. Dasselbe gilt auch für den Netto-Immobilienertrag (NPI).

Wenn beide Positionen sich jedes Jahr kontinuierlich verbessern, ist ein vernünftiges Wachstum in den Grundzahlen vorhanden.

Immobilienrendite

Bei der Immobilienrendite handelt es sich um den Netto-Immobilienertrag (NPI) dividiert durch die Bewertungsdaten der im Portfolio von einem REIT gehaltenen Immobilien. Dieser Wert zeigt die innerbetriebliche Stärke der einem REIT zugrunde liegenden Eigenschaften an und hat somit mehr Aussagekraft als die Berechnung der Ausschüttungsrendite des REIT, weil diese Rendite immer vom jeweiligen Anteilspreis, der schwankt, abhängig ist.

Um bei unserem oben erwähnten Beispiel zu bleiben, hatte der REIT First Real Estate Investment Trust einen Netto-Immobilienertrag von 109 Millionen US-Dollar und die kompletten Anlageimmobilien hatten eine Bewertung von 1,35 Milliarden US-Dollar. Daraus ergibt sich dann eine Immobilienrendite von 8,1 Prozent (109 Mio / 1350 Mio.)

Somit liegt hier die Immobilienrendite im oberen Bereich der Durchschnitts-Immobilienrendite zwischen 5 und 9 Prozent.

Diese Immobilienrendite kann dann jährlich oder auch mit anderen REITs verglichen werden, die in derselben Branche tätig sind. So hat als Beispiel ebenfalls ein Gesundheits-REIT, die Firma Parkway Life REIT (SGX C2PU), im Jahr 2017 nur eine Immobilienrendite von 5,9 Prozent erzielt.. In anderen Fällen lagen aus anderen Branchen zum Beispiel 2017 zwei Einzelhandels-REITs Fraseres Centrepoint (SGX J69U) oder der REIT Capital Land Mall Trust (SGX C38U) bei einer Immobilienrendite von 4,9 und 5,8 Prozent.

Somit ist die oben aufgeführte Immobilienrendite von 8,1 Prozent sehr gut.

Verschuldungsgrad und Zinsdeckungsgrad

Durch das Zinsdeckungsverhältnis sowie das Verschuldungsverhältnis wird die Stärke der Bilanz von einem REIT abgebildet.

Das Verschuldungsverhältnis wird berechnet, indem die Gesamtverschuldung von einem REIT durch den Betrag der Gesamtaktiva dividiert. So hat der oben unter anderem gewährte Parkway Life REIT zum Ende 2017 eine Verschuldungsquote von 36,4 Prozent auf. Der REIT ist in Singapur angesiedelt und dort liegt die Verschuldungsgrenze bei 45 Prozent im Durchschnitt.

Die Zinsdeckungsrate entsteht durch die Division des Nettoimmobilienertrages (NPI) durch die entstandenen Finanzierungskosten bei einem REIT. Ende 2017 lag bei der Parkway Life REIT die Zinsdeckungsrate über 10. Das bedeutet, wenn der Nettoimmobilienertrag dieses REIT um 60 Prozent sinken würde, kann dieser REIT trotzdem seine Schulden bedienen.

Hierbei ist eine gute Zinsdeckungsrate vorhanden, wenn diese über 4 liegt.

Die Kapitalisierungsrate

Vom Management der REITs wird die Kapitalisierungsrate auf zwei verschiedene Arten konfiguriert.

Zunächst einmal geht es um die Bestimmung des Risikos. Hier wird dann das mit allen Immobilieninvestitionen verbundene Risiko untersucht. Dabei sind Immobilien mit einer höheren Kapitalisierungsrate von der Tendenz her risikoreicher.

Bei der 2. Möglichkeit geht es darum, Immobilien aufzufinden, bei denen es sich um potentielle Kaufkandidaten handelt und um Immobilien, die bereits im Portfolio vorhanden sind und bei denen es sich um Verkaufskandidaten handelt. Die Kapitalisierungsrate wird vom Management als Instrument eingesetzt, um damit den Wert sowie den finanziellen Nutzen von Immobilien zu vergleichen.

Dabei sind einige unterschiedliche REITs auch unterschiedlich strukturiert. Einige REITs wollen unbedingt ihre durchschnittliche Kapitalisierungsrate aus den vergangenen Jahren aufrecht erhalten. Mit Hilfe des Managements werden auch Kapitalisierungsraten sowie die Gesamtrentabilität der Investitionen fortlaufend überwacht.

Wenn eine Immobilie, die mit einem etwas höheren Kapitalisierungszinssatz erworben worden und im Wert insgesamt gestiegen ist und die Kapitalisierungsrate dadurch gesunken ist, kann diese Immobilie zu einem Verkaufskandidaten werden.

Dabei ist für das Management das ideale Szenario, wenn es in der Lage ist, Immobilien mit einer hohen Kapitalisierungsrate zu kaufen, diese dann schnell im Wert zu steigern, sodass die Zeit, in der die Immobilie im Portfolio ist, sich reduziert. Dabei sollte die Gesamt-Durchschnittskapitalisierung in einem niedrigen Bereich angesiedelt sein. Sollten die Kapitalisierungsraten steigen, so erhöht sich auch das Risiko, dass die Einkommensquellen stark von kurzfristiger Natur sind. Dadurch steigt auch das Risiko, dass die Einkommensmöglichkeiten sehr kurzzeitig zur Verfügung stehen oder die Immobilie wieder an Wert einbüßen könnte.

Dabei bieten grundsätzlich REITs mit einer höheren durchschnittlichen Kapitalisierungsrate in der Tendenz mehr Risiken, aber auch mehr potentielle Gewinne.

Überprüfung von branchenspezifischen Daten

Neben den operativen Ergebnissen sind auch Daten, wie die Auslastung des REIT-Portfolios sowie bei Einzelhandels-REITs die Anzahl der Einkäufer sowie der Umsatz der Mieter, wichtig. Bei den Gesundheits-REITs, die in Krankenhäuser investieren, sind der Umsatz pro verfügbare Zimmer und der durchschnittliche Tagessatz von Bedeutung.

Die bereits ausführlich dargestellten Kennzahlen FFO / AFFO oder CAD

Über diese Kennzahlen wurde bereits ausführlich berichtet. Diese Daten sollten ebenfalls als Entscheidungskriterien mit einbezogen werden.

Die Summe im Vergleich zu anderen REITs, die vergleichbar aufgestellt sind, gibt dann eine Basis mit deren Hilfe dann eine Entscheidung aufgrund von Daten auf der Vergangenheit und Gegenwart getroffen werden können. Wichtig dabei ist jedoch auch, dass die Zukunft mit einbezogen wird.

Die Einbeziehung der voraussichtlichen zukünftigen Entwicklung der Immobilienmärkte in einem bestimmten Markt

Neben den oben erwähnten Vergangenheits- und Gegenwarts-Daten ist es wichtig, auch die Einschätzung der Märkte, in dem der auszuwählende REIT aktiv ist, in die Entscheidungsüberlegungen mit einzubeziehen.

Dies erfolgt hier exemplarisch anhand der Immobilienmärkte in den USA 2019.

Mehrfamilienhäuser

In den USA haben sich die Mietpreise für Wohnungen von 2010 bis 2015 beschleunigt. Dabei liegt hier das effektive Mietwachstum gemäß CoStar (Anbieter von Immobilieninformationen) bei rund 5 Prozent, weil die weiterhin anhaltenden Auswirkungen der damaligen Immobilienkrise die Nachfrage nach zu mietenden Immobilien angeheizt haben. In den Jahren 2016 sowie 2017 haben sich die Mietsteigerungen beruhigt und verlangsamt. Im Jahr 2018 erfolgt ein erneuter Anstieg von 3,5 Prozent.

Für das Jahr 2019 wird das Mietwachstum in den USA anhalten und wird voraussichtlich, wie 2018, im Bereich von 3,5 Prozent liegen.

In den USA gibt es in jeder größeren Stadt auch neben Wohnimmobilien auch Mietwohnungen. Neubauten werden kurz nach der Fertigstellung der Projekte vom Markt schnell aufgenommen. Das Problem für 2019 für ein stärkeres Mietwachstum liegt darin, dass die Haushaltseinkommen der Mieter kaum mit den Mieten Schritt halten können und somit das Mietwachstum durch die mangelnde Erschwinglichkeit durch die Mieter gebremst wird.

Positiv auf den Gesamt-Mietwohnungsmarkt wirkt sich auch ein robuster Arbeitsmarkt aus, weil das ein wichtiger Bestandteil für das zukünftige Mietwachstum ist. Diese Daten für den Mietwohnungsmarkt 2019 in den USA geben auch wichtige Rückschlüsse über die zukünftigen Wachstums-Entwicklungen der REITS, die sich auf den Bereich der Mehrfamilienwohnungen konzentriert haben.

Büroräume

In den USA war die Nachfrage nach Büro im Verhältnis zur Entwicklung der Beschäftigung schwach. Dabei sind die gemieteten Büroflächen gemäß CoStar (Anbieter von Immobilieninformationen) seit 2012 nur um 1 Prozent pro Jahr gestiegen. Im Gegensatz dazu hat sich die Beschäftigungszahl in den büronutzenden Bereichen (Fach- und Unternehmensdienstleistungen, Finanzen, Informationsdienstleistungen) um 2 Prozent pro Jahr seit 2012 erhöht.

Ein Teil dieser Nachfrageschwäche ist auch dadurch entstanden, dass in den letzten Jähren Änderungen in der Büroarbeitsumgebung entstanden sind. Dabei sind mehr gemeinsame Arbeitsräume oder Kabinen anstelle von Einzelbüros (die Leute rücken in Großraumbüros enger zusammen) eingerichtet worden. Ebenso haben sich We Work und andere Bürogemeinschaften durchgesetzt oder weiter entwickelt und dadurch ist von der Bürofläche her eine entsprechende Nachfrage ebenfalls zurück gegangen.

Diese Entwicklung wird auch 2019 anhalten. Trotzdem gibt es auch Grenzen hierfür, wie viele Arbeitnehmer für eine effektive Arbeit in einem Raum sich aufhalten können und somit wird dann der Verlust durch diese Arbeitsplatzveränderung vom Beschäftigungswachstum überholt werden. Dies wird sich jedoch erst nach dem Jahr 2019 auswirken. Auch kommt ein Teil der Nachfrageschwäche als Nachwirkung von der Finanzkrise. Damals haben die Unternehmen Arbeitnehmer entlassen, aber die vermietete Bürofläche ist nicht entsprechend reduziert worden. Eine solche Entwicklung dauert mehrere Jahre, bis dann dieses vorhandene Volumen wieder vom Markt aufgenommen worden ist. Dieser Prozess kommt dann 2019 zum Erliegen und somit müssen auch die Mieter bei der Einstellung von neuen Arbeitskräften wieder zusätzlichen Raum dazu mieten, um dann den eine vernünftige Arbeitsumgebung für die Mitarbeiter insgesamt zu schaffen.

Auch wenn die Gesamtsituation, was die Auslastung der Büroflächen aktuell in diesem Jahr anbelangt, noch nicht zufriedenstellend ist, zeigt jedoch der obige Sachverhalt, dass in den Jahren danach der Bedarf an Büroflächen wieder zunimmt. Dies sollte dann auch bei der REITS-Entscheidung mit berücksichtigt werden.

Einzelhandelsimmobilienmärkte

Nach 2017 mit einer Vielzahl von Insolvenzen von Einzelhändlern war das Jahr 2018 wesentlich besser und gerade die Nachfrage nach höherwertigen Immobilien hat stark zugenommen. Trotzdem hatten die vielen Filialschließungen aus 2017 noch ihre Nachwirkungen, so dass nach dem 4. Quartal 2018 bei den REITs nur ein Wachstum von 2,1 Prozent in der Fläche festgestellt werden konnte. Das moderate Wachstum dürfte auch 2019 anhalten.

Das bedeutet bei einer Entscheidung zu Investition in REITs mit Schwerpunkt Einzelhandelsimmobilien, dass zumindest hier ein moderater Anstieg auch, was den Flächenbedarf anbelangt, zu erwarten und somit zumindest eine Auslastung der aktuell vorhandenen Flächen gewährleistet ist.

Industriemärkte

Im Jahr 2018 war das Mietwachstum im industriellen Bereich mit durchschnittlich 6 Prozent der stärkste Wachstum in den letzten 4 Jahren. Dabei ist der industrielle Boom in den USA noch nicht zu Ende, weil auch die Nachfrage nach Logistikflächen mit dem zunehmenden Online-Verkauf steigt. Die dafür erforderlichen Freiflächen werden hauptsächlich in der Nähe von Verkehrsknotenpunkten sowie Bevölkerungszentren entwickelt. Bei Neubauten gibt es eine Konzentration auf mehrstöckige Logistik- und Lagereinrichtungen. Seit 2010 hat auch die Nachfrage nach Lagerhäusern und Logistikflächen immer das Angebot überstiegen. Auch ist die Auslastungsquote auf über 95 Prozent in diesem Bereich gestiegen.

Dafür verantwortlich ist auch die Nachfrage aus dem Bereich E-Commerce. Nach Angaben von CoStar (Informationsblattform für den Immobilienbereich) steigt der Umsatz im E-Commerce-Bereich jährlich um 10 Prozent. Das kommt auch den hierfür benötigen Logistikeinrichtungen zu Gute und deshalb gibt es auch derzeit keine Anzeichen einer Abschwächung der Nachfrage nach Lager- und Logistikflächen.

Aufgrund der starken Nachfrage aus dem E-Commerce-Bereich müssen die Lager- und Logistikflächen an deren Bedürfnisse angepasst werden. Bei Online-Käufern werden zum Teil Lieferungen nach zwei Tagen, am nächsten Tag nach der Bestellung oder sogar am gleichen Tag vorausgesetzt. Deshalb müssen diese Logistik- und Lagerflächen in der Nähe der Verbraucher und das auch in relativ teuren Gebieten, wie in den Küstenstädten, vorhanden sein.

Somit rechnen auch für 2019 Experten mit einem Mietwachstum in diesem Bereich von 5 Prozent oder mehr.

Hierbei kann für 2019 von einem guten Wachstum ausgegangen werden, so dass es überlegenswert ist, hier den einen oder anderen REIT aus diesen Bereich bei der Anlageentscheidung zu berücksichtigen.

Markt für den Betrieb von Rechenzentren

Nach einer sehr robusten Gesamtentwicklung in den Jahren 2016 sowie 2017 kam es im ersten Halbjahr 2018 hier zu einem leichten Einbruch. Dazu beigetragen hat unter anderem auch die Umstellung auf Cloudbasierte Systeme. Ebenso bauen die großen Giganten in diesem Bereich, wie Amazon, Microsoft, Google Cloud, IBM Cloud und andere ihre Kapazitäten in China aus und somit wird dort auch die Kapazität an Flächen benötigt. Deshalb ist, was hier die Auswahl von REITs in diesem Bereich anbelangt, darauf zu achten, hier eine international operierende Version auszuwählen.

Auch hat sich der Markt in diesem Bereich zum Teil auf Standorte konzentriert, an denen sich mehrere Hundert von Unternehmenskunden befinden, um die Möglichkeit der schnellen Anbieten zu mehreren Netzwerken , Cloud- und IT-Service-Providern zu nutzen. Bei der richtigsten Standortauswahl und dann bei der Schaffung von entsprechenden Kapazitäten durch die Rechenzentren REITS kann hier dann auch 2019 mit einem erheblichen Mietwachstum gerechnet werden.

Wichtig ist hier, ein Rechenzentren REIT auszuwählen, das an den richtigen Standorten, wo dann auch der Nachfrage danach vorhanden ist, seine Kapazitäten ausbaut oder dort bereits investiert hat.

Immobilien für den Gesundheitsbereich (Healthcare-Bereich)

Auch im Jahr 2018 war in diesem Bereich das Angebot an Spezial-Immobilien größer als die Nachfrage. Der demographische Boom hat im Jahr 2018 noch nicht gegriffen. Trotzdem hat dieser Bereich im Jahr 2018 mit einer guten Gesamtrendite von 6 bis 8 Prozent p.a. abgeschnitten.

Für das Jahr 2019 gehen Experten davon aus, dass sich bis Mitte des Jahres die Fundamentaldaten in diesem Bereich nach oben bewegen. Dabei haben gerade die REITs, die ihren Schwerpunkt im Bereich der Krankenhäuser oder der Krankenpflege haben mit der aktuell vorhandenen politischen Unsicherheit und mit den Kämpfen der einzelnen Betreiber untereinander zu leiden. Diese Probleme werden auch 2019 vorhanden sein. Dagegen sind solche REITs, die hier an forschungsintensive Organisationen vermieten, auf der Gewinnerseite, weil hier eine starke Nachfrage vorhanden ist.

Auch negativ hat sich die Zinsentwicklung 2018 in USA bei den Healthcare REITs ausgewirkt, welche in ihren Bilanzen viele Schulden aufweisen. Wenn dann die Zinsen steigen und sich dadurch auch die Kosten für die Anschlussfinanzierungen verteuern, entsteht schnell ein Druck auf die Erträge und dies schlägt dann sehr schnell auf die Dividende durch.

Die obigen Ausführungen zeigen ganz deutlich, dass sich der Healthcare-Bereich in den USA 2019 sehr differenziert entwickelt. Deshalb ist es sinnvoll, hier REITs auszusuchen, die in verschiedenartige Immobilientypen investiert haben oder noch investieren werden. Auch wirken sich die derzeitigen politischen Unsicherheiten im Bereich von „Obama-Care“ (die derzeitige Regierung will „Obama-Care“ abschaffen, hat jedoch im Senat und dem Repräsentanten-Haus dafür 2 Mal nicht die erforderliche Mehrheit erhalten) gerade auf dem Bereich der Krankenhäuser aus.

Grundsätzlich wird sich dieser Bereich aufgrund der demografischen Entwicklung auch in den USA positiv entwickeln, weil es hier auf längere Frist gesehen (also mehr als ein Jahr) zu einer steigenden Nachfrage nach Gesundheitsdienstleistungen im ganzen Land kommen wird. Deshalb ist es hier auch von Bedeutung, Unternehmen auszusuchen, die über einen reichhaltigen Erfahrungsschatz im Gesundheitswesen, die finanzkräftig ausgestattet sind und einen guten Zugang zu kostengünstigem Kapital haben.

Auch ist bei den REITs aus dem Gesundheitsweisen der bereits erwähnte demografische Boom, der unter anderem durch das Altern der Baby-Boomer nochmals an Fahrt aufnimmt, seit Jahrzehnen am Horizont sichtbar und wird in den nächsten Jahren dann in der Wirklichkeit ankommen und dies wird dann auch positive Auswirkungen auf diejenigen REITs haben, die in diesem Bereich verstärkt investiert sind.

Somit kann man bei den Healthcare REITs langfristig eine positive Entwicklung voraussagen, wobei hier gerade kurzfristig darauf geachtet werden sollte, hier solche Unternehmen mit einem großen Erfahrungsschatz und einer guten finanziellen Ausstattung auszusuchen.

Hotel-Immobilien

Aufgrund der im Jahr 2018 angestiegenen Geschäftsreisetätigkeit ist im Bereich der Hotelnachfrage im ersten Halbjahr 2018 ein Rekordergebnis erzielt worden, auch im zweiten Quartal 2018 kamen solide Ergebnisse zustande.

Dabei hängt das Wachstum des Angebotes im Hotelbereich hauptsächlich von den städtischen Märkten sowie vom Geschäftsreisesegment ab. Hier verfügen die Hotel REITs über eine große Anzahl von Hotels, die aus diesem Segment kommen.

Die von der Trump-Regierung durchgeführte Unternehmenssteuerreform und die dadurch entstandene Wiederbelebung haben auch zum Anstieg der Nachfrage von Luxushotels geführt, wobei für diesen Sektor jedoch die Erwartungen verhalten bleiben. Das Betreiben von Hotels ist ein sehr kapitalintensives Geschäft. Gegenüber 2017 hat sich jedoch 2018 die Stimmung deutlich verbessert.

Die Entwicklung der Hotel REITs 2019 hängt stark von den Erwartungen an das Wirtschaftswachstum 2019 in den USA ab und wenn die Erwartungen dann nicht erfüllt werden, kann es auch für den Hotelsektor ein volatiles Jahr werden, weil dann, wenn es hier zu einer Beruhigung kommt gerade die stark gestiegene Nachfrage im Bereich der Geschäftsreisetätigkeit dann wieder zurückgeht und weniger stark wächst.

Das bedeutet für eine Anlageentscheidung in Richtung Hotel-REITs, dass die Entwicklung dieses Segments stark von der Erwartung an das Wirtschaftswachstum in den USA abhängig ist, aber grundsätzlich aufgrund der aktuellen Situation auch weiterhin 2019 positiv verlaufen kann.

Entwicklung der Hypotheken REITs (Mortage REITS) 2019

Gerade die derzeit in den USA vorherrschende Kreditlandschaft sorgt aufgrund der Vielzahl der kurzfristigen Fälligkeiten bei den gewerblichen Immobilienkrediten für zusätzliche Chancen.

Dabei hat die Anzahl der Neueinsteiger in den gewerblichen Hypotheken-REITs – Bereich zugenommen. Aus diesem Grund steigen auch weitere Partner in diesem Bereich ein. Dazu tragen auch die für 2019 vorhersehbaren Einkommen sowie die stabile Preisentwicklung bei. Im Jahr 2018 hat der Sektor für gewerbliche Hypotheken einen Anstieg von fast 17 Prozent bei einer durchschnittlichen Rendite oberhalb von 8 Prozent erreicht.

Ebenso ist der gewerbliche Immobilien-Markt in den USA noch im Bereich des aufsteigenden Immobilienzyklus. Das bedeutet, dass hier die Anleger in diesem Bereich auf Diversifizierung achten und dann zusätzlich von der aktuellen positiven wirtschaftlichen Entwicklung profitieren.

Eine größere Anzahl von Krediten, die noch vor der Finanzkrise 2008 abgeschlossen worden sind, wird jetzt fällig, bei denen dann die Anleger ebenfalls zugreifen können. Auch sind die REITs gerade für gewerbliche Hypotheken nicht mehr so risikobehaftet. Dies hängt mit der geringeren Verschuldung sowie den geringeren Beleihungsquoten zusammen. Gerade die Nachfrage nach Fremdkapital bei gewerblichen Immobilienobjekten ist in den letzten Monaten stark gestiegen. Auch hier entsteht ein erhöhtes Transaktionsvolumen, das durch die verbesserten wirtschaftlichen Bedingungen in den USA unterstützt wird.

Somit werden sich die Hypotheken (oder Mortage) REITs, wenn von der Seite des Wirtschaftswachstums keine unvorhersehbaren Entwicklungen eintreten, auch 2019 positiv entwickeln.

Zusammenfassung aktuelle Marktentwicklung der REITs in den USA 2019

Anhand der obigen Daten sieht man in einem der größten REITs-Märkte, den USA, schon, welcher Bereich sich 2019 positiv, welcher Bereich sich verhalten entwickeln und welcher Bereich 2019 Probleme bekommen wird. Diese Daten geben dann beim Aufbau eines Portfolios Anhaltspunkte, wo es sinnvoll ist, sich das eine oder andere Unternehmen aus den positiven Bereich näher anzuschauen. Da jedoch viele der großen Unternehmen hier nochmals eine Diversifizierung in geografischer Hinsicht vornehmen, sollte dies ebenfalls berücksichtigt werden. Dennoch ist auch bei den großen Playern immer ein Schwerpunkt des jeweiligen Portfolios in Immobilien in den USA angelegt.

Bei denjenigen Unternehmen, die dann hier in den ausgesuchten Schwerpunkten zur Verfügung stehen, müssen dann in einem weiteren Schritt zunächst die oben aufgeführten Kennzahlen ermittelt werden, um dann eine Beurteilung abgeben zu können, ob hier eine Anlage langfristig sinnvoll ist oder nicht

Aufbau eines individuellen REITs-Portfolios bei Direktanlage

Wer in REITs investieren möchte, benötigt dafür einen Broker. Dabei ist es von Bedeutung, dass der Anleger sich hierbei nicht nur Gedanken über die Gebühren macht, sondern auch über das Handels- und Leistungsangebot. Ebenso helfen hier auch Test- oder Erfahrungsberichte und Brokervergleiche im Internet. Hierbei bieten unter anderem die Discount- oder Online-Broker attraktive Konditionen an. Aber es gibt auch im Netz die eine oder andere Aussage, dass es gerade bei deutschen Brokern hier auch zu Angebotseinschränkungen, was US-REITs anbelangt, kommen kann. In einigen Fällen mussten von Anlegern wegen zu hoher Gebühren auch der dafür zuständige Ombudsmann eingeschaltet werden, um eine vernünftige Gebührenregelung zu erhalten.

Grundsätzlich darf man von REITs nicht das enorme Wachstum, wie zum Beispiel von Unternehmen aus der Tech-Branche erwarten. Trotzdem sollten das Wachstum und auch die Entwicklung der Ausschüttungen, wie oben ausführlich dargelegt, kontinuierlich nach oben gehen.

Als Grundlage vom Ausland aus dienen vereinzelt die Geschäftsberichte, aber auch die Unternehmenspräsentationen, die hier mit einem Exposé für eine Immobilie verglichen werden können. Dort sind dann die wesentlichen Aussagen sowie Zahlen anschaulich dargestellt und dadurch ist es möglich, sich ein entsprechendes Bild vom Unternehmen daraus abzuleiten. Ebenso gibt es dann auf der Homepage der jeweiligen Unternehmen noch die eine oder andere Angabe, die dann das Bild abrunden kann. Die Angaben in den offiziellen Präsentationen sind so aufgebaut, dass hier keine falschen Angaben enthalten sind, weil sonst die Gefahr für das Unternehmen bestehen würde, dass es zu einer Klage kommt. Hier sind die US-Aktionäre von Aktiengesellschaften sowie die SEC (Überwachungsbehörde in den USA) wesentlich aggressiver als die Vorgehensweise der deutschen Ableger.

Ein weiterer Anhaltspunkt bei der Auswahl von REITs für ein individuelles REIT-Portfolio sind die Aussagen von unabhängigen Analysten, die dann auch entsprechende Einstufungen (ob Kauf oder Halten oder Verkauf) abgeben.

Die hier in Frage kommenden Kandidaten werden dann auf der Grundlage der Auswahlkriterien dann betrachtet und dann ausgewählt.

Die Kandidaten für ein individuelles REITs-Portfolio bei Direktanlage

Kandidat Nr. 1 für das individuelle REIT-Portfolio

Digital Realty Trust, Rechenzentren REIT (ISIN: US2538681030; aktueller Kurs 29.01.2019 105,70 US)

Daten zum Unternehmen

Bei Digtal Realty Trust handelt es sich um den weltweit größten REIT im Bereich von Rechenzentren. Das Unternehmen profitiert von der explosiven Nachfrage nach Cloud-basierten Lösungen. Das Unternehmen ist an der NYSE sowie im S & P 500 gelistet. Digtal Realty Trust wurde 2004 gegründet und hat seinen Hauptsitz in San Francisco. Der Umsatz 2017 betrug 2.453 Mio US-Dollar. Das Unternehmen besitzt aktuell 198 Rechenzentren in 32 Metropolen rund um die Welt. Es werden mehr als 2.300 Unternehmenskunden betreut. Dazu gehören unter anderem Verzion(VZ), Oracle (ORCL) oder Comcast (CMSCA).

Gründe für die Aufnahme in das individuelle REIT Portfolio

Seit dem Jahr 2006 ist ein konstantes jährliches Wachstum aus der operativen Tätigkeit (Messgröße FFO) vorhanden. Dieselbe Entwicklung im selben Tempo gibt es ebenfalls bei der Dividende. Dieses über Jahre bereits vorhandene organische Wachstum wird durch hohe Kundenbindungsraten und jährliche Mieterhöhungen zwischen 2 und 4 Prozent, welche in den Leasing-Verträgen enthalten sind, unterstützt. Mit einem Wachstum des FFO von 8 Prozent gegenüber dem Vorjahr wurden auch die Aussagen der Analysten (Aussage 7 Prozent für 2018) übertroffen.

Das Unternehmen baut neue Standorte auf und baut dadurch auch seine Präsenz aus, um dadurch die nächste Cloud-Computing-Weiterentwicklung nutzen zu können. Dabei wird ein Wachstum von über 76 Prozent im Bereich der künstlichen Intelligenz, ein jährliches Wachstum im Bereich des autonomen Fahrens und ein jährliches Wachstum von ungefähr 34 Prozent im Bereich der Internet-of-Things-Anwendungen vorausgesagt.

Im letzten Quartal 2018 wurde durch die Übernahme von Ascenty (größter Anbieter von Rechenzentren in Brasilien - Kaufsumme 1,8 Milliarden US-Dollar) die lateinamerikanische Präsenz ausgebaut. Dadurch gewinnt das Unternehmen ungefähr 14 neue Rechenzentren sowie 140 neue Kunden hinzu.

Auch einige unabhängige Analysten haben das Unternehmen in den letzten Wochen von „Neutral" auf „Kaufen" angehoben.

Kandidat Nr. 2 für das individuelle REIT-Portfolio

Equinix Rechenzentren Reit (ISIN 2944U700; aktueller Kurs 29.01.2019 377,11 US-Dollar)

Daten zum Unternehmen

Bei Equinix Inc handelt es sich um eine US-amerikanische Aktiengesellschaft mit Hauptsitz in Redwood City in Kalifornien, USA. Das Unternehmen wurde 1998 gegründet und betreibt von den Netzbetreibern unabhängige Rechenzentren und bietet Interconnection-Dienstleistungen an. Das Unternehmen ist in 40 Ländern aktiv und bietet Stellflächen in den von ihm betriebenen Rechenzentren (hier spricht man auch von Colocation) an. Ebenso wird eine direkte Anbindung an die Netzbetreiber sowie andere Unternehmen innerhalb eines Rechenzentrums (hier spricht man von Interconnections) angeboten. Der Kundenkreis von Equinix erstreckt sich über mittlere sowie größere Unternehmen. Dazu gehören unter anderem Finanzunternehmen, Cloud Service-Provider, Netzbetreiber sowie Internet-Inhaltsanbieter. In den Rechenzentren von Equinix gibt es auch große Internet-Knoten. Hierzu gehören unter anderem AMS-IX, ECIX oder DE-CIX. Das Unternehmen erwirtschaftete 2018 einen Umsatz von 5.069 Millionen US-Dollar. Das Unternehmen ist unter anderem an der NASDAQ gelistet.

Gründe für die Aufnahme in das individuelle REIT Portfolio

Auch dieses Unternehmen erwirtschaftet seit Jahren hohe wiederkehrende Einnahmen und ist aufgrund der vertraglich vereinbarten jährlichen Mieterhöhungen von 2 bis 4 Prozent organisch gewachsen. Das Unternehmen hat in 63 aufeinander folgenden Quartalen kontinuierliche Umsatzsteigerungen erzielt und das jährliche Umsatzwachstum hat in den vergangenen 10 Jahren im Durchschnitt pro Jahr 26 Prozent betragen. Das Wachstum des Cashflows lag bei durchschnittlich 29 Prozent pro Jahr.

Die aktuellen Wachstumspläne des Unternehmens umfassen schwerpunktmäßig den Ausbau der Netzwerke der Rechenzentren. Die Entwicklungsprojekte von Equinix erwirtschaften eine Kapitalrendite von ungefähr 30 Prozent. Aktuell werden von dem Unternehmen 30 Bauprojekte durchgeführt. Derzeit werden die vorhandenen Kapazitäten in 21 wichtigen Weltmärkten ausgebaut

Der FFO ist 2018 pro Aktie um 13 Prozent gewachsen. Die Dividende ist im Jahr 2017 sowie 2018 um 14 Prozent erhöht worden.

Von unabhängigen Analysten wurde von der großen Mehrzahl das Rating von „Kaufen“ auf „ein klarer Kauf“ herauf gestuft.

Der Kandidat Nr. 3 bei einem individuellen Reitportfolio

Welltower, Healthcare REIT (ISIN US95040Q1040, aktueller Kurs 29.01.2019 75,46 US-Dollar)

Daten zum Unternehmen

Bei Welltower handelt es sich um einen REIT im Bereich des Gesundheitswesens und ist der größte Gesundheits-REIT in den USA mit Sitz in Toledo in Ohio, USA. Das Unternehmen wurde im Jahr 1970 gegründet und verfügt über Immobilien in nahezu allen Aspekten der medizinischen Versorgung, von ambulanten Kliniken über Krankenhäuser bis hin zu betreuten Wohneinrichtungen sowie qualifizierten Pflegeheimen. Im Immobilienbestand des Unternehmens befinden sich mehr als 1.500 Krankenhäuser in den USA, Großbritannien sowie Kanada. Große Gesundheitsdienstleister, wie zum Beispiel Evolution Health oder Sunrise Senior Living, sind Mieter der Immobilien von Welltower mit langfristigen Verträgen. Dabei stammen ungefähr mehr als 90 Prozent der Einnahmen aus den privaten Bezügen, sodass Änderungen an Medicaid oder Medicare hier ein kleineres oder geringeres Risiko darstellen. Der Umsatz des Unternehmens lag im Jahr 2018 bei 4.280 Millionen US-Dollar. Die Aktie ist unter anderem an der NYSE gelistet.

Gründe für die Aufnahme in das individuelle REIT Portfolio

Welltower hat sich seit seiner Gründung ebenfalls jährlich nach oben entwickelt und seither flossen ungefähr 15 Prozent jährlich zurück. Auch seit 2004 wurde jedes Jahr die Dividende gesteigert. Das Steigerungsergebnis ist jedoch nicht immer gleichbleibend. In den letzten 5 Jahren ist die Dividende im Jahr um 3 Prozent gestiegen.

Im Dezember 2018 wurden von Welltower hochrangige Arztpraxen sowie Wohnimmobilien im Wert von 1 Milliarde US-Dollar gekauft. Ebenso kam noch ein Kauf in der Höhe von 1,5 Milliarden US-Dollar für medizinische Büroimmobilien hinzu. Dieser Kauf ist im 3. Quartal 2018 abgeschlossen worden. Zusätzlich gibt es eine enge Zusammenarbeit mit dem Qatar Sovereign Wealth Fund (hierbei handelt es sich um eine staatliche Holdingsellschaft in Katar, die sich auf ausländische und inländische Investitionen spezialisiert hat) für die Finanzierung neuer Projekte.

Von unabhängigen Analysten ist diese Aktie auch, was das Rating anbelangt, auf „Outperform“ gesetzt worden. Das bedeutet, dass sich nach Meinung dieser Analysten die Aktie sich 2019 stärker entwickelt als der komplette Branchendurchschnitt.

Kandidat Nr. 4 bei einem individuellen Portfolio

Ventas, Healthcare-REIT (ISIN US92276F1003; aktueller Kurs zum 30.01.2019 63,54 US-Dollar)

Daten zum Unternehmen

Bei Ventas handelt es sich um ein Unternehmen, das hauptsächlich in Immobilien investiert, die mit Mietern aus der Gesundheitsbranche in den USA belegt sind. Das Unternehmen erwirbt, entwickelt, vermietet, verwaltet und verkauft Gesundheitsimmobilien. Die Gründung erfolgte im Jahr 1998. Der Hauptsitz befindet sich in North Clark Chicago im Bundesstaat Illinois und ist unter anderem als Aktie an der NYSE und im S&P 500 gelistet. Der Umsatz im Jahr 2017 betrug 3.574 Millionen US-Dollar.

Seit dem Jahr 2004 hat das Unternehmen strategische Investitionen in Höhe von ungefähr 32 Milliarden US-Dollar vorgenommen, um dadurch ein gutes Gleichgewicht zwischen den geografischen Standorten, der Mieterstruktur, den verschiedenen Asset-Ausführungen, die entsprechenden Verwaltungsstrukturen und den Betriebsmodellen herzustellen, um somit optimale Ertragsquellen aufzubauen.

Gründe für die Aufnahme in das individuelle REIT Portfolio

Ventas hat in seinem Portfolio ungefähr 1.200 Senioren-Immobilien sowie Gesundheits- und Forschungsimmobilien in den USA, Kanada und Großbritannien. Der Umsatz ist ebenfalls in den letzten 18 Jahren kontinuierlich angestiegen und das jährliche Dividendenwachstum betrug im Durchschnitt 8 Prozent.

Das Unternehmen verfügt über Immobilien in allen Bereichen des Gesundheitswesens. Dazu gehören unter anderem Arztpraxen, Seniorenwohnungen, stationäre Rehabilitations- und Langzeitakutzentren, Forschungseinrichtungen an den Universitäten, Gebäude mit qualifizierten Pflegekräften und Krankenhäuser. Der aktuelle Aktienwert beträgt mehr als 22 Milliarden US-Dollar.

Diese Einrichtungen sind mit langfristigen Verträgen an die führenden Gesundheitsdienstleister, wie die United Health Group (UNH), die HCA Healthcare (HCA) oder an die Advocate Health Seniorenwohnungen, vermietet. Der Anteil der führenden Gesundheitsdienstleister beträgt ungefähr 55 Prozent im Portfolio. Die Leasingverträge für solche Immobilien verfügen in der Regel über eine Laufzeit von 8 Jahren und sind mit einer vertraglich geregelten jährlichen Erhöhung ausgestattet.
Auch in den USA ist der Gesundheitsbereich eine Wachstumsbranche und Ventas hat sich hier gut positioniert, um zukünftig davon profitieren zu können. Die US-amerikanische Bevölkerung altert schnell. Dadurch entsteht eine anhaltende Wachstumsdynamik in der Gesundheitsbranche. Außerdem verlagern sich die Schwerpunkte der Patienten in Richtung von ambulanten Eingriffen. Die Patienten präferieren hier zeitsparende und kosteneffiziente ambulante Verfahren gegenüber den langwierigen und kostenintensiven stationären Eingriffen. Hierfür ist Ventas mit seinem Portfolio gut aufgestellt.

Dadurch entsteht ein jährliches Wachstum von 18 Prozent. Ebenso wurde die Dividende in den letzten 10 Jahren Jahr für Jahr erhöht. In den letzten 5 Jahren betrugt die Erhöhung im Durchschnitt mehr als 4 Prozent.

Die Fixkosten sind bei diesem REIT mehr als 4 Mal abgedeckt und das Verhältnis von Schulden zu Aktiva liegt mit 36 Prozent im unteren Bereich. Ebenfalls machen die kurzfristigen Verbindlichkeiten weniger als 12 % der Gesamtverschuldung aus. Auch vom Unternehmen aus wurde die Prognose für den FFO pro Aktie für 2019 deutlich erhöht.

Kandidat Nr. 5 für das individuelle Portfolio

Crown Castle International, Industrieller sowie Infrastruktur REIT (ISIN US22822V107; aktueller Kurs am 30.01.2019 115,05 US-Dollar)

Daten zum Unternehmen

Bei Crown Castle International handelt es sich um ein Unternehmen im Bereich der drahtlosen Kommunikationsdienste in der Industrie. Das Unternehmen wurde 1994 gegründet. Der Hauptsitz befindet sich in Houston im Bundesstaat Texas in den USA. Das Unternehmen ist in den USA der größte Anbieter von Kommunikationsinfrastrukturen mit mehr als 40.000 Zellentürmen sowie ungefähr 60.000 Streckenmeilen Glasfaser für Glasfaserlösungen sowie kleinen Zellen, die auf allen wichtigen US-amerikanischen Märkten zum Einsatz kommen.

Auch wird von dem Unternehmen ein Standortentwicklungsdienst angeboten, der die vorhandene oder neue Miet-Ausrüstungsinstallation in Form von drahtloser Infrastruktur einschließlich Standortakquisition, das dazu gehörende Engineering, die Architektur oder das Permit oder Zoning (Standortentwicklungsdienste) sowie weitere Erweiterungen (Installationsdienste) beinhaltet. Im Rahmen der langfristigen Mietverträge erhält der Mieter dann zu den von den Mobilfunkbetreibern zur Verfügung gestellten Antennen, die dann Signale übertragen, die Möglichkeit der drahtlosem Übertragung. Wettbewerber des Unternehmens sind unter anderem SBA Communications Corporation sowie American Tower Corporation.

Das hier vorhandene bundesweite Portfolio an Kommunikationsstruktur ermöglicht in den USA Gemeinden und Städten Technologien, drahtlose Dienste sowie Daten zu nutzen. Das Unternehmen arbeitet mit Mobilfunkbetreibern, Technologieunternehmen, normale Unternehmen, Gemeinden und Regierungen zusammen, um somit der wachsenden Nachfrage nach Daten nachzukommen. Das Unternehmen verfügt in den USA über mehr als 100 Niederlassungen. Ebenso handelt es sich bei dem Unternehmen um ein S&P-Unternehmen, das an der NYSE gehandelt wird. Der Umsatz 2018 lag bei 5.423 Millionen US-Dollar.

Die Nachfrage nach drahtlosen Verbindungen wird in den nächsten Jahren rasant weiter zunehmen. Durch die neuen Technologien, wie IoT oder 5G sowie einer Veränderung der Apps zu datenintensiveren Ausführungen (Gaming, Video-Streaming, Social Media) entsteht mit der Kommunikationsstruktur ein zuverlässiger Zugang in Form der Verbindung sowie zum Schutz der Nutzer. Vom Unternehmen werden hierfür unter anderem Small Cell Solutions (SCS), Zellentürme sowie Glasfaser verwendet, um dadurch eine vernünftige Kapazität und Abdeckung zu erhalten.

Gründe für die Aufnahme in das individuelle REIT Portfolio

Das Unternehmen hat langjährige Leasingverträge mit den großen 4 führenden Anbietern, wie AT & T(T), Verizon, T-Mobile (TMUS) sowie Sprint (S). Diese Leasingverträge machen mehr als 70 Prozent der Einnahmen des Unternehmens aus und dadurch entstehen wiederkehrende Einnahmen. Ebenso ist hier ein organisches Wachstum durch die in den Verträgen eingebauten jährlichen Preiserhöhungen mit eingebaut. Die hier in den nächsten 5 Jahren vertraglich vereinbarten Leasing-Einnahmen belaufen sich auf ungefähr 24 Milliarden US-Dollar.

Bedingt durch die sich rasch nach oben veränderten Zahlen von mobilen Daten hat das Unternehmen seit 2001 ununterbrochen ein Umsatzwachstum erzielt. Dies war auch nach der Finanzkrise in der Rezession 2008/2009 so. Dieses Umsatzwachstum entsteht auch im Unternehmen durch die Erneuerung der vorhandenen Zelltürme mit neuen Mietern und durch die fortlaufende Erhöhung der Gewinnmargen sowie des ROI.

Seit dem Jahr 2014 hat sich die Dividende jedes Jahr erhöht, wobei in den letzten 3 Jahren es bei den Dividenden um eine durchschnittliche Erhöhung um 28 Prozent pro Jahr handelte. Auch wird vom Unternehmen angestrebt, auch in den nächsten Jahren ein Dividendenwachstum zwischen 7 und 8 Prozent zu erzielen.

Kandidat Nr. 6 für das individuelle Portfolio

American Tower; Industrieller sowie Infrastruktur-REIT (ISIN US03027X1000; aktueller Kurs 30.01.2019 170,38 US-Dollar)

Daten zum Unternehmen

Bei American Tower handelt es sich um einen globalen Anbieter im Bereich der Kommunikationsinfrastruktur, der auch von 5G profitieren wird. Das Unternehmen verfügt über 40.000 Zellentürme in den USA und 120.000 Zellentürme in Europa, Mittel- und Südamerika, Afrika sowie Indien. Das Unternehmen wurde 1995 gegründet. Der Hauptsitz befindet sich in Boston im Bundesstaat Massachusetts in den USA.

Nach der Gründung von American Tower 1995 hat es damals mit dem Kauf von Mikrowellen-Telefonen von AT & T-Long Lines begonnen. 1998 erfolgte die Fusion mit CBS Corporation. Danach erfolgt die internationale Expansion und zunächst wurden Niederlassungen in Mexiko sowie Brasilien aufgebaut. Im Jahr 2005 fusionierte American Tower mit Spectra Site Communications Inc. und dadurch wurde das internationale Portfolio mit über 22.000 Kommunikationsstandorten (darunter ungefähr 21.000 Funktürme und 400 Rundfunkmasten sowie 100 im Gebäude vorhandenen DAS (Distributed Antenna Systems)) ergänzt. Durch diese Fusion im Jahr 2005 wurde American Tower zu einem der größten Eigentümer sowie Betreiber von Zellentürmen in Nordamerika.

In den Jahren 2007 sowie 2012 wurde das internationale Wachstum mit weiteren Aktivitäten in Chile, Peru, Kolumbien, Südafrika, Ghana, Uganda und Indien fortgesetzt. 2013 wurde ein kleinerer Wettbewerber Global Towers Partners für 4,8 Milliarden Euro erworben. Dadurch kamen dann weitere Standorte in Panama und Costa Rica hinzu. Heute ist das Unternehmen in über 16 Ländern aktiv und der Umsatz lag im Jahr 2017 bei 6.664 Millionen US-Dollar. Das Unternehmen ist unter anderem an der NYSE notiert.

Gründe für die Aufnahme in das individuelle REIT Portfolio

American Tower wird in den nächsten Jahren nicht nur vom Wachstum der mobilen Daten in den USA profitieren, sondern auf von den Preissenkungen international bei Mobiltelefonen und Handys. Dadurch entsteht ein jährliches Marktwachstum zwischen 30 und 40 Prozent.

Zusätzlich wird vom Unternehmen beabsichtigt, seine Präsenz in Indien aggressiv auszubauen. In diesem Markt können in den nächsten 5 Jahren mehr als 1,5 Milliarden neue Mobilfunkkunden dazu kommen.

Das Unternehmen erzielt sehr gute wiederkehrende Einnahmen aus den abgeschlossenen Mietverträgen, die über eine Laufzeit von 5 bis 10 Jahren verfügen. Ebenfalls sind die Verträge so gestaltet, dass hierbei eine jährliche Mieterhöhung von 3 Prozent dazu kommt.

Aufgrund dieser Zuwächse bei den Mietabrechnungen (jährlich diese 3 Prozent) und neuen Zellen-Installationen war es dem Unternehmen in den vergangen 10 Jahren möglich, ein jährliches Umsatzwachstum von über 16 Prozent pro Jahr zu erreichen. Dazu kommt dann ebenfalls in den vergangenen 10 Jahren ein jährlicher Zuwachs des Gewinns von ungefähr 12 Prozent.
In den letzten Jahren wurden am Markt ungefähr 25.000 neue Zellentürme installiert und das Kreditrating mit Investment-Grade-Rating konnte trotz dieser hohen Investitionen beibehalten und die Bilanz noch zusätzlich entlastet werden.

Das Dividendenwachstum in den vergangen 5 Jahren hat im Durchschnitt pro Jahr 24 Prozent betragen. Auch wurden Aktienrückkäufe in einer Größenordnung von ungefähr 5 Milliarden US-Dollar durchgeführt. Die Dividende des Unternehmens wird vierteljährlich (nicht ein Mal im Jahr) ausbezahlt. Allein im Jahr 2018 hat sich die Auszahlung um 20 Prozent verbessert.

Auch von den unabhängigen Analysten wurde von fast allen Beteiligten hier eine uneingeschränkte Kaufempfehlung ausgesprochen.

Kandidat Nr. 7 für das individuelle Portfolio

Hannon Amstrong, Industrieller sowie Infrastruktur REIT (ISIN US1068X1000; aktueller Kurs am 31.01.2019 22,30 USD)

Daten zum Unternehmen

Bei Hannon Armstrong handelt es sich um einen REIT, der seinen Schwerpunkt was die Investitionen anbelangt, im Bereich der nachhaltigen Infrastruktur einschließlich Energieeffizienz sowie erneuerbarer Energien hat. Das Unternehmen wurde 2012 gegründet. Der Hauptsitz befindet sich in Annopolis im Bundesstaat Maryland in den USA.

Zu den Energieeffizienzprojekten gehören auch Energieversorgungsunternehmen (ESCOs), bei denen der Energieverbrauch sowie die Kosten bei Gebäuden oder einer Anlage durch die Installation von unterschiedlichen Gebäudekomponenten (Heizungssysteme, Energiesteuerungen, Gebäudehüllen, Fenster, Dächer oder Kraft-Wärme-Kopplungssysteme) erheblich reduziert wird. Auch gehören hierzu umweltfreundliche Energiequellen, wie die Erzeugung von Solar- und Windkraft zur Herstellung von Strom. Zusätzlich sind hier auch Projekte von der Wasser- und Kommunikationsinfrastruktur mit im Portfolio. Ebenfalls erfolgt die Finanzierung von Projekten, die zur Verringerung der Treibhausgasemissionen und die zur Bewältigung sowie zur Verminderung der Auswirkung des Klimawandels beitragen.

Dazu gehört auch unter anderem auch eine Partnerschaft mit Counter Pointe Substainalbe Real Estate LLC, um von deren Expertisen im gewerblichen Immobilienbereich profitieren zu können. Hier werden dann in dieser Partnerschaft Projekte entwickelt, die sich auf energieeffiziente Bürogebäude, Hotels, Gewerbeimmobilien oder Mehrfamilienhäuser konzentrieren.

Das Unternehmen verfügt auch über eine führende Position auf dem Markt für C-PACE (Clean Energy-Programm für Gewerbeimmobilien) und setzt sich dabei für die Modernisierung in energieeffizienter Form von Immobilien in diesem Bereich ein. Dieses C-Pace-Programm ist jetzt in 33 Bundesstaaten in den USA in Kraft getreten. Dieses Programm ermöglicht dann die entsprechenden Bauherren, sich an Projekten, wie Energieeffizienz, Risikomanagement oder Wassereinsparung, zu beteiligen und gleichzeitig Steuererleichterungen vom Staat zu erhalten, um das Projekt zu finanzieren.

Bei den Projekten für Energieeinsparung verfolgt vom Unternehmen in der Regel eine Verbriefung der Investitionen, um dadurch auch die Stromrechnung der Verbraucher zu verbessern. Das ist gemäß den Angaben des Unternehmens wesentlich effizienter, als die Vermögenswerte in der eigenen Bilanz zu halten. Ebenso wird dadurch ein größeres bilanzielles Portfolio mit wiederkehrenden Gewinnen aufgebaut. Der Umsatz lag im Jahr 2018 bei 105 Mio US-Dollar. Das Unternehmen ist an der NYSE gelistet.

Gründe für die Aufnahme in das individuelle REIT Portfolio

In den USA wird auch von den Parlamenten sowie der Regierungsseite eine erhöhte Priorität auf energieeffiziente Infrastrukturausgaben gelegt. Davon profitieren Unternehmen, wie Hannon Amstrong. Das Unternehmen investiert in Windkraft- und Solaranlagen, Energieeffizienzanlagen oder in Projekte der Regenwassersanierung und arbeitet hierbei mit der Regierung, mit den Herstellern solcher Produkte und Energiedienstleistern zusammen. Von Experten wird geschätzt, dass hier ein weltweiter Markt von mehr als 100 Billionen US-Dollar vorhanden ist.

Das Unternehmen verfügt aktuell über 175 Projekte in den oben erwähnten Bereichen. Im Jahr 2018 ist bei Hannon Amstrong ein solides Wachstum in fast allen Umweltsanierungsmärkten entstanden und das Umsatzwachstum betrug 26 Prozent. Vor 4 Jahren hat das Unternehmen mit der Dividendenauszahlung begonnen und jedes Jahr die Dividendenhöhe um 15 Prozent pro Jahr erhöht. Dabei ist eine hohe Sicherheitsmarge vorhanden, das in Zukunft noch mehr Raum für ein erhöhtes Dividendenwachstum in Aussicht stellt.

Aufgrund dieser Aussichten wird von vielen Analysten das Unternehmen als ein „Kauf" bewertet.

Kandidat Nr. 8 für das individuelle Portfolio

Americold Realty Trust, Self Storage REIT (ISIN US03064D1081, aktueller Kurs 31.01.2019 28,68 US-Dollar)

Daten zum Unternehmen

Bei dem Unternehmen Americold Realty Trust handelt es sich um den größten REIT, der sich auf temperaturgeführte Lagerhäuser konzentriert. Im Portfolio des Unternehmens befinden sich 156 Lagerhäuser mit über 900 Millionen Kubikfuß Kühlraum, die an ungefähr 2.400 Kunden in Nordamerika, Neuseeland, Australien sowie Argentinien vermietet sind. Das Unternehmen wurde 2007 gegründet und hat seinen Stammsitz in Atlanta im Bundesstaat Georgia in den USA.

Gerade im Bereich der temperaturgeführten Lagerhäuser gab es in den letzten 20 Jahren große Veränderungen. Damals standen im Pizza-Bereich zum Beispiel 3 bis 4 unterschiedliche Marken mit drei bis 4 verschiedenen Geschmacksrichtungen zur Verfügung. Heute gibt es, wenn man bei diesem Beispiel von Pizzas bleibt, eine Vielzahl von Herstellern und gleichzeitig eine Vielzahl von unterschiedlichen Geschmacksrichtungen. Das hat auch zu erheblichen Veränderungen in der Logistik-Verwaltung und in der Handhabung in den Lagerhäusern zu einer vielfältigen Automation geführt, um diese Vielfalt auch effektiv bewältigen zu können. Darauf hat sich auch Americold Realty Trust eingestellt.

In den letzten Quartalen wurden in Clearfield im Bundesstaat Utah in den USA sowie in Middleboro im Bundesstaat Massachusetts neue Lagerhäuser eröffnet. Ebenso sind weitere hochmoderne und automatisierte Anlagen für Großkunden 2019 geplant. Gemäß Firmenangaben sind Projekte von über einer Milliarde Dollar in der Entwicklungs-Pipeline enthalten. In Australien wird der Aufbau einer großen Einzelhandelsinfrastruktur für einen dort ansässigen Einzelhändler geplant. Auch aus diesen Entwicklungsprojekten erwirtschaftet das Unternehmen gute Erträge.

Im Jahr 2017 betrug der Gesamtumsatz 1.542 Millionen US-Dollar. Das Unternehmen ist unter anderem an der NYSE gelistet.

Gründe für die Aufnahme in das individuelle REIT Portfolio

Bei den 25 größten Kunden hat Americold eine durchschnittliche Laufzeit der Verträge von 33 Jahren. Zu den Mietern zählen unter anderem die großen Lebensmittelhersteller, wie Kraft Heinz oder ConAgra, und ebenso führende Lebensmitteleinzelhändler, wie zum Beispiel Kroger oder Sysco.

Der Marktanteil von Americold beträgt ungefähr 25 Prozent am amerikanischen Kühlhausmarkt. Aufgrund dieser Größe entstehen Wettbewerbsvorteile, was die Betriebskostenreduzierung, die Skaleneffekte oder die Kapitalkosten anbelangt.

Das Unternehmen generiert ein jährliches Mietwachstum von mehr als 3 Prozent. Das

Wachstum für den Gewinn liegt bei jährlich 6 Prozent. Aufgrund von steigenden Auslastungen sowie steigender Mieten und dem Ausbau der vorhandenen Standorte und die Hinzu-Gewinnung von neuen Projekten wird das zukünftige Wachstum weiterhin angetrieben. Derzeit stecken über 109 Millionen US-Dollar in Entwicklungsprojekten. Mit Woolworth, dem größten Lebensmittelhändler in Australien, wurde eine Partnerschaft abgeschlossen. In den nächsten Jahren sollen gemäß Unternehmensangaben 600 Millionen US-Dollar in neue Entwicklungsprojekte investiert werden, die in 3 bis 5 Jahren abgeschlossen sein sollen.

Solche Entwicklungsprojekte erfordern in der Regel Investitionen von 75 bis 200 Millionen US-Dollar und daraus entsteht dann ein ROI von 10 bis 15 Prozent.

Diese Expansionspläne werden durch eine gut strukturierte Bilanz abgesichert. Die Schulden belaufen sich nur auf 23 Prozent des Unternehmenswertes. Die Barmittel liegen oberhalb von 350 Millionen US-Dollar. Ebenfalls ist eine nicht ausgenutzte Bankkreditlinie von mehr als 400 Millionen US-Dollar vorhanden.

Das Unternehmen wird von eine größeren Anzahl von unabhängigen Analysten mit einem „Kauf" bewertet.

Kandidat Nr. 9 individuelles REITS Portfolio

Carey Inc., diversifizierter REIT (ISIN US92936U1097; aktueller Kurs zum 1.2.2019 74,45 USD)

Daten zum Unternehmen

Bei W.P.Carey Inc. handelt es sich um ein REIT-Unternehmen, das in Immobilien investiert, welche über NNN-Leasing vermietet sind (der Mieter zahlt neben der Miete auch die Grundsteuer sowie die anfallenden Kosten). Das Unternehmen wurde 1973 von William P. Carey gegründet. Der Hauptsitz ist New York City. Das Unternehmen besitzt fast 1.200 Immobilien, die in 17 Ländern an ungefähr 300 unterschiedliche Mieter vermietet sind. Dabei liegt der Schwerpunkt der Aktivitäten in Nordamerika.

Das Unternehmen war in den frühen 80er Jahren mit Leaseback-Transaktionen zum Erwerb von Immobilien aktiv. Im Jahr 1982 wurden 3 Lagegebäude der Gibson-Fabrikations-Lagergebäude von der Wsray Capital Corporation übernommen. Im Jahr 2009 wurden 21 Stockwerke des 52-stöckigen New-York-Times Gebäude an der Eigth Avenue in der Nähe von Manhattan für mehr als 200 Millionen US-Dollar zugekauft.

Der Gründer Carey starb im Jahr 2012 und im Jahr 2014 fand eine Fusion mit Corporate Property Associates 16, statt. Ebenso wurde damals auch ein Portfolio von Immobilien ist Australien für 138 Millionen US-Dollar ebenfalls in Form der Leaseback-Transaktion (gekaufte Immobilie wird an eine Leasinggesellschaft weiter verkauft und von dieser dann wieder zurückgeleast) erworben.

Das Unternehmen ist an der NYSE gelistet. Der Umsatz hat 2017 857 Mio US-Dollar betragen.

Gründe für die Aufnahme in das individuelle REIT Portfolio

Bei Carey handelt es sich ein sogenanntes Triple-Net-Leasing-REIT, das in seinem Portfolio über Gebäude verfügt, bei denen die Mieter dieser Gebäude die kompletten Betriebskosten der Immobilien zuzüglich Instandhaltung sowie Steuern übernehmen. Dabei werden von Carey hauptsächlich Gebäude, die im Besitz von Unternehmen sind, aufgekauft und diese dann im Rahmen von langfristigen Mietverträgen an die Vorbesitzer wieder sofort vermietet. Dabei wird in der Regel den Mietern bei solchen Transaktionen die Mittel zur Verfügung gestellt, die diese für ihre weitere

Expansion oder auch für Fusionen benötigen. Hierbei profitiert dann Carey von den Spannen zwischen den Finanzierungskosten und den Mietpreisen.

Bei diesem Geschäft hängt es an der Diversifikation, um erfolgreich zu sein. Das Unternehmen verfügt über fast 1.200 Objekte, welche an mehr als 300 Mieter vermietet sind. Der Schwerpunkt liegt mit 63 Prozent in den USA, der Rest liegt hauptsächlich in Europa. Das Portfolio setzt sich auch Industrie-Immobilien (ungefähr 42 Prozent), aus Lagerimmobilien (ungefähr 24 Prozent), aus Einzelhandel (ungefähr 13 Prozent), aus Bürogebäuden (ungefähr 12 Prozent) und sonstige Mieter (ungefähr 9 Prozent) zusammen. Dadurch kommt es hier zu einer starken Diversifizierung auch in Bezug auf die Mieterstruktur, die dann in ganz unterschiedlichen Bereichen angesiedelt ist.

Wie bereits erwähnt, hängt hier der Unternehmenserfolg von den aktiven Portfolio-Managern ab, die regelmäßig Gebäude kaufen und verkaufen. Dabei bietet die Vermischung von sehr unterschiedlichen Lagen sowie Branchen den entscheidenden Hebel, um dann die Anleger her mit einer anhaltenden Dividendenerhöhung für ihre Investition zu belohnen.

Der Umsatz und die Dividendenentwicklung sind in den letzten Jahren nicht kontinuierlich nach oben gelaufen, sondern es kam hier auch zu erheblichen Schwankungen. Aber nachdem gerade derzeit der industrielle Bereich in den USA gut läuft, sollte der REIT Carey 2019 gute Ergebnisse liefern.

Kandidat Nr. 10 individuelles Portfolio

Tanger Factory Outlet Center, Einkaufszentren REIT (ISIN US 875 465 1060; aktueller Kurs zum 01.02.2019 22,01 US-Dollar)

Angaben zum Unternehmen

Bei Tanger Factory Outlet Centers handelt es sich um einen Immobilien-REIT mit Sitz in Greensboro im US-Bundesstaat North Carolina. Der Portfolio-Schwerpunkt liegt bei der Investition in Einkaufszentren mit Outlet-Stores. Das Unternehmen verfügt im Portfolio über mehr als 44 Einkaufszentren mit einer Fläche von mehr als 13 Millionen Quadratmeter und dort sind mehr als 2.600 Geschäfte untergebracht.

Die größten Mieter sind unter anderem Nike, Gap, die Ascene Retail Group, H & M, PVH, der Ralph Lauren Corporation sowie die VF Corporation. Von der Ausgestaltung her sind unter anderem das Tanger Outlets The Walk, das Tanger Outlets Sothaven (in Memphis), das Tanger Outlets Foxwoos sowie das Tanger Outlets Pittsburgh sehr beeindruckend.

Das erste Outlet-Center wurde von Tanger 1981 eröffnet und im Jahr 1993 entstand daraus ein REIT. Im September 2002 wurden die Dalton-Factory-Stores in Dalton, Georgia, für 17 Millionen Dollar und eine Immobilie in Howell, Michigan im Wert von 37 Millionen Dollar erworben. Der Gründer des Unternehmens ist im Jahr 2010 verstorben. Im Jahr 2011 entstand ein Joint Venture mit dem RioCan Real Estate mit einer Verteilung von 50/50, um zukünftig auch in Kanada Outlet-Malls zu entwickeln. Im Oktober 2015 wurden 5 Einkaufszentren im Wert von 150 Millionen US-Dollar verkauft. Der Umsatz im Jahr 2017 betrug 490 Millionen US-Dollar und das Unternehmen ist unter anderem an der NYSE gelistet.

Gründe für die Aufnahme in das individuelle REIT Portfolio

Dieses Unternehmen ist der letzte Vorschlag für das individuelle REIT-Portfolio mit Einzel-Unternehmen und ist auch nur für Investoren mit einer gewissen Risikobereitschaft geeignet. Das Unternehmen hat über 44 Outlet-Center im Portfolio und hat den Einzelhandelsuntergang voll abbekommen. Dieser Untergang hat auch dafür gesorgt, dass eine große Anzahl von Ketten pleite gegangen ist.

Das operative Ergebnis beim Wachstum ist 2018 ins Stocken gekommen. Aber die Aktie ist auch seit ihrem Höchststand Mitte 2016 um 50 Prozent im Wert gefallen. Dabei kaufen die Menschen auch heutzutage gerne persönlich in einem Laden und in guten Einkaufszentren und sind für die Kunden (neben dem Internet) nach wie vor wichtig.

Das Unternehmen verfügt über Vermögenswerte mit relativ niedrigen Betriebskosten und somit auch mit relativ niedrigen Mieten, die die Mieter zahlen. Dadurch wird es den Einzelhändlern auch leichter gemacht, wieder einen Gewinn zu erzielen. Die Einkaufszentren von Tanger sind auch während der Wirtschaftskrise ausgelastet gewesen und nie unter die Grenze von 95 Prozent gefallen. Derzeit erfolgt eine enge Zusammenarbeit mit den Mietern, um für beide Teile sicher zu stellen, dass eine lange langjährige Vermietung gewährleistet werden kann.

Auch sind die Finanzen bei Tanger sehr solide. Dabei liegt der Anteil der Gesamtverschuldung am Vermögen bei 51 Prozent und somit unterhalb der maximalen Verschuldungsgrenze von 60 Prozent. Im dritten Quartal 2018 wurde der Zinsaufwand um das 5,3 fache abgedeckt. Die Dividende selbst hat beim FFO nur einen Anteil von 45 Prozent, was somit eine sehr niedrige Ausschüttungs-Quote zur Folge hat. Das bedeutet, dass hier aktuell einen großen finanzieller Spielraum für Schuldentilgung und Investitionen vorhanden ist.

Auch wirken sich die aktuellen Veränderungen im Einzelhandel auf diese Outlet-Centren von Tanger positiv aus. Da der Aktienkurs so stark gefallen ist, dass daraus eine attraktive Rendite von 6,6 Prozent entstanden ist und es in jedem Jahr der letzten 25 Jahre eine Dividendenerhöhung gab, liegt hier eine echte Chance zum Kauf.

Zusammenfassung der Kandidaten für das individuelle REIT-Portfolio in Form von Einzeltiteln

Bei der Auswahl dieser Einzeltittel wurde versucht, das, was zuvor in allgemeiner Form erläutert worden ist, umzusetzen. Dabei sind hier hauptsächlich die Branchen-Arten bei den ersten 8 Titeln berücksichtigt worden, wo auch branchenübergreifend 2019 vom Markt her eine größere Bewegung vorhanden ist. Was die beiden letzten Titel anbelangt, so handelt es sich um einen Titel, der branchenübergreifend agiert und um einen Titel, der zwar in einer Branche tätig ist, die 2019 mit Schwierigkeiten zu rechnen hat, aber dieser Einzeltitel ist so aufgestellt, dass er trotz der negativen Branchen-Aussichten sich positiv entwickeln kann. Ebenso wird die Vorstellung auf die maximale Anzahl von 10 Einzeltiteln beschränkt, damit hier auch ein vernünftiger Überblick von Anlegerseite aus vorhanden ist.

Aufbau eines individuellen Portfolios durch eine indirekte Anlage in REITs in Form von REITS-ETFs

Wie bereits auf den Seiten 90 – 93 ausführlich dargestellt, handelt es sich bei REIT-ETFs um börsengehandelte Fonds, welche den größten Teil ihres Vermögen in Aktien-REIT-Wertpapiere (REIT-Einzeltitel) sowie die damit ebenfalls verbundenen Derivaten anlegen. Im Unterschied zu den klassischen Fonds wird ein solcher ETF-Fonds nicht durch die Einschätzung von einem Fondsmanagement gesteuert, sondern hier wird passiv die Entwicklung von einem bestimmten Index nachgebildet.

Die Indizes sind von Anbieter zu Anbieter unterschiedlich. Der hierfür zum Teil verwendeten Benchmarks sind hier zum Beispiel der Dow Jones US REIT-Index oder der MSCI-US-REIT. In diesen beiden Indizes sind ungefähr zwei Drittel des Gesamtwertes des in den USA börsennotierten REIT-Marktes abgebildet.

Auch bei den REIT ETFs gibt es auch eine geografische Einteilung und zwar in Form von Global, USA, Europa, Eurozone oder Asien.

Nochmals zur Erinnerung fallen im Vergleich zu den aktiv gemanagten Immobilienfonds bei den REITs-EFTs die Verwaltungsgebühren für Fondsmanager weg und aus diesem Grund sind die ETFs wesentlich kostengünstiger. Auch von der Handhabung für den Anleger ist es einfacher, weil die persönliche Auswahl von Einzelwerten (siehe oben Auswahl Einzelwerte individuelles REIT-Portfolio) sehr zeitaufwendig ist. Ebenso ist es hier auch die Möglichkeit gegeben, mit wenigen Mitteln stark zu diversifizieren, weil ein solcher REIT ETF einen kompletten Korb von REITS enthält. Somit werden her die Vorteile einer Investition in REITs mit den Vorteilen von ETFs verbunden.

Kandidat Nr. 1 individuelles REITs-Depot indirekte Anlage in REIT-ETFs

Vangquard Real Estate ETF (ISIN US9229085538; Kurs 01.02.2019 82,88 USD)

Der Vanguard Real Estate ETF wurde von Vanuguard, eine der größten Investmentgesellschaften, aufgelegt. Mit einer Kostenquote von nur 0,12 Prozent sind die Gebühren hier sehr niedrig im Vergleich zu anderen REIT ETFs. Dieser ETF folgt dem MSCI-US Investable Market Real Estate 25/50 Index. Auch dieser Fonds wurde beim Immobiliencrash 2007/2008 nach unten gezogen. Seither sind jedoch stetig wachsende Erträge zu verzeichnen. Deshalb bietet dieser ETF eine gute Möglichkeit, hier eine langfristige Anlage durchzuführen.

Bei diesem ETF dominieren die US-Immobilien und es wird hier ein breiter Index abgebildet, der einen großen Bereich des US-Immobilienmarktes erfasst. Der Fond ist mit einem breiten Korb ausgestattet, wo der Schwerpunkt eher auf den mehr kommerziellen REITs und nicht auf den spezialisierten REITS liegt.

Die Positionen über die Verteilung der REITS werden hier nicht täglich, sondern monatlich angegeben. Bei der Größe dieses ETFs, bei dem jeden Tag hohe Spreads in großen Mengen gehandelt werden, fällt diese monatliche Angabe hier nicht groß ins Gewicht. Der ETF verfügt über eine solide Deckung mit sehr niedrigen Kosten.

Dieser ETF setzt sich aus einem sehr diversifizierten und breit gestreuten Portfolio zusammen und hier sind auch die REITs vertreten, die wiederum auf der einen Seite seit Jahren gute Erträge liefern und auch auf der anderen Seite in ihrem Marktsegmenten gut aufgestellt sind. Das Nettovermögen dieses ETF liegt bei ungefähr 59 Milliarden US-Dollar.

Die 10 Toppostionen im Korb

Dazu gehören der Vanguard Real Estate II Index USA mit 11,32 Prozent, American Tower Crop. USA 6,25 Prozent; Simon Property Group Inc USA 4,66 Prozent, Crown Castel International Corp. USA 4,04 Prozent; Prologis Inc. USA 3,32 Prozent; Public Storage USA 2,84 Prozent; Equinix Inc. USA 2,51 Prozent, Welltower USA 2,31 Prozent, Equity Resendtial USA 2,18 Prozent sowie AvalonBay Communities Inc. USA mit 2,16 Prozent. Dieser ETF verfügt über 189 Positionen und die 10 Toppositionen machen fast 42 Prozent aus. Zu ungefähr 99 Prozent wird in den USA angelegt.

Von der Branchenaufteilung her liegen mit 32 Prozent die Specializied REITs an der ersten Stelle, gefolgt von den Retail REITS mit 14,6 Prozent, Residential REITs mit 14,10 Prozent sowie den Office REITS mit 9,80 Prozent und den Industrial REITS mit 6,80 Prozent, um die wichtigsten Branchenanteile aufzuführen.

Die Wertentwicklung p.a.

Bis zum 31.01.019 lfd. Jahr 11,4 Prozent, 3 Jahre p.a. 5,36 Prozent; 5 Jahre 12,50 Prozent, 10 Jahre p.a. 16, 8 Prozent.

Kandidat Nr. 2 individuelles REITs-Depot indirekte Anlage in REIT-ETFs

SCHWAB US-REIT ETF (SCHH) (ISIN US8085248479; aktueller Kurs 01.02.2019 42,60 US-Dollar)

Der SCHWAB US REIT ETF investiert in REITS aus dem Dow Jones US Select REIT-Index, hat aber auch die Möglichkeit in andere REITs zu investieren, die in diesem Index nicht enthalten sind. Bei den REITs, die in dem Index enthalten sind, werden auch bei diesem ETF Fonds Gewichtungen aufgebaut, die den Gewichtungen im Index entsprechen oder ähnlich sind. Der Index wird alle 3 Monate neu gewichtet und dann erfolgt eine Anpassung an die aktuelle Marktentwicklung.

Zu den wichtigsten Beteiligungen dieses Fonds gehören unter anderem die Simon Property Group Inc., die Prologis Inc. sowie die AvalonBy Communities Inc. und der Equity Residential. Die Top 10 Positionen machen aktuell 44 Prozent des Fondsportfolios aus. Insgesamt gibt es 97 verschiedene Positionen. Das Nettovermögen des Fonds beläuft sich auf 4,72 Milliarden US-Dollar.

Der ETF Fonds wurde von SCHWAB aufgelegt. Bei SCHWAB handelt es sich um einer der größten Broker in den USA. Gleichzeitig ist SCHWAB ein bedeutender Finanzdienstleister. Der Unternehmen hat sehr umfassende Angebote an Investmentfonds, ETFs sowie andere Anlageprodukte für Anleger in seinem Angebot.

Die Kostenquote liegt bei dem SCHWAB US REIT-ETF bei 0,07 Prozent. Das ist ein sehr unterdurchschnittlicher Wert, so dass hier der Anleger dieses Produkt als Instrument für ein ausgewogenes Portfolio sowie ein konzentriertes Engagement im US-Immobiliensektor einsetzen kann.

Die 10 Toppositionen im Korb

Dazu gehören die Simon Property Group USA Anteil 8,39 Prozent; die Prologix Inc USA Anteil 6,49 Prozent; die Public Storage USA Anteil 4,75 Prozent, die Welltower Inc. USA Anteil 4,34 Prozent; die Equity Residential USA Anteil 3,98 Prozent, die Avalon Bay Communities Inc. USA mit Anteil 3,97 Prozent, die Ventas Inc. USA mit Anteil 3,43 Prozent, die Digital Realty Trust Inc. USA mit Anteil 3,33 Prozent, die Boston Properties Inc. USA mit Anteil 3,04 Prozent und die Essex Property Trust Inc. USA mit Anteil 2,67 Prozent.

Von der Branchen-Aufteilung her liegt der Schwerpunkt bei Einkaufszentren, Industrieimmobilien, Gesundheitsimmobilien, Lagerhallen, Wohn- und Bürogebäude sowie digitale Kommunikationsstruktur. Dadurch ist ein breites Spektrum von Branchen vorhanden, um dann, wenn eine Branche nicht mehr so läuft, dann auf eine vernünftige Basis in den anderen Branchen ausweichen zu können. Dadurch hat man dann die Möglichkeit, einen entsprechenden Ausgleich zu schaffen.

Die Wertentwicklung p.a.

Im laufenden Jahr bis zum 01.02.2019 10,27 Prozent, in den letzten 3 Jahren p.a. 4,94 Prozent; in den letzten 5 Jahren p.a. 12,77 Prozent.

Kandidat Nr. 3 individuelles REITs-Depot indirekte Anlage in REIT-ETFs

iShares MSCI Target US Real Estate UCITS ETF (ISIN IE00BRHZ0620; aktueller Kurs

01.02.2019 24,55 US-Dollar)

Der iShares MSCI Target US-Real Estate UCITS ETF ist ein börsengehandelter Indexfonds, der in einer Verbindung aus Erträgen und Kapitalzuwachs aus dem vorhandenen Fondsvermögen eine Rendite erwirtschaften möchte, die der des MSCI USA Liquid-Real-Estate Index (hierbei handelt es sich um die Benchmark des Fonds) vergleichbar ist. Dabei wird vom Fonds aus direkt in die im Index enthaltenen Wertpapieren investiert, welche diesen Benchmark-Index soweit wie möglich nachbilden. Bei REITS handelt es sich um Aktien, die ein vergleichbares Ertrags-/Risikoprofil wie Aktien aufweisen. Im Benchmark-Index werden hierbei noch inflationsgebundene US-Staatsanleihen eingesetzt, um dadurch die Volatilität der Aktienmärkte zu reduzieren.

Vom Fonds aus wird hier ein dreistufiger Auswahlprozess durchgeführt. Um dadurch die Volatilität zu reduzieren, erhalten hierbei REITs-Werte mit einer geringeren Schwankungsbereite ein höheres Gewicht. Dabei bildet der MSCI USA IMI Core Real Estate Index die Basis dafür. Bei diesem Indexwert werden die Aktien ebenfalls nach Volatilität gewichtet. Hierbei erhalten dann die REITs, die weniger schwanken, ein höheres Gewicht und Werte, die starken Schwankungen unterworfen sind, ein geringeres Gewicht.

Der Fremdkapitalhebel, der bei REITs vorhanden ist, wird durch einen Deleveraging-Ansatz(hier wird dann das Verhältnis zwischen Fremd- und Eigenkapital wieder ausgeglichen, als wäre es komplett mit Eigenkapital finanziert) geregelt. Über diesen Ansatz wird der Anleiheanteil zwei Mal im Jahr angepasst. Ebenso sind im Portfolio kurz laufende inflationsindexierte Staatsanleihen enthalten, um hier einen zusätzlichen Inflationsschutz zu bieten. Die Gewichtung der inflationsgeschützten Anleihen sowie der REITs wird hier flexibel durchgeführt. In den Zeiten, wo REITs nicht mehr so gut laufen, steigt der Anteil der inflationsgeschützten Anleihen. Dabei lag zum Beispiel während der Finanzkrise 2008/2009 der Anleihen-Anteil bei 70 Prozent. Die flexible Handhabung dieser Vorgehensweise führt dazu, dass hier eine wesentliche geringe Volatilität sowie Schwankungsbreite auftritt, als dies beim MSCI USA REIT Index zum Beispiel der Fall ist.

Die Kostenquote beträgt nur 0,40 Prozent. Das ist ein sehr geringer Wert.

Die 10 Toppositionen im Korb

Zu den Toppostionen gehören die Prologis Inc, USA mit einem Anteil von 3,44 Prozent, die Simon Property Group Inc, USA mit einem Anteil von 3,30 Prozent; die AvalonBy Communities Inc., USA mit einem Anteil von 3,17 Prozent, die United States Treasury Notes 0,13 Prozent USA mit einem Anteil von 2,95 Prozent; die Equity Residential, USA mit einem Anteil von 2,94 Prozent; die Public Storage, USA mit einem Anteil von 2,86 Prozent; die Equinix Inc. USA mit einem Anteil von 2,83 Prozent, United States Treasury Notes 0,13 Prozent USA mit einem Anteil von 2,78 Prozent, die United States Treasury Notes 0,63 Prozent USA mit einem Anteil von 2,75 Prozent und die United States Treasury Notes 0,13 Prozent USA mit einem Anteil von 2,69 Prozent. Insgesamt gibt es 141 Positionen und der Anteil der 10 Top-Positionen beträgt ungefähr 30 Prozent.

Die Wertentwicklung p.a.

Die Wertentwicklung in den ersten Tagen seit dem 01.01.2019 liegt bei 14,59 Prozent. Die Wertentwicklung in den ersten 3 Jahren lag im Durchschnitt bei 2,2 Prozent pro Jahr.

Kandidat Nr. 4 individuelles REITs-Depot indirekte Anlage in REIT-ETFs

SPDR Dow Jones REIT ETF (ISIN US78464A6073, Aktueller Kurs 01.02.2019 95,15 US-Dollar)

Die Investitionen des SPDR Dow Jones REIT ETF zielen darauf ab, vor den Aufwendungen und den Gebühren hier eine Gesamtrendite zu erwirtschaften, die der Rendite des Dow Jones US Select REIT-Index entspricht. Vom Fonds aus werden in der Regel fast alle, mindestens jedoch 80 Prozent des Gesamtvermögens in Wertpapiere, die sich in den oben erwähnten Index befinden, angelegt. Das aktuelle Nettovermögen liegt bei ungefähr 2,79 Billionen US-Dollar. Von der Länderverteilung her fallen auf die USA 100 Prozent.

Die 10 Toppositionen im Korb

Diese Toppositionen setzen sich zusammen aus der Simon Property Group Inc. USA mit einem Anteil von 8,41 Prozent, der Prologis Inc. USA mit einem Anteil von 6,50 Prozent; die Publik Storage USA mit einem Anteil von 4,76 Prozent, das Unternehmen Welltower Inc. USA mit einem Anteil von 4,35 Prozent, das Unternehmen Equity Residential USA mit einem Anteil von 3,99 Prozent, das Unternehmen AvalonBay Communities USA mit einem Anteil von 3,98 Prozent; das Unternehmen Ventas Inc. USA mit einem Anteil von 3,43 Prozent; das Unternehmen Digital Reality Trust Inc. mit einem Anteil von 3,34 Prozent, das Unternehmen Boston Properties Inc. USA mit einem Anteil von 3,04 Prozent und das Unternehmen Essex Property Trust Inc. USA mit einem Anteil von 2,68 Prozent. Die 10 Toppositionen machen einen Gesamtanteil von 44 Prozent aus. Insgesamt verfügt der Fonds über 97 Positionen. Die restlichen 87 Positionen machen dann den Restanteil von 56 Prozent aus und liegen dann prozentual pro Position unter 2,68 Prozent.

Die Wertentwicklung des ETFs p.a.

Im laufenden Jahr seit dem 1.1.2019 bis zum 1.2.2019 ist ein Anstieg von 10,29 Prozent zu verzeichnen. In den letzten 3 Jahren liegt die Wertentwicklung pro Jahr im Durchschnitt bei 4,82 Prozent, in den letzten 5 Jahren pro Jahr bei 12,59 Prozent und in den letzten 10 Jahren pro Jahr bei 16,46 Prozent.

Kandidat Nr. 5 individuelles REITs-Depot indirekte Anlage in REIT-ETFs

iShares Developed Markets Property Yield UCITS ETF (ISIN IE0B1FZ350; aktueller Kurs 01.02.2019 22,75 US-Dollar)

Dieser ETF strebt an, aus Erträgen und Kapitalwachstum auf das Fondvermögen eine Rendite zu erzielen, welche die Rendite des FTSE EPRAN/NAREIT Developed Dividend-Index (dies ist der Referenzindex des ETF) widerspiegelt. Dabei wird vom ETF aus versucht, so weit machbar, in den Aktienwerte (REITs) anzulegen, aus denen sich der Referenzindex zusammensetzt. Dabei sind die Bestandteile des FTSE EPRA/NAREIT Developed Index solche REITs, die hohe und überdurchschnittliche Erträge als Dividende ausschütten. Dort sind notierte Immobiliengesellschaften sowie REAL Estate Investment Trusts (REITs) aus entwickelten Ländern weltweit enthalten, bei denen eine vorausgesagte Rendite von mindestens 2 Prozent vorhanden ist. Zu den entsprechenden entwickelten Ländern gehören hier Australien, Belgien, Deutschland, Finnland, Frankreich, Hongkong, Griechenland, Irland, Italien, Israel, Kanada, Japan, Neuseeland, Norwegen, Niederlande, Österreich, Schweden, die USA, Spanien, Schweiz und Großbritannien.

Die aktuelle Ländergewichtung

Der aktuelle Schwerpunkt liegt weiterhin auf den USA mit 56 Prozent, gefolgt von den Asien-Industrieländern mit über 11 Prozent, der Eurozone mit knapp 11 Prozent, Japan mit über 7,5 Prozent, Australien mit 5 Prozent, Kanada mit knapp 3 Prozent, Großbritannien mit über 3,5 Prozent sowie Europa ohne die Eurozone mit knapp über 2,5 Prozent.

Die 10 Toppositionen im Korb

Zu den 10 Toppppositionen gehören die Simon Property Group Inc. USA mit einem Anteil von 3,93 Prozent; das Unternehmen Prologis Inc. USA mit einem Anteil von 3,03 Prozent; das Unternehmen Public Storage USA mit einem Anteil von 2,21 Prozent; das Unternehmen Welltower Inc. USA mit einem Anteil von 2,02 Prozent; das Unternehmen AvalonBay Communities Inc. USA mit einem Anteil von 1,86 Prozent, das Unternehmen Vonovia SE Deutschland mit einem Anteil von 1,83 Prozent; das Unternehmen Equity Residential USA mit einem Anteil von 1,82 Prozent, das Unternehmen Unibail Rodamco Westfield Frankreich mit einem Anteil von 1,70 Prozent; das Unternehmen Sung Hung Kai Properties Ltd Honkong mit einem Anteil von 1,66 Prozent sowie das Unternehmen Link Real Estate Investment Trust Honkong mit einem Anteil von 1 Prozent. Insgesamt sind 295 Positionen vorhanden und der Anteil der 10 Toppositionen beträgt 21 Prozent. Somit ist der ETF mit seinen 295 Positionen sehr breit diversifiziert und somit auch gut aufgestellt.

Die Wertentwicklung des ETFs p.a.

Die Wertentwicklung seit dem 1.1.2019 bis zum 1.2.2019 beträgt 9,38 Prozent. Die Wertentwicklung im letzten Jahr insgesamt liegt bei 14,05 Prozent. Die Entwicklung der vergangenen 3 Jahre p.a. beträgt 5,87 Prozent pro Jahr und die Entwicklung in den letzten 5 Jahren p.a. liegt bei 10,90 Prozent.

Kandidat Nr. 6 individuelles REITs-Depot indirekte Anlage in REIT-ETFs

iShare STOXX Europe 600 Real Estate UCITs ETF (ISIN DE000A0Q4244; Kursentwicklung 01.02.2019 17,48 Euro)

Dieser ETF ist besonders dafür geeignet, wenn das Portfolio sehr USA lastig aufgebaut ist, weil dieser ETF ausschließlich in Europa anlegt. Der ETF bildet möglichst genau die Wertentwicklung des STOXX Europe 600 Real Estate (Index) nach. Mit diesem Index wird die Wertentwicklung des Europäischen Immobiliensektors gemessen. Der Index ist ein Teil des STOXX Europe 600 Index, der 600 der größten Aktien aus europäischen Ländern beinhaltet. Der Index wird vierteljährlich neu gewichtet. Hierbei werden dann die Bestandteile des Index aufgrund der Börsenkapitalisierung in Form der Free-Float-Basis gewichtet und gleichzeitig erfolgt eine Beschränkung durch eine Obergrenze. Das ETF-Fondsvermögen liegt aktuell bei knapp über 77 Millionen Euro. Die Gesamtkostenquote beträgt 0,46 Prozent pro Jahr.

Die aktuelle Ländergewichtung

Der stärkste Anteil liegt hier mit 65 Prozent in der Eurozone, gefolgt von Großbritannien mit 21 Prozent, dann Europa ohne die Eurozone mit knapp 14 Prozent.

Die 10 Toppositionen im Korb

Zu den Toppositionen gehören die Unternehmen Unibail-Rodamco-Westfield Frankreich mit einem Anteil von 13,5 Prozent; das Unternehmen Vonovia SE Deutschland mit einem Anteil von 13,09 Prozent, das Unternehmen Deutsche Wohnen SE Deutschland mit einem Anteil von 9 Prozent, das Unternehmen Segro PLC Großbritannien mit einem Anteil von 4,29 Prozent; das Unternehmen LEG Immobilien AG Deutschland mit einem Anteil von 4,01 Prozent, das Unternehmen Britisch Land Co PLC Großbritannien mit einem Anteil von 4 Prozent, das Unternehmen Klepierre

Frankreich mit einem Anteil von 3,95 Prozent und das Unternehmen Aroundtown SA Deuschland mit einem Anteil von 3,49 Prozent. Insgesamt gibt es 26 Positionen. Die 10 Toppositionen haben einen Anteil von 64 Prozent.

Die Wertentwicklung des ETFs p.a.

Die Wertentwicklung vom 01.01.2019 bis zum 01.02.2019 liegt bei 11,26 Prozent. Der Entwicklung in einem Jahr liegt bei 1,86 Prozent. In den letzten 3 Jahr ist der Wert um 2,64 Prozent pro Jahr angestiegen und in den letzten 5 Jahr beträgt der Anstieg pro Jahr 7,73 Prozent.

Zusammenfassung Aufbau individuelles Depot mit einer indirekten REIT-ETF Anlage

Oben sind jetzt 6 verschiedene Möglichkeiten vorgestellt worden. Hier kann dann auch eine entsprechende Diversifizierung dadurch vorgenommen werden, indem hier eine REIT ETF, der nur in Amerika anlegt, ein weltweit operierender REIT-ETF und eine Möglichkeit, die nur in Europa anlegt, in das individuelle Depot mit aufgenommen werden. Dadurch entsteht ebenfalls eine geografische vernünftige Streuung.

Der Vorteil gegenüber eine direkten REIT-Anlage besteht vor allen Dingen darin, dass die Verwaltungsgebühren für das Fondsmanagement wegfallen und somit die Kosten im Rahmen bleiben. Ebenfalls entfällt die persönliche und zum Teil sehr zeitaufwendige und schwierige Auswahl von Einzelwerten. Zusätzlich besteht hier auch für einen Kleinanleger die Möglichkeit, mit wenigen Mitteln zu diversifizieren, weil in einem solchen ETF ein kompletter Korb von REITs vorhanden ist.

Jederzeit besteht jedoch auch die Möglichkeit, die direkte Anlage in REITs mit einer indirekten Anlage in Form von REIT ETFs bei einem individuellen Portfolio zu kombinieren.

Erweiterung des individuellen Depots bei einer indirekten REIT-Anlage durch REIT Exchange Trade Notes (ETN)

Hierbei handelt es, wie bereits auf Seite 94 ausführlich beschrieben, um börsengehandelte Inhaberschuldverschreibungen, die die Entwicklung von einem hier zugrunde gelegten Index genau nachbilden. Der Anlagestil ist hier ebenfalls passiv. Dabei bildet der ETN genau den Index ab, in dem dann die REITs in Form eines Korbes gebündelt sind.

Um Unterschied zu den ETFs oder Investmentfonds handelt es sich hierbei (bei ETNs) nicht um Sondervermögen. Sondervermögen ist immer rechtlich vom Emittenten getrennt und gehört somit dem Anleger (es ist sein Eigentum entsprechend seiner Anteile) und fällt dann auch im Insolvenzfalle des Emittenten nicht in die Insolvenzmasse. Bei den ETNs dagegen sind die Sicherheiten sowie deren Art und Höhe immer Eigentum des Emittenten. Der Käufer eines REIT ETNs erwirbt somit nur eine Forderung von dem Emittenten in Form des entsprechenden Preises für den Basiswert.

Kandidat für die Beimischung im individuellen indirekten REIT-ETF-Depot

Credit Suisse X-Links Monthly Pay 2xLeveraged Mortgage REIT ETNs (Abkürzung MORL) (ISIN US90269A3023; aktueller Kurs 05.02.2019 14,04 Euro)

Mit Hilfe dieses ETNs partizipiert der Anleger überproportional an den prozentualen Bewegungen des hier zugrunde liegenden s MVIS Global Mortgage REITs Price-Return-Index. Für die wesentlich höhere Chance von guten Gewinnen muss jedoch der

Anleger hier das Risiko des Totalverlustes akzeptieren. Dieser ETN beinhaltet für den Anleger das Recht, einen bestimmten Basiswert zu einem bestimmten Preis zu einem bestimmten Termin oder davor zu kaufen oder zu verkaufen. Dabei wird der Preis aufgrund von sehr komplexen mathematischen Formeln berechnet. Dort werden dann neben dem Kurs des Basiswertes sowie die Zeit der Kaufes oder Verkaufes noch andere Einflussfaktoren, wie beispielsweise die Volatilität des Basiswertes, berücksichtigt.

Zum Totalverlust kann es kommen, wenn zum Zeit des Kaufes oder Verkaufes der Kurs des Basiswertes unter dem Basispreis oder bei einem Put oberhalb des Kurses vom Basiswert liegt.

Der hier vorgestellte Wert MORL zielt darauf ab, ungefähr 200 Prozent der monatlichen Renditen des Basiswertes zu erzielen. Der hier zugrunde liegende Index setzt sich aus einer breiten Basis aus dem Hypotheken-REIT-Segment zusammen. Hier kommt bei diesem MORL das Segment-Analy-Capital-Management zum Einsatz. Die Liquidität des Fonds ist gut und verfügt über ein hohes Tagesvolumen mit jedoch ziemlich breiten Spreads.

Die Wertentwicklung p.a.

Im laufenden Jahr vom 01.01.2019 bis zum 01.02.2019 gab es ein Plus von 20,72 Prozent. Wenn das komplette letzte Jahr zugrunde gelegt wird, betrug der Anstieg 35,30 Prozent. Beim 3-Jahresvergleich kommt man auf 32,67 Prozent pro Jahr und beim 5-Jahresvergleich beträgt der Anstieg pro Jahr 19,97 Prozent.

Die Einbeziehung von REITs-ETNs sollte jedoch nur als Beimischung verstanden werden, weil hier, wie mehrmals erwähnt, ein hohes Risiko des Wertverlustes vorhanden ist.

Beimischung von REITs-Werten (Einzelwerten oder REIT-ETFs) als konservative, aber gewinnträchtige Variante bei einem gemischten Depot

Der Traum eines jeden Anlegers, der ein gemischtes Depot aufbauen möchte, ist eine hohe Rendite bei geringem Risiko. Das funktioniert bei Aktien eigentlich normalerweise nicht. Denn eine Kapitalanlage, die hohe Erträge abwerfen soll, beinhaltet auch ein hohes Risiko und dies gilt auch umgekehrt.

Hierbei gibt es für den Depot-Aufbau jedoch eine Ausnahme, und zwar die Real Estate Investment Trust (Kurzbezeichnung REITs). Hier stecken börsennotierte Immobilien-Investment-Gesellschaften dahinter. Dabei liegt hier die Besonderheit in der steuerlichen Behandlung solcher Gesellschaften in den USA. Diese Unternehmen zahlen dort keine Körperschaftssteuer. Im Gegenzug müssen sie jedoch 90 Prozent ihrer Erträge, wie bereits mehrmals erwähnt, als Dividende an die Aktionäre ausschütten.

Somit erhält der Anleger hier nicht nur interessante Kursgewinne, sondern auch relativ hohe Dividendenrenditen. Diese stellen dann einen ungewöhnlich hohen Ertragsanteil dar und dieser lag in den letzten 10 Jahren durchschnittlich bei ungefähr 7 Prozent. Somit kann hier eine Gesamtrendite erreicht werden, die dann einer Anlage in den normalen Aktiendepots nahe kommt und das mit einem gegenüber einer normalen Aktienanlage vergleichbaren geringen Risiko. Wenn hier die letzten 20 Jahre zugrunde gelegt werden, liegt der Rendite-Durchschnitt pro Jahr im zweistelligen Bereich.

Somit eignen sich REITs direkt oder auch REIT-ETFs sehr gut für eine Depotbeimischung und dadurch wird ein Depot, das aus Aktien, Gold und anderen Anlageprodukten besteht, noch wesentlich stabiler.

Bei den REIT-ETFs–Fonds kommt dann noch hinzu, dass diese ihr Risiko in bereits diversifizierten Immobiliengesellschaften zusätzlich streuen. Der Anlageschwerpunkt liegt hier bei den Equity REITs, die dann ihre vorhandenen Mittel in attraktive Wohn- und Gewerbeimmobilien mit geografischen Schwerpunkten investieren. Dabei unterscheiden sich im Vergleich zu den anderen Branchenfonds die REIT-ETFS kaum in der Performance. Hier ist dann zusätzlich noch nochmals ein weiterer Stabilisierungspunkt für ein großes Komplett-Depot vorhanden. Einige REITS ETFs, die für eine solche Diversifikation bei einem Aktien-/Gold-Depot eventuell in Frage kommen, sind hier bereits ausführlich besprochen worden. Auch gibt es hier dann die Möglichkeit, den Depot-Anteil im REIT-Bereich wieder auf geografisch unterschiedliche REIT-ETFs (Verteilung Welt, Verteilung USA oder Verteilung Europa) nochmals zu verteilen, um dadurch auch hier eine Diversifikation noch zusätzlich zu erreichen.

Noch ein Vorteil im gemischten Gesamt-Depot – REITs reagieren antizyklisch

Gerade bei der Anlage in REITs oder REIT-ETFs sollte hier das Investment längerfristig gesehen werden. Das bedeutet einen Anlagehorizont von mindestens 5 Jahren. Der Grund liegt auch darin, dass sich REITs konjunkturellen Schwankungen nicht entziehen können. Auch die amerikanische Immobilienwirtschaft war zum Beispiel von den Terroranschlägen am 11.September 2001 betroffen. Damals reagierten die REITs wesentlich langsamer und auch antizyklisch. Das hängt auch mit einer längerfristigen Mietbindung über einen längeren Zeitraum zusammen. Auch wenn aktuell die Immobilienpreise sowie das Mietpreisniveau sinken sollten, so liegt dies immer noch über dem Stand vor 5 Jahren. Dadurch ist ein konstantes Wachstum gewährleistet. Damals bei den Terroranschlägen sind die REITs aus ihren Hotel-Engagements ausgestiegen und haben in Wohnimmobilien investiert.

Bei dem großen Aktien-Depot oder ein Depot mit verschiedenen Anlageklassen sollte zumindest ein Wert von 10 bis 15 Prozent in REITs oder REIT-ETFs anlegt werden. Das bringt dann eine zusätzliche Stabilität ins Depot.

Exkurs Immobilien- und Weltfinanzkrise 2008

Einführung

Unter der Immobilien- und Weltfinanzkrise versteht man die globale Banken- und Finanzkrise als ein Teil der Weltwirtschaftskrise ab 2007.

Die damalige Krise war unter anderem als Folgewirkung eines von Spekulation aufgeblähten Immobilienmarktes (die sog. Immobilienblase) in den USA hervor gegangen. Der Beginn der damaligen Krise wird am 09.08.2007 festgemacht. Der Grund liegt darin, dass am 09.08.2007 die Zinsen für Interbankenkredite sprunghaft angestiegen sind. Der Krisenhöhepunkt wurde mit dem Zusammenbruch der amerikanischen Großbank Lehman Brothers am 15.09.2008 erreicht.

In Folge des Zusammenbruchs von Lehmann Brothers wurden von einer größeren Anzahl von Staaten die Existenz großer Finanzdienstleistern durch umfangreiche Kapitalerhöhungen in Form von staatlichem Fremdkapital sowie durch Eigenkapital gesichert. Dabei sind einige Banken verstaatlicht worden. Danach wurden teilweise einige davon geschlossen. Durch diese Maßnahmen ist dann die bereits vorhandene hohe Staatsverschulung in vielen Staaten stark angestiegen und dies vor allen in den USA.

Von den Zentralbanken wurden die Leitzinsen niedrig gehalten und dann noch weiter gesenkt, um dadurch eine eventuell auftretende Kreditklemme abzumildern oder zu verhindern.

Trotz dieser Maßnahmen hat sich die Krise in Form von Unternehmenszusammenbrüchen und Produktionssenkungen auf die Realwirtschaft übertragen. Viele Unternehmen, wie zum Beispiel General Motors, mussten Insolvenz anmelden und die Mitarbeiter entlassen.

Der Internationale Währungsfonds (IWF) hat aufgrund der oben aufgeführten Entwicklung im Jahr 2009 eine Schätzung der weltweiten Wertpapierverluste in Folge der Krise über 4 Billionen US-Dollar abgegeben.

Im Jahr 2009 entstand dann in Folge davon die Eurokrise. Der Auslöser hierfür war im Oktober 2009 die damals neu gewählte Regierung in Griechenland, die bekanntgab, dass die Nettoneuverschuldung für 2009 nicht (wie von der Regierung davor angegeben) 6 Prozent des Brutto-Sozialprodukts, sondern mindestens das Doppelte (also 12 Prozent) beträgt.

Damit von europäischer Ebene aus hier einer solchen Entwicklung entgegen gewirkt werden kann, wurde im Jahr 2010 die Europäische Finanzstabilisierungsfazilität (EFSF) gegründet und 2011 der Europäische Stabilitätsmechanismus (EMS), um dadurch eine etwaige Staatinsolvenz zu vermeiden.

Auch heute noch mehr als 10 Jahre danach werden die Ursachen noch immer kontrovers diskutiert. Im Jahr 2011 nach Sichtung von einer Vielzahl von Beweismitteln sowie dem Verhör von beteiligten Personen hat die Financial Crisis Inquiry Commission (eingesetzt vom Kongress in den USA) einen Bericht über die Ursachen veröffentlicht. Dabei war nach Auffassung der Kommission für die Krise hauptsächlich die Immobilienblase (wurde dann noch durch die Niedrigzinspolitik begünstigt), die mangelnde Regulierung des Bankensektors und die nicht vorhandene Regulierung der Schattenbanken entscheidende Bausteine für die Entstehung der Krise und dessen Ausmaß.

Wie konnte es zu dieser Krise kommen?

Die Entstehung der Preisblase am US-Immobilienmarkt

In den USA kam es in den Jahren 1997 bis 2006 zu einer starken Immobilienpreiserhöhung und ab 2007 zu einem Preisverfall. Einer der Hauptindizes für Immobilien in den USA, der Case-Shiller National Home Price Index hat zwischen Ende der 90er Jahre und dem Höchststand 2006 einen sehr starken Anstieg verzeichnet.

Diese Blase wurde übersehen und es wurde von ihnen nicht einkalkuliert, dass die Immobilienpreise auch nicht über einen längeren Zeitraum sinken könnten. Hierbei war in den USA die Hauseigentümer-Quote vor der Immobilienkrise 1997 mit über 65 Prozent bereits relativ hoch. Diese Quote ist bis 2005 auf fast 69 Prozent angestiegen. Die Zahl der Eigenheimbesitzer stieg dagegen um fast 12 Prozent. Dabei war der Anstieg in den USA in den Westgebieten am stärksten und zwar bei Menschen unterhalb von 35 Jahren. Ebenso waren die Menschen mit einem unterdurchschnittlichen Einkommen (Afroamerikaner und Hispanics) daran beteiligt.

Die steigenden Immobilienpreise sorgten dafür, dass hier, wenn einmal eine falsche Entscheidung getroffen wurde, es nicht zu erheblichen Verlusten kam. Gleichzeitig stieg dann Schritt für Schritt auch die Bereitschaft von seitens der Kreditwirtschaft her riskante Kredite zu vergeben. Dabei half auch hier die über Jahre hinweg stattfindende Aufweichung der Kreditvergabestandards, die ebenfalls diese Verhaltensweise begünstigte.

Nachdem dieser Prozess über Jahre hinweg stattgefunden hat, folgte die Erkenntnis, dass eine Weiterführung dieser Vorgehensweise nicht mehr durchführbar ist und dadurch versiegte die Liquidität am Markt und eine Refinanzierung von vielen Fällen war nicht mehr möglich. Experten stellten her auch Parallelen zu den Immobilienblasen in Irland, Großbritannien und Spanien fest. Dabei war nach ihren Erkenntnissen in allen Fällen die dabei entstandene Preisblase die Ursache einer zu großen Schuldenanhäufung. Hierbei kam in den USA die noch unterlassene Regulierung von neuen Finanzprodukten mit hinzu, weil diese die Investitionen im Bereich der Preisblase noch vereinfacht und dadurch wesentlich zu der Situation beigetragen haben.

Die falsche Regulierung geht bereits zum Teil zurück auf Gesetzgebungen in den 30er Jahren des vergangenen Jahrhunderts.

Hypothekenbanken mit Staatsgarantien

Im Jahr 1933 wurde durch die Gesetzgebung der US-Regierung unter Präsident Roo beinhaltet sevelt das Bankensystem in seiner davor vorhandenen Form zerschlagen. Investmentbanken durften danach kein Privatkundengeschäft mehr durchführen und Privatkundenbanken wurde der Wertpapiereigenhandel untersagt. Dadurch war eine Stabilisierung der Geschäftsbereiche gegenseitig nicht mehr möglich. Die Kreise 2007/2008 hat auch in den schwankungsanfälligen Bereich des Investmentbanking ihren Anfang genommen.

Im Jahr 1938 wurde die Hypothekengesellschaft Federal National Mortgage Association (bekannt als Fannie Mae) gegründet. Dadurch sollte es ermöglicht werden, dass jeder Amerikaner sein Eigenheim erhält. Im Jahr 1970 wurde als Ergänzung zu Fannie Mae vom US-Kongress die Federal Home Loan Mortgage Corporation (bekannt als Fredie Mac) ins Leben gerufen. Auch diese Hypothekengesellschaft verfügte über staatlich ähnliche Garantien, die sich im Preis der Hypothekenzinsgestaltung bemerkbar machten und machen.

Beide Hypothekengesellschaften konnten sich aufgrund der Regierungsbürgschaft und einem höchstmöglichen Rating als Garantiegeber sehr günstig refinanzieren und dadurch Kredite zu besonders vorteilhaften Konditionen ausgeben.

Sowohl Fannie Mae als auch Fredie Mac vereinten 2007 die Hälfte des US-amerikanischen Hypothekenvolumens. Dabei mussten beide Organisation ihre Ausleihungen an Krediten lediglich mit 2,5 Prozent Eigenkapital hinterlegen (bei Geschäftsbanken liegt hier der Eigenkapitalsatz bei 10 Prozent).

Zwangsvergabe von Immobiliendarlehen

Im Jahr 1977 wurde vom US-Kongress der „Community Reinvestment Act (CRA) verabschiedet. Mit Hilfe dieses Bundesgesetztes sollte die bisherige Praxis der Anwendung von „Geoscoring“ beseitigt werden. Unter „Geoscoring“ werden die Messung des Ausfallrisikos und damit die Berechnung des Zinssatzes nach dem Wohngebiet des Antragsstellers bei einem Immobiliendarlehen verstanden. Ebenso wurden in den USA tätige Banken dazu verpflichtet, auch anteilig Hypothekendarlehen an nicht kreditwürdige Antragsteller zu vergeben. Dabei wurde die Quote der Immobilienkredite, die an Antragsteller mit einem niedrigerem Einkommen und schlechten Sicherheiten vergeben wurde, durch das „Community Reinvestment Act Rating“ (CRA-Rating) festgelegt. Die damalige Regierung unter US-Präsident Jimmy Carter versuchte hier Sozialpolitik über den privaten Finanzmarkt durchzuführen. Die dann für diese Maßnahme neu installierte Behörde, das Federal Financial Institutions Examination Council (FFIC) hatte die Aufgabe, die CRA-Ratings zu überwachen und deren Einhaltung zu gewährleisten. Dabei verfügt diese Behörde über ein sehr effektives Druckmittel dadurch, dass sie Bankinstitute, die sich nicht daran halten, vom Zugang zur Zentralbank abschneiden kann.

Eigenkapitalverzicht

Das oben beschriebene CRA-Rating wurde unter dem US-Präsident Bill Clinton verschärft. Clinton und später dann sein Nachfolger George W. Bush wollten damit bezwecken, dass mehr Amerikaner ihr eigenes Haus besitzen. Im Jahr 2003 trat dann deshalb der „American Dream Downplayment Act“ in Kraft. Durch dieses Gesetz wurde die Vergabe von Hypothekendarlehen ohne eigenes Eigenkapital des Schuldners befeuert und angeheizt. Deshalb erreichte im Jahr 2006 der Prozentsatz der Immobilien-Eigentümer knapp 70 Prozent der US-Haushalte (bisher lag er langjährig bei 62 Prozent). Die hier neu hinzu gekommenen 9 Millionen Haushalte bildete dann auch den Kern der Schuldner des dann später so berüchtigten „Subprime-Sektors“. In seiner Spitze hat dann dieser Bereich im Jahr 2006 aus ungefähr 10 Millionen Kreditkontrakte bestandem. Dabei entsprach dieses Segment mit einem Volumen von über 1 Billion US-Dollar 20 Prozent der gesamten Immobilienkredite in den USA.

Rating und Verbriefung

Aufgrund der obigen Ausführung nicht mehr steuerbaren Risiken bei der Kreditvergabe musste ein neuer Ansatzpunkt für die Handhabung gefunden werden. Dadurch entstand dann die Bündelung der Einzelkredite in Wertpapiere zur Streuung und Beherrschung von möglichen Ausfällen. Diese Wertpapiere wurden dann auch an ausländische Schuldner (auch an die deutschen Landesbanken als Beispiel) weiter verkauft.

Die Pioniere in diesen Geschäften in dem Sektor der Subprime-Kredite waren unter anderem die New Yorker Investmentbanken und die GSE. Dabei wurde bereits die erste mit Subprime-Krediten besicherte Anleihe im Jahr 1997 mit der bereits erwähnten Freddie Mac als Garantiegeber ausgegeben. Dieses Papier erhielt ein AAA-Rating und war somit regierungsamtlich. Das Oligopol für Ratings wurde von 3 Agenturen vergeben. Diese wurde von der US-amerikanischen Securities and Exchange Commission (SEC) festgelegt. Damit war für die Neu-Emissionen ein Rating entweder von Standard & Poor`s, Fitch oder Moody erforderlich. Bis heute dominieren diese drei Rating-Agentur auch weiter den Weltmarkt.

Zinsfestschreibungsverbot

Die Finanzkrise hat nicht ganz zufällig aufgrund des oben erwähnten Sachverhaltes mit den Zahlungsausfällen bei den NINJAs (No Income, No Job and Assets) begonnen. Im Unterschied zu Europa hat die US-amerikanische Finanzaufsicht den Banken verboten, die Hypothekenzinsen langfristig festzuschreiben. Diese Maßnahme (als verbraucherfreundlicher Akt gedacht) sollte dafür Sorge tragen, dass die Bankinstitute sinkende Zinsen an ihre Kunden weitergeben konnten. Dabei wurde jedoch der umgekehrte Fall von steigenden Zinsen erst gar nicht mit in die Betrachtungsweise einbezogen. Im Jahr 2006 stieg das Zinsniveau dann auf eine Höhe, die für viele NINJAs nicht mehr tragfähig war und dadurch wurde ein Flächenbrand ausgelöst. Die Vermögenswerte, die die Banken hier verloren, war ungefähr 6 Prozent und dies entsprach auch der Summe fast ihres kompletten Eigenkapitals.

Die falschen Kreditbewertungen der Ratingagenturen

Nach Ansicht der nach der Krise eingesetzten Financial Crisis Inquiry Commission und deren Sachverständige haben die Ratingagentur einen gewichtigen Anteil an der Finanzkrise. Diese verbrieften Subprime-Kredite wären ohne die falschen Top-Ratings nicht verkauft worden. Durch die Rating-Agenturen wurden Kredite mit einem F-Rating in Anlageprodukte als A-Rating eingestuft. Auch die Auswertungen von E-Mails von Standard & Poors-Mitarbeitern (eine der Rating-Agenturen) durch die Financial Crisis Inquiry Commission belegen, dass ein Teil der Mitarbeiter die kommende Krise voraus geahnt hat.

Gerade die Ratingagenturen haben in der letzten Dekade vor dem Ausbruch der Krise dazu beigetragen, dass die Anzahl der strukturierten Anlageprodukte dramatisch angestiegen ist. Dabei halfen sie gerade den Investmentbanken enorm, solche Wertpapierpools zu verkaufen. Hier wurde dann von den Rating-Agenturen auch das Vertrauen der Investoren missbraucht, die aufgrund des Investment-Grade der Wertpapiere davon ausgegangen sind, dass diese relativ sicher sind.

Am 14.Januar 2017 hat sich die US-amerikanische Ratingagentur „Moodys" im Rechtsstreit um getürkte Kreditbewertungen mit 21 Bundesstatten sowie dem US-Justizministerium darauf geeinigt und akzeptiert, dass sie eine Mitverantwortung an der weltweiten Finanzkrise 2008 trägt und von Moodys wurde eine Strafzahlung in Höhe von 864 Millionen US-Dollar akzeptiert.

Die Schattenbanken

Durch die Subprime-Falschbewertungen der Rating-Agenturen wurden ungefähr 7 Billionen US-Dollar Schulden umverteilt. Dies ist von den Zahlen her mit der Dotcom-Blase, durch die im Jahr 2000 mehr als 8 Billionen Us-Dollar Papiervermögen umverteilt wurden, vergleichbar. Die Finanzkrise 2007/2008 hatte jedoch schwerwiegendere Folgen als die damalige Dotcom-Krise.

Aufgrund der Ansicht von vielen Ökonomen sowie gemäß Aussage der Mitglieder der Financial Crisis Inquiry Commission wurden die Auswirkungen des Zerbersten der Immobilienblase aufgrund der damals vorhandenen strukturellen Schwäche der gesamten Finanzsystems in den USA erheblich verstärkt.

Durch die vorhandenen Gesetzeslücken in der Bankenregulierung war es beispielsweise möglich, Subprime-Kredite auf Schattenbanken zu übertragen und dadurch wurde die Bankenaufsicht umgangen. Wenn die Subprime-Kredite in den offiziellen Bankbilanzen geblieben wären, hätten die Banken aufgrund ihrer Pflicht zur Hinterlegung mit Eigenkapital wesentlich weniger Subprime-Kredite vergeben und somit war auch kein Anreiz vorhanden, die Bonität der Kreditnehmer zu überprüfen.

Bedingt dadurch, dass die Subprime-Kredite auf Schattenbanken übertragen wurden, war es hier nicht erforderlich, Eigenkapital zu hinterlegen. Dadurch konnte ein wesentlich größerer Leverage-Effekt entstehen. Auch Schattenbanken waren im Gegensatz zu den normalen offiziellen Banken auch nicht gezwungen, Zahlen zu veröffentlichen, durch die dann die Öffentlichkeit Rückschlüsse auf deren Risikopositionen zuließen. Diese Risikopositionen waren auch nicht unter der Überwachung der Bankenaufsicht und hier war auch keine Einlagensicherung vorhanden. Ebenso fühlte sich die amerikanische Zentralbank für diese Banken nicht als Kreditgeber zuständig. Dadurch kam es bei den Schattenbanken nach dem Platzen der Immobilienblase zu einem BankRun und es entstand eine Kreditklemme, wie ihn der normale Bankensektor seit der Weltwirtschaftskrise ab 1929 nicht mehr erlebt hatte.

Niedrige Zinssätze

Von seitens der amerikanischen Zentralbank FED wurde nach der geplatzten Dotcom-Blase im Jahr 2000 eine expansive Geldpolitik betrieben, um dadurch die US-Konjunktur zu beleben. Im Juni 2003 wurde von der amerikanischen Zentralbank die Federal Funds Rate stark gesenkt. Ab Mitte 2004 erfolgte eine Belebung der Konjunktur und die amerikanische Zentralbank begann, die Federal Funds Rate anzuheben. Dies wirkte sich jedoch auf die langfristigen Zinsen nicht aus.

Japanische sowie Chinesische Währungsinterventionen

Die Folge der niedrigen Zinsen in den USA hatte nicht zu einer Abwertung des US-Dollars geführt. Der Grund lag darin, dass Länder, wie u.a. China, gegen eine Währungsaufwertung ihrer Währungen durch die Lockerung der eigenen Geldpolitik intervenierten. Im Jahr 2007 wurden allein von China 460 Milliarden US-Dollar aufgekauft. Dabei stiegen dann die Währungsreserven von China und auch die von Japan, die eine vergleichbare Strategie wie China, verfolgten, auf jeweils 1 Billion US-Dollar. Deshalb haben dann Investoren unter anderem in Japan diese Strategie dafür genutzt, dort billige Kredite aufzunehmen und damit in anderen Wirtschaftsräumen (USA, Europa etc.) aufzukaufen. Ebenso wurde von den Zentralbanken aus die durch die Devisenmarktintervention entstandenen Währungsreserven in US-Staatsanleihen investiert. Dadurch entstanden dann geldpolitische Impulse für ein weltweites Kreditwachstum, das dann ebenfalls die Finanzkrise 2008 begünstigte.

Ein Teil der Sachverständigen des nach der Krise eingesetzten Financial Crisis Inquiry Commission sahen auch die sehr große Nachfrage der Chinesen und zum Teil auch der Ölstaaten nach US-Staatsanleihen als einen weiteren wesentlichen Grund für die Entstehung der Finanzkrise.

Ebenso suchten weltweit vorhandene Geldvermögen nach Rendite an den Finanzmärkten und dies führten auch zur Unterschätzung der mit den Krediten verbundenen Risiken (hier wird dann auch von dem Fachbegriff der „Sparschwemme" gesprochen).

Der Verlauf und die Folgen der Immobilien- und Weltfinanzkrise 2008

Ausweitung der Kreditvergabe

Aufgrund der steigenden Nachfrage nach Häusern und Wohnungen sind in den USA auch die Preise der Immobilien gestiegen und somit auch der Wert der Immobilien in Form als Kreditsicherheit. Wenn die Preise für die Immobilien immer weiter steigen, hätte dann auch im Falle der Zahlungsunfähigkeit des Immobilieninhabers die Immobilie dadurch zu einem höheren Marktwert verkauft werden können. Vom Bankenbereich aus in den USA wurde diese Entwicklung dazu genutzt, um den Schuldnern hier weitere Kredite zu verkaufen. Ebenso erhielt auch ein großer Kundenkreis mit einer schlechten Bonität Kredite. Dabei waren die Banken bei steigenden Immobilienpreisen durch die vorhandenen Immobilien abgesichert. Zusätzlich glaubten die Schuldner ebenfalls daran, im Notfall ihre Immobilie mit Gewinn verkaufen zu können.

Auch gab es in den USA einige Banken, die sich auf „Subprime Loans" (zweitklassige Hypothekenkredite) oder „NINJA"-Kredite (Kredite für no income, no job or assets) konzentrierten. Erst später sollte dann durch den hierbei erlassenen „Dodd-Frank-Act" diese Art der missbräuchlichen Kreditvergabe eingedämmt werden.

Durch diese Art der Vorgehensweise entstand eine Art Immobilienhaussee, die wiederum zur Belebung der Bauindustrie und auch der Konsumnachfrage führte. Im Jahr 2005 war die Höhe von Wohnungsbauinvestitionen in den USA auf einem Höchstwert von über 6 Prozent am „Bruttoinlandsprodukt" ansgestiegen. Hierbei wurde erstmalig der Rekordwert aus dem Jahr 1960 überboten. Im Vergleich dazu lag dieser Anteil 1991 bei 3,5 Prozent als Tiefpunkt. Ebenso ging dann nach 2005 dieser Anteil wieder zurück.

Dabei hatte die extreme Ausweitung der Kreditvergabe auf Schuldner mit einer sehr schlechten Bonität 2 wichtige Gründe.

Die Kreditgeber hingen dem Glauben nach, ständig steigende Immobilienpreise zu erleben. Aus diesem Grund war dann zum Teil es auch unerheblich, ob die Nehmer des Kredits überhaupt in der Lage waren, die Kreditzahlungen umzusetzen. Wenn keine Kreditabzahlungen mehr erfolgten, bestand auf der einen Seite die Möglichkeit, den gestiegenen Immobilienwert für einen zusätzlichen Hypothekenkredit zu verwenden und auf der anderen Seite die Immobilie mit Gewinn zu verkaufen und damit die Hypothek zu begleichen.

Der 2. Grund war, dass die größte Zahl der Subprime-Kredite weiter verkauft wurden. Somit wurden die Risiken weiter geben. Das Risiko trug somit der Käufer der Subprime-Kredite und nicht der ursprüngliche Kreditgeber.

Die Weitergabe und Verbreitung der Subprime-Kredite

Die Verbreitung der Subprime-Kredite war ein gewichtiger Grund, dass diese Krise ein solches Ausmaß angenommen hat. Die Banken unterlagen den bankaufsichtlichen Eigenkapital-Regeln. Wenn die Banken, wie bereits erwähnt, die Subprime-Kredite behalten hätten, wäre es erforderlich gewesen, einen Teil ihres Eigenkapitals hier zu hinterlegen (man spricht hier auch von der Kernkapitalquote). Dadurch wäre dann die Anzahl der Subprime-Kredite, die von den Banken vergeben worden wären, wesentlich geringer ausgefallen und ebenso wären die Regeln zur Überprüfung der Bonität der Kreditnehmer wesentlich strenger ausgefallen.

Im Gegenteil wurden die zu 100 Prozent aus Subprime-Krediten bestehenden Wertpapiere mit Hilfe der Ratingagenturen durch eine Strukturierung in zu über 90 Prozent nach außen erscheinenden erstklassigen Wertanlagen umgewandelt. Aufgrund dieser vorgenommen Strukturierung konnten hier auch drittklassige US-Hypothekenkredite an Versicherungen oder Banken und deren Kunden in den USA und im Ausland verbreitet werden.

Die Verbriefungen in den USA

Hier wurde zwischen einer direkten Verbriefung von US-Hypothekenkrediten und Verbriefungen zweiter Stufe unterschieden.

Direkte Verbriefung von US-Hypotheken

Eine Zweckgesellschaft (damals die sog. Schattenbanken) hat der Mutterbank ein Portfolio abgekauft, in dem nur Subprime-Kredite enthalten waren. Dabei wurden dann die Tilgungs- und Zinszahlungen der Hypothekenschuldner als eine strukturierte Anlageform in Form von CDOs (Callateralized Debt Obligations) in verschiedenen Tranchen verkauft. Hierbei waren die Tranchen so aufgebaut, dass sämtliche Ausfälle von Zahlungen zunächst zu Lasten der Equity-Tranche (der Tranche, der zunächst die Verluste zugerechnet werden) gingen. Wenn dann über die Equity-Tranche hinausgehende Ausfälle anfallen sollten, ging dies dann zu Lasten der Mezzanine-Tranche (Tranche 2. Grades). Die Senior-Tranche (die Tranche mit weniger Risiko und auch mit

weniger Verzinsung) würde dann vom Ausfall nur betroffen sein, wenn sowohl die Equity- als auch die Mezzanine-Tranche einen Totalausfall erlitten haben.

Damit diese CDOs verkauft werden konnten, wurden diese Verbriefungen von Ratingagenturen in Bezug auf ihre Bonität beurteilt. Die hier mit der Verbriefung beauftragten Banken arbeiteten eng mit den Ratingagenturen zusammen, mit dem Ziel, die Verbriefung so zu strukturieren, um dadurch sehr große Tranchen mit einem guten Rating zu erhalten.

Die Daten, die hier für die Risikoeinschätzung von den Ratingagenturen zugrunde gelegt wurden, waren solche Daten, die nur wenige Jahre in die Vergangenheit reichten und somit nur die Situation in der Hochphase der Immobilienblase abdeckten. Somit wurde auf der Grundlage dieser Daten eine Zusammensetzung aus Subprime-Krediten zu 80 Prozent der Senior-Tranche(die am wenigsten risikoreiche Tranche) zugewiesen und dort wurde dann das Rating AAA vergeben (also ein Rating mit einem vernachlässigbaren Ausfallrisiko).

Verbriefung der zweiten Stufe

In einem zusätzlichen Schritt sind dann die minderwertigen CDO-Tranchen (Equity- und Mezzanine-Tranchen) nochmals in Zweckgesellschaften (also Schattenbanken) eingebracht worden und daraus entstanden dann Strukturierungen von CDO-Verbriefungen der zweiten Stufe. Dadurch war es möglich, eine Zusammensetzung mit einem schlechten Rating mit Hilfe der Ratingagenturen diese in CDOs mit einem erstklassigen AAA-Rating zu verwandeln.

Verbriefungen in Europa

Gerade die Verbriefungen der zweiten Stufe waren für die europäischen Banken eine gute Möglichkeit, an dem mit starken Provisionen ausgestattetem Verbriefungsgeschäft teilzunehmen. In Europa hatten die Banken keinen vernünftigen Zugang zu amerikanischen Hypothekenkrediten. Deshalb wurde hier auf die CDOs zurückgegriffen, diese wurden in Pakete gebündelt und in zweiter Stufe wiederum verbrieft. Um auch in Europa bankaufsichtsrechtliche Regeln zur Absicherung durch Eigenkapital sowie die Regeln der Risikostreuung zu umgehen, wurden die strukturierten sowie längerfristigen Hypothekenkredite mit Hilfe eines Conduit (separate Finanzierungsstruktur für Verbriefungen) auf einer der jeweiligen Bank gehörende Zweckgesellschaft (sogenannte Schattenbank) übertragen. Diese Zweckgesellschaften tätigen bankenähnliche Geschäfte, unterliegen jedoch keiner Bankenregulierung.

Mit Hilfe dieser Zweckgesellschaften wurde der Kauf durch die Ausgabe von „Commercial Papers“ (unbesicherte kurzfristige Inhaberschuldverschreibungen) finanziert. Durch diese Commercial Papers konnte Kapital von kurzfristig gebundenen Kapitalgebern (dazu gehörten zum Beispiel auch Geldmarktfonds) reingeholt werden.

Weil jedoch diese kurzfristige Laufzeit dadurch gefährlich wurde, dass sie bei Fälligkeit keine Anschlussrefinanzierung erhält, wurden von den Mutterhäusern Garantien mit Hilfe von Liquiditätslinien bereitgestellt, die dann den Inhaber dieser Commercial Papers bei Fälligkeit der Papiere von Verlusten schützten. Solche Garantien wurden dann in rollierender Form mit einer 364-Tage-Laufzeit zur Verfügung gestellt, weil auch die bankaufsichtlichen Regeln damals und vor der Inkraftsetzung von Basel II solche außerbilanziellen Verpflichtungen mit einer Laufzeit unterhalb von einem Jahr nicht vorsahen, diese mit Eigenkapital zu hinterlegen.

Hier konnten somit Erträge entstehen, ohne dass dabei Eigenkapital dafür in Anspruch genommen wurde. Nach der Finanzkrise 2007/2008 war niemand mehr bereit, solche Commercial Papers von diesen Zweckgesellschaften (Schattenbanken) zu kaufen. Strukturierte Hypothekenkredite konnten ebenfalls nicht mehr verkauft werden. Von den Zweckgesellschaften wurden die Liquiditätslinien der Mutterbanken in Anspruch genommen. Die Mutterbanken mussten dann in Folge davon wegen der mangelnden Solvenz der Schattenbanken diese Kredite abschreiben (als Beispiel LB Sachen oder IKB Deutsche Industriebank).

Die Rolle der deutschen Landesbanken

Die unrühmliche Rolle der deutschen Landesbanken sollte hier nochmals separat beleuchtet werden. Die Landesbanken, wie zum Beispiel die NordLB, die BayernLB, die West LB oder die SachsenLB, waren und sind gemeinsames Eigentum von Landesregierungen und Sparkassen. Deshalb verfügen sie auch, im Unterschied zu den US-amerikanischen Varianten,über eine Gewährträgerhaftung (eine ausdrückliche Staatsgarantie). Dies wurde zwar von der EU-Kommission verboten, jedoch gab es für den Verlust der Gewährträgerhaftung eine lange Übergangsfrist. Diese Chance ließen sich die Landesbanken nicht entgehen. Deshalb wurde damals in einem sehr großen Stil in dreifach-A bewertete Verbriefungen in die US-amerikanischen-Subprime-Hypotheken investiert und daraus entstand dann das unrühmliche Desaster, die dann die Landesbanken zu einer Fusion oder zur Auflösung nach der Finanzkrise zwangen.

Die durch die Subprime-Kredite entstandenen Zahlungsausfälle

Die in den USA ab ungefähr 2005 einsetzende wirtschaftliche Abschwächung mit sinkenden Wachstumsraten bei der Arbeitsproduktivität in Amerika und anderen Ländern sowie der spätere Anstieg des US-Leitzinses durch die Zentralbank auf bis zu 5,25 Prozent Mitte 2006 löste dann eine Art Kettenreaktion aus.

Die einkommensschwachen Schuldner waren aufgrund der gestiegenen Raten für ihre variabel verzinsten Kredite nicht mehr in der Lage, diese zu bedienen und somit mussten sie ihre Häuser verkaufen. Die dann drastisch zunehmenden Immobilienverkäufe brachten die Hauspreise zum Einsturz und durch die fallenden Immobilienwerte hatte sowohl die Banken als auch die Investoren dadurch eine Anhäufung von ungesicherten Kreditforderungen. Durch die Zahlungsunfähigkeit der Schuldner entstanden nun bei den Banken sowie den Investoren Verluste.

Im Frühjahr 2007 erreichte in den USA die Zahlungsausfälle im Zusammenhang mit den Subprime-Krediten den höchsten Stand der letzten Jahre. Auch einige Immobilienfonds, die in diese strukturieren Finanzprodukte investiert hatten, setzten die Rückzahlung von Fondsanteilen aus, weil sie sonst in enorme finanzielle Schwierigkeiten gekommen wären.
Wie verheerend die Situation damals war, zeigt sich an den Hedgefonds von Bear Seams. Der Wert lag Ende 2006 noch bei 1,5 Milliarden US-Dollar und im Juni 2007 waren diese Hedgefonds fast nichts mehr Wert. Die Situation führte auch dazu, dass Dutzende von Baufinanzierer, die sich auf diese strukturieren Kredite konzentriert haben, Gläubigerschutz beantragen mussten.

Vom Internationalen Währungsfonds wurde im Oktober 2008 der Wertverfall aufgrund von Subprime-Hypotheken auf 500 Milliarden und aufgrund von den Prime-Hypotheken auf zusätzliche 80 Milliarden Dollar geschätzt.

Die Folgen für die Finanzmärkte

Die hier bei den Subprime-Krediten und den strukturieren Verbriefungen entstandenen Wertverluste wurden in die Bankbilanzen übertragen und dadurch wurde das Eigenkapital der Banken gemindert. Damit die Banken die Regulierungsanforderungen und dadurch deren Eigenkapitalvorschriften erfüllen und oder wenigstens das Verhältnis von Eigenkapital zu den Forderungen stabil halten konnten, waren sie gezwungen, auf der einen Seite neues Eigenkapital zu beschaffen oder andere Vermögenswerte zu verkaufen, was wieder zur Preissenkung der anderen Vermögenswerte führte. Hier setzte dann das sogenannte Deleveraging (Vorgang der Aufnahme von Eigenkapital zum Zweck der Veränderung von Fremdkapital) ein. Dadurch mussten die Banken aufgrund der Wertverluste ihrer Forderungen ein Vielfaches von den vorhandenen Vermögenswerten abstoßen, um dadurch wiederum das alte Verhältnis von Forderungsvolumen und Eigenkapital wieder herzustellen. Dieser Vorgang führte dann zur Implosion des Finanzsystem, das dann seit August 2007 stattfand.

Unter den Investoren für diese strukturieren Verbriefungen waren hier nicht nur risikobereite Hedgefonds mit dabei, sondern auch konservative Investmentfonds. Die Hedgefonds hatten jedoch aufgrund der dort vorhandenen erhöhten Rendite in die stark risikobehafteten Wertpapiertranchen investiert. Die Folge davon waren dann die teilweise Schließung und Abwicklung dieser Hedgefonds.

Davon waren jedoch auch Investmentbanken betroffen. Die Risikobereitschaft der

Anlege nahm aufgrund der Hedgefonds-Schließungen und den Verlusten bei den Investmentbanken erheblich ab. Hier wurden dann in sehr kurzer Zeit erhebliche Summen aus dem Kapitalmarkt abgezogen. Ebenso minimierten sich die neuen Investitionen in risikoreichere Anlagen.

Die einsetzende Risikozurückhaltung der Investoren sorgte dafür, dass die Refinanzierung der von den Banken ins Leben gerufenen Zweckgesellschaften (also Schattenbanken) zum Erliegen kam. Die Krise wurde dadurch ausgelöst, dass ab Juli 2007 die Commercial Papers-Inhaber nicht mehr bereit waren, nach deren Fälligkeit diese neu zu kaufen. Dadurch erfolgte keine Verlängerung der kurzfristigen Kredite. Die Zweckgesellschaften konnten die strukturierten Wertpapiere nicht mehr weiter verkaufen, weil hierfür es keine Käufer mehr gab. Die Zweckgesellschaften (Schattenbanken) mussten jetzt auf die Kreditzusagen der Banken zurückkommen. Somit begann dann die Phase I der Finanzkrise.

Das komplette Schattenbankensystem (durch die Verschiebung der Verbriefungen in die Schattenbanken; Verkauf der Verbriefungen mit einer Rückkaufvereinbarung usw.) war sehr unübersichtlich geworden. Deshalb konnte zunächst keiner das komplette Ausmaß der Krise einschätzen. Dadurch entstand eine Art Vertrauenskrise zwischen den einzelnen Banken. Dies spiegelte sich aus durch den Anstieg der Geldmarktzinsen wieder.

Am 9. August 2007 (dieses Datum wird auch als Beginn der eigentlichen Finanzkrise angesehen) kam es zu erheblichen Aufschlägen für Interbankkredite im Vergleich zum Zentralbankzins weltweit und vor allem in den USA.

Mit der Insolvenz von Lehman Brothers am 15.09.2008 (wurde nicht vom Staat gerettet), kam der komplette Interbankenmarkt zum Erliegen. Dabei wurde dann von den einzelnen Banken die überschüssige Liquidität nicht mehr bei den anderen Banken, sondern bei der Zentralbank angelegt. Damit begann dann die Phase II der Finanzkrise.

Durch diese oben erwähnten Probleme stieg die Staatsverschuldung vieler Staaten weiter an. Dazu gehörten auch Gegenmaßnahmen zur Stabilisierung der Banken und die Auflegung von Konjunkturprogrammen durch die Staaten (hier spricht man dann von der Phase III der Finanzkrise). Gegenüber den deutschen Bundesanleihen stiegen die Risikoaufschläge von verschiedenen europäischen Staaten. Dabei waren mehrere Staaten der Eurozone nur mit Hilfe von internationalen Hilfskrediten in der Lage, ihre Zahlungsfähigkeit aufrecht zu erhalten (die sog. Eurokrise).

Durch den Europäischen Stabilisierungsmechanismus entstand ein gemeinsames Kreditpaket der EU-Euroländer und des IWF mit einem Gesamtbetrag von 750 Milliarden Euro. Ebenso wurde von der EZB (Europäische Zentralbank) angekündigt, im Notfall Staatsanleihen der Euro-Länder aufzukaufen und dadurch wurde auch dazu beigetragen, die Risikoaufschläge zu normalisieren.

Die Folgewirkungen der Finanzkrise auf die Realwirtschaft

Im April 2009 wurden vom IWF die Gesamtverluste durch die Finanzkrise auf 4,1 Billionen US-Dollar (umgerechnet ungefähr 3 Billionen Euro) geschätzt. Die Verluste durch die verbrieften und somit auch „vergifteten" US-Papier lagen bei etwa 2,7 Billionen US-Dollar, die Verluste aus europäischen Papieren wurden mit ungefähr 1,2 Billionen US-Dollar angegeben. In Japan betrug der Schaden ungefähr 150 Milliarden US-Dollar.

Bereits im August 2009 wurde ebenfalls vom IWF eine Kalkulation mit 11,9 Billionen US-Dollar veröffentlicht. Dies entspricht fast einer Verdreifachung der Zahlen aus dem April 2009. Auch Studien von deutschen Banken bezifferte die Minderung des

Welt-Bruttosozialproduktes aufgrund der Krise auf ungefähr 4 Billionen US-Dollar.

Im Jahr 2008 ist die Finanzkrise auch in der Realwirtschaft angekommen. Die konjunkturellen Negativ-Effekte gab es zunächst in den USA, dann in Westeuropa sowie in Japan und dann ab Herbst 2008 auf der ganzen Welt. Als Folgewirkung davon sind die Aktienkurse ab Oktober 2008 weltweit nach einem ersten Einbruch zum zweiten Mal stark eingebrochen. Der Grund war die Angst vor den Auswirkungen auf die Realwirtschaft.

Zu Beginn des 4. Quartals 2008 kam es auch zu starken Preisrückgängen an den Rohstoffmärkten.

Ende Oktober/Anfang November 2008 wurden von vielen Automobilherstellern in den westlichen Industrieländern deutliche Produktionskürzungen angekündigt, um dadurch auf Einbrüche beim Absatz in einer zweistelligen Größenordnung zu reagieren. Auch nach den Berechnungen des Statistischen Bundesamts hat sich Deutschland nach 2 Quartalen mit negativen Wachstumsraten gegenüber den Vorjahresquartalen im Zeitraum von Oktober 2008 bis zum 2. Quartal 2009 in einen starken Rezession befunden. Die Statistiken von Eurostaat stellten ebenfalls fest, dass die Industrieproduktion in der Eurozone vom Frühjahr 2008 bis zum Frühjahr 2009 um mehr als 20 Prozent zurückgegangen war. Diesen Rückgang bei der Industrieproduktion ist mit dem ersten Jahr der Weltwirtschaftskrise 1930, die damals Deutschland und auch die USA betraf, vergleichbar.

Die Finanzkrise hatte dann in der Folge davon auch deutliche Auswirkungen auf die Fähigkeit der Unternehmen, für die Zukunft Prognosen abzugeben. Da niemand genau wusste, wie sich die Märkte nach diesem Schock weiter entwickeln würden, hatten viele börsennotierte Unternehmen große Probleme, die Lageberichte für das kommende Geschäftsjahr zu formulieren. Die börsennotierten Unternehmen sind nach § 289 HGB dazu verpflichtet, in einem Lagebericht entsprechende Prognosen für das kommende Geschäftsjahr abzugeben.

Viele dieser Unternehmen mussten hier eine Art Gratwanderung durchführen. Dabei mussten sie auf der einen Seite eine Prognose abgeben, um die Anleger aufgrund der rechtlichen Vorschriften zu informieren und auf der anderen Seite war es sehr schwierig, in einem solchen Marktumfeld hier quantitative Ziele in Zahlen anzugeben.

Dies war dann auch die Geburtsstunde hin zu verschiedenen Prognosen, die dann auf unterschiedlichen Szenarien beruhten und somit wurden auch mehr die quantitativen Ziele nach den einzelnen Szenarien ausgerichtet. Der Kapitalmarkt hat auch dann damals die Angabe von größeren Spannen von bis zu 20 Prozent zugestanden.

Die Auswirkung der Finanzkrise auf die Hungerkrise

Einige Experten und Forscher gehen davon aus, dass die Nahrungsmittelpreiskrise aus den Jahren 2007 und 2008 mit der globalen Finanzkrise in Verbindung steht. Dabei wird von den Experten und Forschern davon ausgegangen, dass es in der Folgewirkung der Finanzkrise zu einem verstärkten Wechsel in Richtung Grundnahrungsmittelspekulationen gekommen ist. Deshalb gehen Organisationen, wie Oxfam, die Welthungerhilfe und einzelne Personen der Weltbank und UNCTAD davon aus, das die Hungerkrise aufgrund der Spekulationsgeschäfte mit Nahrungsmitteln entstanden ist. Teile aus diesem Expertenbereich haben jedoch zum Teil dieser These widersprochen.

Im Jahr 2009 teilte die FAO mit, dass seit Ausbruch der Krise die Anzahl der weltweit hungernden Menschen um 100 Millionen Menschen gestiegen ist (Gesamtzahl 1 Milliarde). Hier wurden auch als Gründe die Finanz- und Weltwirtschaftskrise sowie die hohen Nahrungsmittelpreise für den Anstieg angegeben.

Die Gesamtauswirkungen auf die reale Wirtschaft weltweit nochmals zusammengefasst

Durch die Finanzkrise ist es fast auf der ganzen Welt zu einem deutlich abgeschwächten Wirtschaftswachstum bis hin zur Rezession gekommen. Bei den wirtschaftlich entwickelten Staaten ist nach Angaben des IWF im Jahr 2009 das reale Bruttosozialprodukt (BIP) zum ersten Mal nach dem Zweiten Weltkrieg geschrumpft und zwar nach den Angaben des IWF um 3,4 Prozent im Vergleich zum Vorjahr. Dabei lag das Wachstum des realen BIP im Jahr 2009 in 161 Statten unterhalb des Wertes von 2007. In nur ungefähr 30 Statten ist das BIP höher als 2007 im Jahr 2009 ausgefallen. Dazu gehörten in erster Linie Staaten, die nicht stark in den Weltmarkt integriert waren und zusätzlich im Jahr 2007 einen relativ niedriges BIP pro Einwohner hatten. Das Wachstum beim realen BIP lag 2007 bei 147 Staaten bei 3,0 Prozent oder mehr und im Jahr 2009 hatte dieses Wachstum nur 61 Staaten erreicht. Darin sieht man, welche Auswirkungen diese Krise in Bezug auf das Wirtschaftswachstum hatten.

Auch bei dem globalen Welthandel kam es zu großen Einschnitten und zu dem stärksten Rückgang seit dem Jahr 1950. Dabei verringerte sich der reale Warenexport zwischen den Jahren 2008 und 2009 um mehr als 12 Prozent. Dieser Rückgang wurde jedoch bereits 2009/2010 wieder ausgeglichen, weil zwischen den Jahren 2009 und 2010 der reale Warenexport um 14 Prozent (überdurchschnittlich) wieder zugenommen hatte. In den Jahren von 2010 und 2017 gab es einen weiteren Anstieg um fast 23 Prozent und somit war die Delle von 2008 und 2009 mehr als ausgeglichen.

Die durchschnittliche Umschlagshäufigkeit des Aktienhandels an den weltweiten Aktienmärkten hat sich von 2007 auf 2008 mehr als verdoppelt. Der Aktienhandel ist hierbei von knapp über 100 auf über 120 Billionen US-Dollar angewachsen. Dagegen hat sich die Marktkapitalisierung drastisch von fast 61 Billionen US-Dollar auf oberhalb von 32 Billionen US-Dollar reduziert. Im Jahr 2009 verlief dann die Entwicklung der Finanzmärkte schon etwas ruhiger, als dies im Vorjahr 2008 der Fall war. Im Jahr 2009 stieg dann die Marktkapitalisierung auf 47 Billionen US-Dollar und der Wert ist dann bis 2017 auf über 85 Billionen US-Dollar angestiegen. Ebenso entwickelte sich dann der Aktienhandel ruhiger und reduzierte sich 2009 auf 89 Billionen US-Dollar. Im Jahr 2017 lag der Wert knapp oberhalb von 117 Billionen US-Dollar.

Innerhalb der Eurozone haben sich die öffentlichen Schulden während und als Folgewirkung der Finanzkrise stark erhöht. In den Jahren 1996 - 2007 hat sich der Schuldenstand verringert und in den Jahren 2007 sowie 2008 erfolgte ein leichter Anstieg von 57,5 bis knapp 61 Prozent des BIP. Im Jahr 2009 stieg dann er entsprechende Wert auf über 73 Prozent und im Jahr 2010 auf fast 79 Prozent. In den Jahren zwischen 2010 sowie 2014 stieg der Schuldenstand innerhalb der Eurozone vier Mal hintereinander auf mehr als 86 Prozent des BIP und ging dann bis 2017 wieder auf unter 77 Prozent zurück.

Ebenso war der Arbeitsmarkt innerhalb der EU durch die Finanzkrise erheblich betroffen. In den Jahren von 2004 und 2008 wurde die Arbeitslosenquote in der EU mehrmals reduziert und sank von 9,3 auf 7,0 Prozent. Diese positive Entwicklung wurde durch die Krise schnell beendet. Im Jahr 2009 stieg die Arbeitslosenquote wieder auf 9 Prozent und dann weiter auf fast 11 Prozent im Jahr 2013 Jahr. Danach erfolgte aber wiederum eine Senkung der Arbeitslosenquote und lag dann im Jahr 2017 bei 7,6 Prozent.

Die ab 2007/2008 getroffenen Gegenmaßnahmen

Die Zentralbanken

Von der Europäischen Zentralbank (EZB) wurde ab Dezember 2007 in Absprache mit der US-amerikanischen Zentralbank (Federal Reserve - abgekürzt FED) den Banken US-Dollar zur Verfügung gestellt und dafür auf Euro laufende Wertpapier als Sicherheit angenommen, um dadurch auf dem Geldmarkt eine Entspannung herbei zu führen. Dadurch wurden von der EZB die Wechselkursrisiken der privaten Banken übernommen.

Bis zum 11.12.2007 wurde von der US-Zentralbank Federal Reserve seit September 2007 der Leitzins 3 Mal gesenkt. Am 12.12.2007 verkündeten dann in einer konzertierten Aktion 5 Zentralbanken weitere Maßnahmen, um dadurch den Druck, der damals an den kurzfristigen Finanzierungsmärkten vorhanden war, entgegen zu wirken. Dabei wurde unter anderem von der Federal Reserve in einem Tauschgeschäft (ein sogenanntes Swap-Geschäft) der Europäischen Zentralbank (EZB) 20 Mrd. US-Dollar und der Schweizerischen Nationalbank 4 Mrd. US-Dollar geliehen, um der damals vorhandenen Dollarknappheit in den europäischen Staaten entgegen zu wirken.

Dann wurde am 18.09.2008 von den Zentralbanken weltweit mehr als 180 Milliarden US-Dollar angeboten, um dadurch die gerade nach der Pleite von Lehmann Brothers entstandenen Spannungen auf dem Geldmarkt zu verringern. Hierbei konnten bei der Europäischen Zentralbank (EZB) die Banken bis zu 40 Milliarden US-Dollar an einem Tag aufnehmen.

Im Oktober 2008 wurden dann in einer gemeinsamen Aktion von 7 der führenden Notenbanken, darunter die Federal Reserve (FED), die Europäische Zentralbank (EZB), die Schweizerische Nationalbank (SNB) und die Bank of England (BoE), weltweit die Leitzinsen gesenkt. Danach erfolgen weitere Senkungen der Zinsen, die dann die Leitzinsen auf ein seit Jahrzehnten nicht mehr dagewesenes niedriges Niveau brachten. Zum Teil wurden hier historische Tiefstände erreicht.

Im April 2009 wurde von der Europäischen Zentralbank eine Swap-Linie in einer Größenordnung von 80 Milliarden US-Dollar in Euro bereit gestellt. Von der britischen Notenbank waren es 60 Milliarden Pfund und von der Schweizer Nationalbank 40 Milliarden Franken sowie von der japanischen Zentralbank 10 Billionen Yen. Dadurch konnten die amerikanischen Banken über die amerikanische Zentralbank (FED) auf Kredite in Auslandwährungen zugreifen. Diese Maßnahme hatte die von der FED eingeleiteten Maßnahmen vom 18.09.2008 (siehe oben geschildert) in umgekehrter Richtung ergänzt.

Im November 2011 haben verschiedene Notenbanken, darunter die US-Notenbank Federal Reserve, die Europäische Zentralbank (EZB) und auch die Schweizerische Nationalbank den Finanzmärkten global mehr Geld zur Verfügung gestellt, um dadurch die Schuldenkrise einzudämmen und eine Stützung der Realwirtschaft vorzunehmen. Die Zentralbanken haben sich darauf verständigt, die Kosten für die vorhandenen Dollar-Swaps ab dem 5.12.2011 um 50 Basispunkte zu senken. Ebenso wurden Tauschgeschäfte vereinbart, um dadurch den Banken jederzeit die erforderliche Währung bereitzustellen. Dadurch wurde den Geschäftsbanken garantiert, dass diese auch in anderen Währungen Liquidität zur Verfügung haben. Ebenfalls hat die chinesische Zentralbank ihre Geldpolitik gelockert.

Im Oktober 2013 wurden von der US-amerikanischen Federal Reserve (FED), der Europäischen Zentralbank (EZB), der Bank von Kanada, der Bank von England, der Bank von Japan und der Schweizerischen Nationalbank angekündigt, das oben beschriebene Swap-Abkommen für immer bis auf Weiteres beizubehalten.

Die Konjunkturprogramme

Nach der Finanzkrise wurden von vielen Ländern umfangreiche Konjunkturprogramme aufgelegt und Finanzmarktstabilisierungsgesetze auf den Weg gebracht. In den USA waren es dabei die Economic Stimulus Art of 2008 (Größenumfang 150 Milliarden US-Dollar), der Emergency Economic Stabilization Art of 2008 (Umfang 700 Milliarden US-Dollar) sowie der American Recovery and Reininvestement Act of .2009 (Umfang 787 Milliarden US-Dollar).

In Deutschland war es das Finanzmarktstabilisierungsgesetz (Umfang 400 Milliarden Euro), das Maßnahmenpaket, Beschäftigungssicherung durch Wachstumsstärkung (Umfang 50 Milliarden Euro) sowie das Konjunkturprogramm „Entschlossen in der Krise, stark für den nächsten Aufschwung" (Umfang 14 Milliarden Euro). Auch wurden zur Stabilisierung der Beschäftigung die Möglichkeiten der Kurzarbeit in Deutschland ausgeweitet. In Österreich wurden 2 Konjunkturprogramme (Konjunkturpaket I und II) sowie die Steuerreform 2009 (Umfang ungefähr 12 Milliarden) durchgeführt.

Dabei betrug nach Untersuchungen von Experten das gesamte Volumen der auf mehrere Jahre verteilten Pakete zur Konjunkturankurbelung ungefähr 2000 Milliarden US-Dollar. Ohne diese Konjunkturprogramme wäre ebenfalls nach Einschätzung von Experten der Rückgang im Bruttoinlandsprodukt noch wesentlich umfangreicher ausgefallen. Dabei wurde die krisenbedingte Minderung des BIPs ebenfalls aufgrund einer Expertenstudie auf ungefähr 4000 Milliarden US-Dollar beziffert.

Die eingeleiteten Maßnahmen und Banken-System-Stabilisierung

Im Laufe der Krise und danach wurden in den USA sowie auch in Europa Notverstaatlichungen von Banken durchgeführt und Abwicklungsbanken (sogenannte Bad-Bank-Konzepte) eingeführt. Dabei wurde in Deutschland mit dem Finanzmarktstabilisierungsfortentwicklungsgesetz vom 17.10.2008 und dem Finanzmarktstabilisierungsfonds (SoFFin) die Möglichkeit geschaffen, dass hier einzelne Kreditinstitute über die eigene Fähigkeit verfügen, eine Bad Bank einzurichten. Diese Bad Banks dienten dazu, problembehaftete strukturierte Wertpapiere aufzunehmen oder die Abwicklung von ganzen defizitären Geschäftsbereichen von sanierungsbedürftigen Banken durchzuführen.

Die Maßnahmen zur Stützung der Banken erhöhte den staatlichen Bruttoschuldenstand bis 2009 um 98 Milliarden Euro. Hierbei handelte es sich überwiegend um Kredite, denen entsprechende Forderungen an die Finanzinstitute gegenüber standen.

Auch wurden seit Oktober 2008 Bankschuldverschreibungen hauptsächlich vom Staat garantiert. Dies hatte zum Oktober des darauffolgenden Jahres 2009 ein Volumen von staatsgarantierten Bankschuldverschreibungen in einer Größenordnung von ungefähr 800 Milliarden US-Dollar, wobei über 450 Milliarden US-Dollar auf Westeuropa ebenfallen. Der Rest kam hauptsächlich aus den USA.

Damit das Bankensystem in der Eurozone stabilisiert wurde, legte die Europäische Zentralbank (EZB) ein Ankaufprogramm für Pfandbriefe auf. Dieses Programm zum Ankauf von gedeckten Schuldverschreibungen (Abkürzung CBPP) erwarb bis in Juni 2010 hinein Wertpapiere in Höhe von 60 Milliarden Euro.

Die finanztechnischen Verwerfungen in Europa sowie in der Schweiz und Österreich waren erheblich. Dabei wären die 2 bedeutendsten und somit wichtigsten Refinanzierungsbanken, die Credit Suisse sowie die Schweizer UBS nach der Pleite von Lehman Brother ebenfalls fast in die Luft geflogen. Der Franken-Markt in der Schweiz für Geschäftsbanken war von heute bis nachher völlig ausgetrocknet und eine Anschlussfinanzierung wäre nicht möglich gewesen. Aufgrund der sehr dramatischen Notlage der Banken in Zentraleuropa und in der Schweiz und Österreich gab es zahllose Eilkonferenzen, mit deren Hilfe dann diese Situation so wieder hergestellt werden konnte, dass das System nicht komplett zusammen gebrochen ist.

Den Banken sind nach Angaben der EU-Kommission in Europa von Oktober 2008 bis März 2010 Staatshilfen in einer Größenordnung von ungefähr 4 Billionen Euro genehmigt worden, davon ungefähr drei Viertel als staatliche Garantien. Von den Banken wurden dann tatsächlich 994 Milliarden in Anspruch genommen.

Die Bruttoverschuldung in Deutschland nahm zum Jahresende 2010 auf mehr als 83 Prozent des BIP (mehr als 10 Prozentpunkte) zu. Darin sind auch Maßnahmen zur Finanzmarktstabilisierung in Höhe von 241 Milliarden Euro enthalten, die schwerpunktmäßig in Zusammenhang mit der WestLB sowie der Hypo-Real-Estate standen. Dabei ist seit 2008 aufgrund der Finanzmarktstützungsmaßnehmen der staatliche Schuldenstand in Deutschland um 335 Milliarden gestiegen. Von den Regierungen der Europäischen Union wurde nach EU-Kommissions-Angaben zwischen 2008 sowie 2010 1,6 Billionen Euro (entspricht ungefähr 13 Prozent des BIP) eingesetzt, um die Banken in diesem Gebiet zu retten.. Davon waren fast 1,2 Billionen Euro Garantien oder Liquiditätshilfen und die restlichen 400 Milliarden Euro Kapitalhilfen sowie notwendige Abschreibungen.

Zusätzlich wurde auf der europäischen Ebene eine Reihe von neuen Regulierungen verabschiedet. Hier wurden verschiedene Teile des Bankrechtes verschärft und vereinheitlicht. Dazu gehörten unter anderem auch, dass sich die Banken dazu verpflichten, im Voraus im Falle einer Insolvenz Abwicklungspläne zu entwickeln sowie Interventionsbefugnisse im Frühstadium durch die Aufsichtsbehörden sowie das Recht der Aufsichtsbehörden, Sonderverwalter für die Banken einzusetzen. Von einigen politischen Kreisen wurden diese Maßnahmen jedoch als unzureichend bewertet, weil hier wiederum auch auf europäischer Ebene das bankenfreundliche Verhalten von konservativen sowie sozialdemokratischen Europaparteien zum Tage gekommen sei und der Bereich der Schattenbanken nicht richtig reguliert worden wäre.

Reformmaßnahmen und -Vorschläge der G-20-Staaten

Gipfeltreffen im November 2008

Kurz nach dem Höhepunkt der Finanzkrise durch die Insolvenz von Lehman Brothers fand vom 14. bis 16 .November 2008 ein Treffen der G 20 Staaten mit deren Regierungs- und Staatschefs sowie zusätzlich Spanien und Niederlande in Washington statt, um bei diesem Treffen die Grundlagen einer internationalen Finanzmarkt-Reform zu beraten und auch umzusetzen. Ziel dieser Beratungen war es, internationale Regelungen durchzusetzen, um eine Wiederholung einer Finanzkrise zu vermieden. Dabei wurde ein Maßnahmenkatalog von 50 Einzelmaßnahmen verabschiedet. Von diesen 50 Einzelmaßnahmen sollen bis zum 31.03.2009 28 ‚Vorschläge und Verordnungen umgesetzt werden. Die weiteren Punkte sollten mittelfristig durchgeführt werden. Die Tagungsteilnehmer plädierten für die Prinzipien des freien Marktes und des offenen Handels und den Tendenzen zum Protektionismus wurde eine Absage erteilt.

Die wichtigen Punkte waren unter anderem eine stärkere Reglementierung der Hedgefonds, die spekulativ unterwegs sind sowie anderer bisher unregulierter Finanzprodukte, eine Einführung von Bewertungsmaßstäben für komplexe Finanzprodukte, Erhöhung der Eigenkapitalraten für Finanzinstitutionen; Überarbeitung und Vereinheitlichung von Bilanzierungsregeln; die Anreiz-Systeme für Managers sollten sich an mittel- und nicht kurzfristigen Zielen orientierten, Trockenlegung von Steueroasen und Verhinderung von unfairem Wettbewerb ; ein verbesserter Schutz der Anleger oder Verbraucher durch transparente Informationen und Stärkung des Internationalen Währungsfonds. Jedes Teilnehmerland verpflichtete sich dazu, die Maßnahmen in sein nationales Recht umzusetzen.

Die nachfolgenden Gipfeltreffen

In einer Folgekonferenz am 1./2. April 2009 in London wurden obige Punkte konkretisiert und ergänzende Maßnahmen für eine kurzfristige Konjunkturbelebung verabschiedet.

Dabei wurde ein Programm in Höhe von 1,1 Billionen US-Dollar zur Belebung der Weltkonjunktur sowie die Verbesserung der Situation der Entwicklungsländer beschlossen. Die Mittel für den internationalen Währungsfonds wurden auf 750 Milliarden US-Dollar erhöht. Den Sonderziehungsrechten wurden 250 Milliarden zugeteilt. on multilateralen Entwicklungsbanken sollten mindestens 100 Milliarden US-Dollar gewährt werden.

Bis Ende 2010 sollte eine fiskalpolitische Ausweitung in einer Größenordnung von 5 Billionen US-Dollar erfolgen. Dadurch sollte bei der Weltproduktion ein Impuls von 4 Prozent entstehen. Gemäß Angaben des IWFs hat sich das nicht preisbereinigte weltweite BIP (Bruttosozialprodukt) von 2009 bis 2010 um 5,1 Prozent erhöht.

Zur Bekämpfung von Geldwäsche und Steueroasen wurden von der OCED eine schwarze Liste (dazu gehören unter andrem Malaysia, Philippinen, Costa Rica, Uruguay) sowie eine graue Länderliste veröffentlicht.

Ebenso wurden Reformen sowie die Stärkung von Finanzinstitutionen, wie Weltbank und IWF, beschlossen.

Die im November 2008 beschlossenen Maßnahmen zu Überwachung und systematischen Regulierung von Hedgefonds oder ähnliche Anlagekonstruktionen wurden konkretisiert.

Auch die im November 2008 beschlossene Maßnahme, die Eigenkapitalbasis von Banken und Kreditinstituten zu stärken, wurde durch Einzel-Maßnahmen nochmals konkretisiert. Dasselbe gilt für die Managervergütungen, die sich zukünftig nach langfristigen Zielen und nicht, wie bisher nach kurzfristigen Zielen, ausrichten sollten. Zusätzlich wurde der freie Handel erneut von allen Teilnehmern bekräftigt.

Auch bei den weiteren G20-Treffen im Jahr 2009 in Pittsburgh (24./25. September 2009) und im Juni 2010 in Toronto (am 26./27.Juni 2010) ging es ebenfalls um die Reform und Stärkung der Finanzsysteme und das Erreichen eines starken Wirtschaftswachstums, um dadurch die Folgen der Finanzkrise 2008 zu reduzieren und eine solche Krise zu verhindern. Zusätzlich wurden dann bei diesen beiden Treffen noch die Ausgewogenheit sowie die Nachhaltigkeit bei der Erreichung der besprochenen Wachstumsziele mit aufgenommen.

Die Reformbemühungen innerhalb der EU

Im Februar 2013 ist die EU-Verordnung zur Regulierung des außerbörslichen Derivatehandels (eine sogenannte EMIR-Verordnung) in Kraft getreten, die für den Handel von Derivaten außerhalb der Börse eine Abwicklung über Clearing-Stellen und eine Meldung an ein Transaktionsregister vorschreibt, um dadurch die Bildung von Schattenbanken zu vermeiden oder einzudämmen.

2014 kam es zum Beschluss der Europäischen Bankenunion mit dem einheitlichen Bankenaufsichts- und Abwicklungsmechanismus.

Weiterführende Informationen

Auf unserer Website können Sie das Buch kostenfrei als PDF sowie als Audiobuch herunterladen. Des weiteren erwarten Sie dort unsere Investment Videokurse, Bonusinhalte zum Buch sowie unser Investment Blog. Nutzen Sie jetzt den Link und sichern Sie sich unseren Immobilien Rendite Rechner für 0€ statt 99€.

http://cherryfinance.de/REITSB

EXKURS EUROSYSTEM

• • • • • • • • • • •

UNTER DEM EUROSYSTEM VERSTEHT MAN die im Rahmen der Europäischen Währungsunion gebildete Organisationseinheit für den Euro. Das System besteht aus der der Europäischen Zentralbank (EZB) und den nationalen Zentralbanken (NZBen) von denjenigen Staaten der EU, die den Euro als gesetzliches Zahlungsmittel eingeführt haben.

Das Eurosystem verfügt über eine eigene Organisation. Das System wird von den Beschlussorganen der EZB(vom sogenannten EZB-Rat) geleitet. Somit erfüllt das Eurosystem die Funktionen einer Zentralbank innerhalb des Währungsgebietes des Euros und setzt in diesem Gebiet eine gemeinsame Geldpolitik durch. In so fern ist die EZB mit der Federal Reserve (FED) in den USA vergleichbar.

Die Europäische Zentralbank (EZB)

Die Europäische Zentralbank (EZB) ist das Kernstück des Eurosystems. Bei der Europäischen Zentralbank (EZB) handelt es sich um die 1998 gegründete gemeinsame Währungsbehörde der Mitgliedsstaaten der Europäischen Währungsunion und bildet mit den nationalen Zentralbanken (NZB) der EU-Staaten das Eurosystem. Der Sitz der EZB befindet sich in Frankfurt/Main.

Die Aufgaben der EZB wurden zum ersten Mal im Vertrag von Maastricht 1992 festgelegt und seit dem Vertrag von Lissabon 2007 hat die EZB den Status eines EU-Organ (Art. 13 EU-Vertrag) erhalten. Zusätzlich wurde im November 2014 die EZB mit der Aufsicht von systemrelevanten Banken im Euro-Raum im Zusammenhang des einheitlichen Bankenaufsichtsmechanismus (SSM) betraut.

Von 1998 bis 2014 war in Frankfurt/Main der Frankfurter Eurotower der Sitz der EZB. Im November 2014 wurde der Sitz in das neu erbaute Gebäude für die Europäische Zentralbank verlegt. Der Umzug fand im März 2015 statt.

Bei einer Zentralbank handelt es sich um eine Institution, welche für die Regulierung der Geldmenge sowie für die Überwachung des Bankensystems innerhalb einer Volkswirtschaft oder eine volkswirtschaftlichen Raumes zuständig ist. Das wird im Euro-Raum von der Europäischen Zentralbank (EZB) übernommen. Im Rahmen der europäischen Einigung haben sich einige Staaten ebenfalls zur Einführung einer gemeinsamen Währung, dem Euro, entschieden. Bei der Einführung einer solchen Währung war auch die Voraussetzung dafür, dass hierfür eine gemeinsame Währungs- und Geldpolitik geschaffen wurde. Deshalb wurden dazu das Europäische System der Zentralbanken (ESZB) sowie das Eurosystem geschaffen. (da sind neben der EZB auch die nationalen Notenbanken der Staaten in der Eurozone, dort, wo der Euro eingeführt worden, beteiligt)

Die Aufgaben und Ziele der Europäischen Zentralbank (EZB)
Die Zentralbank eines Landes oder eines Bereiches, in der eine gemeinsame Währung gilt, ist keine gewöhnliche Bank, sondern sie muss die Geldpolitik dieses Landes oder dieses Währungsraumes führen und hat somit 2 wichtige Ziele zu verwirklichen.

Das erste Ziel und somit auch das Hauptziel ist die Preisstabilität. Hierbei muss die EZB darauf achten, dass es nicht zu großen Schwankungen des Geldwertes kommt. Dabei ist die Zielgröße die Inflationsrate.

Bei dem zweiten Ziel der Zentralbank handelt es sich um die ausgeglichene konjunkturelle Entwicklung des Landes oder des Währungsraumes. Dabei hat dieses Ziel den Hauptzweck, in dem jeweiligen Land oder Währungsraum, eine Rezession zu vermeiden. Eine Entwicklung der Konjunktur eine Landes oder eines Währungsraumes wird an der Kapazitätsauslastung dieser Volkswirtschaft gemessen.

Diese beiden Ziele werden dadurch verfolgt, indem die Zentralbank den Preis für verliehenes Geld senkt oder erhöht (Veränderung des Leitzinses) und sie kann dadurch entsprechenden Einfluss auf die Wirtschaft nehmen. Dadurch ist es möglich, sowohl die Inflationsrate als auch für die Entwicklung der Konjunktur zu beeinflussen.

Die Aufgaben sowie die Ziele der ESZB und dessen Hauptorgan, der EZB, wurden auch im Vertrag zur Gründung der Europäischen Gemeinschaft nieder geschrieben. Diese werden auch in der Satzung des Europäischen Systems der Zentralbanken (ESZB) und der Europäischen Zentralbank (EZB) im Protokoll Nr. 4, das dem AEU-Vertrag beigefügt ist, in allen Einzelheiten erläutert. Dabei ist das Hauptziel die Sicherstellung der Preisniveaustabilität in der Eurozone. Hierzu gibt es den harmonisierten Verbraucherpreisindex (HVPI) für das Währungsgebiet des Euro, der entweder unter oder nahe von 2 Prozent gegenüber dem Vorjahr liegen sollte. Das zweite Ziel der Erreichung eines guten Beschäftigungsniveaus und dauerhaftes Wachstum sollte so erreicht werden, dass dabei die Preisniveaustabilität nicht gefährdet ist.

Der Artikel 127 Abs. 2 des AEU-Vertrages (Vertrag über die Arbeitsweise der Europäischen Union) enthalten zunächst die grundlegenden Aufgaben der Europäischen Zentralbank (EZB).

Dazu gehören unter anderem die Durchführung und Festlegung der Geldpolitik; die Durchführung von Devisengeschäften, die Verwaltung der offiziellen Währungsreserven der Mitgliedstaaten (das sog. Portfolio Management) und die Versorgung der Volkswirtschaft oder des Währungsraumes mit Geld sowie die Förderung eines reibungslosen Zahlungsverkehrs.

Hinzu kommen dann noch weitere Aufgaben, wie unter anderem die Genehmigung der Ausgabe des Euro-Papiergeldes (die Ausgabe selbst wird durch die nationalen Zentralbanken vorgenommen); die Aufsicht über die Banken und Kreditinstitute und der Beitrag zur Stabilität der Finanzmärkte, die Zusammenarbeit und die Beratung mit den nationalen Behörden und den Behörden der EU-Gemeinschaft; die Zusammenarbeit mit anderen europäischen und internationalen Organen, die Sammlung von erforderlichen statistischen Daten zur Erfüllung ihrer Aufgaben und die Erstellung der Zentralbankbilanz.

Die Organe der Europäischen Zentralbank (EZB)

Bei der EZB sind die ausführenden Organe die nationalen Zentralbanken der Staaten, die den Euro eingeführt haben. Diese unterliegen den Regelungen des Europäischen Systems der Zentralbanken (ESZB). Die nationalen Zentralbanken der Staaten sind unabhängig gegenüber den Weisungen von nationalen Regierungen und unterstehen nur der Europäischen Zentralbank (EZB). Die Europäische Zentralbank verfügt mit dem EZB-Rat und dem erweiterten EZB-Rat über zwei Beschlussorgane und mit dem Direktorium über das ausführende Organ.

Des EZB Direktorium

Die Führung der Geschäfte der EZB wird durch das EZB-Direktorium durchgeführt. Es kümmert sich außerdem um die Durchführung der Beschlüsse des EZB-Rates und gibt hierzu die erforderlichen Anweisungen an die nationalen Zentralbanken weiter, damit die Beschlüsse des EZB-Rates umgesetzt werden. Das EZB-Direktorium setzt sich aus dem Präsidenten, dem Vize-Präsidenten und 4 weiteren Mitgliedern zusammen. Auch wird vom Direktorium die Aufgabenverteilung der einzelnen Mitglieder festgelegt. Für die Öffentlichkeit ist dabei die bekannteste Funktion die Zuständigkeit der volkswirtschaftlichen Analyse, den sog. Chefvolkswirt, von Interesse.

Seit dem 1.November 2011 ist Mario Draghi Präsident der EZB. Davor war der Franzose Jean-Claude Trichet EZB-Präsident. Der Vizepräsident ist der Spanier Luis de Guindos. Die weiteren Direktoren-Mitglieder sind unter anderem Sabine Lautenschläger und Peter Praet (der Chefvolkswirt).

Die Amtszeit der Direktoriumsmitglieder beträgt 8 Jahre. Eine Wiederwahl gibt es nicht. Dabei war die Länge der ersten Amtszeiten zu Beginn gestaffelt, um dadurch zu verhindern, dass alle Mitglieder dann zum selben Termin ausscheiden.

Die neuen Mitglieder kommen auf Empfehlung von den Wirtschafts- und Finanzministern der Teilnehmerstaaten in das Amt. Ebenso werden die neuen Anwärter oder Anwärterinnen in nicht bindenden Abstimmungen im Wirtschaftsausschuss der Europäischen Parlamente und im Parlaments-Plenum auf Empfehlung des Rates der EU vom Europäischen Rat mit einer qualifizierten Mehrheit gewählt. Dabei wird normalerweise eine solche Wahl durchgeführt, bevor die Amtszeit der Vorgängers oder der Vorgängerin abläuft. Dadurch wird ein problemloser Übergang erreicht.

Aufgrund der Begrenzung auf 6 Mitglieder sind nicht alle Staaten der Eurozone gleichzeitig in diesem Direktorium vertreten. Dabei gibt es keine rechtliche Regelung in den Verträgen, wie die Sitze auf die einzelnen Staaten der Eurozone verteilt werden Hierbei wird von den großen Staaten in der Eurozone, wie Deutschland, Italien, Frankreich sowie Spanien, ein Anspruch auf je einen der 6 Sitze im Direktorium erhoben. Die beiden restlichen Sitze im Direktorium werden von den kleineren EU-Staaten der Eurozone im Wechselverfahren belegt. Im Jahr 2012 wurde dieses Prinzip einmal durchbrochen, weil nach dem Ausscheiden eines spanischen Vertreters nicht erneut ein Spanier, sondern der heutige Chefvolkswirt, Yes Mersch, in das Direktorium berufen wurde.

Der EZB-Rat

Der EZB-Rat ist das oberste Beschlussorgan der Europäischen Zentralbank. Der Rat umfasst die 6 Mitglieder des Direktoriums sowie die Präsidenten der nationalen Zentralbank der 19 Mitgliedsstaaten der Eurozone.

Der EZB-Rat erlässt die Beschlüsse und Leitlinien, die zur Erfüllung der Aufgaben der EZB erforderlich und die der EZB und dem Eurosystem übertragen worden sind.

Dazu gehört unter anderem die Festlegung der Geldpolitik innerhalb des Euroraumes (dazu gehören die Annahme von Beschlüssen für die geldpolitischen Ziele, die Leitzinssätze und die Zurverfügungstellung von Zentralbankgeld für das Eurosystem sowie die Festlegung der Leitlinien zur Umsetzung dieser Beschlüsse). Hinzu kommt noch für die Zuständigkeiten der EZB im Bankenaufsichtsbereich, die Erlassung von Beschlüssen zum allgemeinen Rahmen für die Aufsicht der Banken erforderlichen Beschlüsse und das Einsetzen von entsprechenden Aufsichtsgremien.

Die Sitzungen des EZB-Rates und dessen Beschlussfassung

In der Regel tagt der EZB-Rat zwei Mal im Monat in Frankfurt/Main am Sitz der Europäischen Zentralbank (EZB). Auf diesen Sitzungen wird die aktuelle monetäre sowie wirtschaftliche Entwicklung bewertet und alle 6 Wochen werden geldpolitische Beschlüsse gefasst. Die anderen Aufgaben- und Verantwortungsbereiche werden auf den anderen Sitzungen abgearbeitet. Dadurch ist auch eine Trennung der übrigen Aufgabenbereiche von denen der geldpolitischen Aufgaben von den Aufsichtspflichten der EZB sichergestellt. Deshalb finden hier auch diese gesonderten Sitzungen statt.

Die Ergebnisse über die geldpolitischen Beschlüsse werden dann in einer Pressekonferenz, die auch alle 6 Wochen stattfindet, der Öffentlichkeit dargelegt und erläutert. Diese Pressekonferenz wird vom EZB-Präsidenten geleitet und dieser wird vom Vizepräsidenten unterstützt.

Ebenso wieder vor einer EZB-Ratssitzung zur Geldpolitik von der EZB eine Zusammenfassung der vorangegangen Ergebnisse der geldpolitischen Sitzung veröffentlicht.

Die Rotation der Stimmrechte im EZB-Rat

Zum 1. Januar 2015 mit dem Beitritt von Litauen wurde für die Stimmrechte der Präsidenten der nationalen Zentralbanken im EZB-Rat ein Rotationsverfahren eingeführt.

Dieses Rotationssystem regelt, in welcher Form den Mitgliedern des EZB-Rates die Stimmrechte zugeteilt werden. Dabei ist der EZB-Rat das oberste Beschlussorgan der Europäischen Zentralbank (EZB). Durch den Beitritt von Litauen zum Euroraum im Jahr 2015 änderten sich dann die oben erwähnten Abstimmungsmodalitäten, welche vom EZB-Rat seit Dezember 2002 angewandt worden sind.

Das hier eingeführte Rotationsprinzip stellt sicher, dass der EZB-Rat immer handlungsfähig ist, selbst wenn die Mitgliederzahl im EZB-Rat auch mit weiteren Mitgliedstaaten im Euroraum wächst. Aufgrund der Verträge der EU musste dieses Rotationsverfahren eingeführt werden, als die Zahl der Zentralbankpräsidenten, die im EZB-Rat vertreten sind, die Zahl 18 überschritten hatte. Dies ist dann am 1. Januar 2015 durch den EU-Beitritt von Litauen zu Euroraum geschehen.

Welcher Zentralbankpräsident ist ein einem bestimmten Monat stimmberechtigt und welcher nicht?

Entsprechend der Größe und der Wirtschaftskraft werden die Länder im Euro-Währungsraum in Gruppen unterteilt. Um dann festzulegen, welcher Zentralbankpräsident zu welcher Art von Gruppe gehört, folgte eine Rangfolgelisten-Erstellung. Dabei belegen die Zentralbankpräsidenten der Länder, die auf Rang 1 bis 5 liegen zurzeit die Präsidenten von Frankreich, Deutschland, Spanien, Italien und Niederlande. Diese verfügen über insgesamt 4 Stimmrechte. Auf die übrigen Zentralbankpräsidenten (14 Zentralbankpräsidenten) entfallen insgesamt dann 11 Stimmrechte. Hier rotiert dann das Stimmrecht der Zentralbankpräsidenten monatlich.

Dabei nehmen alle Mitglieder des EZB-Rates an den Sitzungen teil und haben dort auch die Möglichkeit, ihr Rederecht wahrzunehmen. Somit hat sich seit der Änderung zum 1. Januar 2015 nicht geändert. Aufgrund des im EZB-Rat vorherrschenden Kooperationsgedanken wird die größte Anzahl von Beschlüssen auf Konsensbasis getroffen. Auch hier hat sich durch diese Änderung nichts geändert. Es gilt auch weiterhin der Grundsatz „ein Mitglied hat eine Stimme" und dies gilt dann für die jeweils stimmberechtigen Mitglieder.

Das Stimmrecht der Mitglieder des EZB-Rates ist dauerhaft.

Gibt es beim Stimmrechtssystem des EZB-Rates im Vergleich zu dem der US-amerikanischen Zentralbank (FED) Unterschiede?

Das in den USA vom Offenmarktausschuss der US-Zentralbank angewandte System ist in einigen Punkten mit dem System der EZB vergleichbar. Dieser Ausschuss verfügt über 12 stimmberechtigte Mitglieder, von denen 7 Mitglieder im Baord of Governos sind und dadurch über ein dauerhaftes Stimmrecht verfügen. Der Präsident der US-Zentralbank hat ebenfalls ein dauerhaftes Stimmrecht. Die Präsidenten der Federal-Reserve-Banken in Cleveland und Chicago sind jedes zweite Jahr stimmberechtigt und die Präsidenten der anderen neuen Federal-Service-Distrikte sind jedes dritte Jahr stimmberechtigt. Im Unterscheid zu dem jährlichen Rotationsablauf bei der US-Zentralbank gibt es bei den Stimmrechten der Mitglieder des EZB Rates einen monatlichen Wechsel.

Der erweiterte Rat der EZB

Der Erweiterte Rat setzt sich aus dem Präsidenten und dem Vizepräsidenten der EZB und den Präsidenten der nationalen Zentralbanken aller EU-Mitgliedsstaaten (derzeit aktuell 28 vor Austritt Großbritannien) gemäß Art. 44-46 der Satzung der EZB und der ESZB zusammen. Dieses Gremium wirkt bei der Erhebung von statischen Daten mit und berät über die Aufnahme von weiteren Ländern in die Währungsunion. Dieser Rat trifft sich in der Regel ein Mal pro Quartal. Ebenfalls können an den Tagungen ein Mitglieder der Europäischen Kommission sowie der Ratspräsident ohne Stimmrecht teilnehmen. Dieser erweiterte Rat besteht nur so lange, wie es noch EU-Mitgliedsstaaten gibt, die den Währungsraum und dem Euro noch nicht beigetreten sind.

Die Geldpolitischen Ziele der EZB

Das geldpolitische Instrumentarium wird von der EZB dazu eingesetzt, um das im EG-Vertrag festgelegte Ziel der Preisniveaustabilität zu erhalten. Dieses Ziel beinhaltet ein Wachstum der harmonisierten Verbraucherindexes HVPI im Währungsraum, das knapp unterhalb oder nahe bei 2 Prozent pro Jahr liegen sollte. Das bedeutet im Klartext, dass die Inflation im Euroraum unterhalb von 2 Prozent gehalten werden sollte. Diese Strategie wurde im Oktober 1998 vom EZB-Rat festgelegt. Ein weitere, aber den obigen Ziel untergeordnete Aufgabe ist die Unterstützung der allgemeinen Wirtschaftspolitik der EU.

Um dieses Inflationsziel zu erreichen wird ein Zwei-Säulen-Konzept verfolgt.

Bei der ersten Säule (wirtschaftliche Analyse) wird die Inflationsentwicklung selbst beobachtet. Dazu gehören auch die Punkte, die Einfluss auf die Inflation haben. Hierzu gehören unter anderem die Entwicklung der Gehälter und Löhne, die langfristen Zinssätze, die Wechselkursentwicklung, die Messgrößen der Wirtschaftstätigkeit (zum Beispiel BIP), fiskalpolitische Entscheidungen, die Kosten- und Preisindizes sowie Verbraucher- und Unternehmerbefragungen.

Zu der zweiten Säule (monetäre Analyse) gehört die Veröffentlichung eines Referenzwertes für M3 (unter der Annahme eines realen Zuwachses des Inlandprodukts von 2 bis 2,5 Promille und Abnahme der Geldumlaufgeschwindigkeit um 0,5 bis 1 Promille) für die wünschenswerte MS Geldmengenentwicklung. Hierbei handelt es sich nur um eine Information über die Abweichungen, jedoch nicht um eine Zielgröße. Ziel dieser Vorgehensweise ist es, die mittelfristigen Gefahren für die Preisstabilität zu erkennen.

Der Vorteil bei dieser Strategie ist es, dass hierbei die EZB flexibel auf die Marktanforderungen reagieren kann. Wenn sich der Euroraum in einer schlechten wirtschaftlichen Lage befindet, hat die EZB die Möglichkeit, zum Beispiel die Zinsen zu senken und mehr Geld an die Banken und Kreditinstitute zu vergeben. Dadurch entsteht dann eine expansive Geldpolitik der EZB, da aufgrund des vorhandenen geringen Wirtschaftswachstums auch die Gefahren von Inflation geringer sind. Hier können sich dann die Banken leichter refinanzieren und es wird mehr Kredit vergeben und die Zinssenkung führt zu einer Ankurbelung der Investitionen und des Konsums.

In einer Hochkonjunktur besteht die Gefahr, dass hier eine stärke Inflation entsteht. Hier wird dann von der EZB aus eine restriktive Geldpolitik betrieben. Das bedeutet, dass sie weniger Geld vergibt und die Zinsen erhöht. Dadurch wird die Kreditvergabe erschwert und die Investitionen verteuert. Diese Vorgehensweise gilt jedoch dann unter der Voraussetzung, dass die dann aktuell vorhandene Inflation keine andere Politik nahelegt.

Die Instrumente zur Aufgabenerfüllung der EZB

Zur Aufgabenerfüllungen stehen der EZB einige Instrumente zur Verfügung. Den größten Effekt sowie die größte Bedeutung erreichen dabei die geldpoltischen Instrumente. Als unmittelbare Beeinflussung steht der EZB hier die Veränderung der Zinshöhe im Geschäft zwischen der EZB und den Banken und Kreditinstituten (die Notenbankzinsen) zur Verfügung. Die Banken und Kreditinstitute geben dann diese günstigen oder auch ungünstigeren Finanzierungsbedingungen an ihre Kunden weiter und als Reaktion darauf ändern sich auch die Marktzinsen und hier in erster Linie die kurzfristigen Zinsen am Geldmarkt und eventuell auch die langfristigen Zinsen am Kapitalmarkt.

Die Offenmarktgeschäfte

Das wichtigste Offenmarktgeschäft der EZB mit einem Anteil von ungefähr 70 Prozent ist das Hauptrefinanzierungsinstrument (der sog. Haupttender) Dabei handelt es sich um ein Instrument aus der Offenmarktpolitik. Hierbei erhalten die Banken und Kreditinstitute in Form eines Auktionsverfahrens Zentralbankgeld von der EZB gegen Zinszahlung. Dabei wird das Auktionsverfahren seit dem Jahr 2000 mit einen Zinstender durchgeführt. Hier wird dann den am höchsten bietenden Banken und Kreditinstituten das angebotene Zentralbankgeld zugeteilt. Dabei wird von der EZB zur besseren Orientierung ein Mindestbietungszinssatz festgelegt. Dieser Mindestbietungszinssatz wird auch als Leitzins der EZB bezeichnet. Solche Transaktionen finden ein Mal wöchentlich statt. Die Laufzeit beträgt hier ebenfalls eine Woche.

Seit der Bekämpfung der Finanzkrise ab 2007 wird seit dem 15. Oktober 2008 jedoch wieder nach dem Mengentender(Zuteilungs- oder Ausschreibungsverfahren verliehen.

Bei den weiteren drei anderen Offenmarktgeschäften der EZB handelt es sich um Feinsteuerungsoperationen, Refinanzierungsgeschäfte und strukturelle Operationen. Diese Offenmarktgeschäfte werden jedoch nicht zu geldpolitischen Zwecken eingesetzt, sondern sollen dafür sorgen, dass die Banken und Kreditinstitute mit der erforderlichen Liquidität versorgt werden.

Ständige Fazilitäten

Hier wird zwischen der Einlagefazilität und der Spitzenrefinanzierungsfazilität unterschieden. Diese ständigen Fazilitäten stellen eine Möglichkeit für Banken und Kreditinstitute dar, auf eine Anforderung gegen eine Zinszahlung Liquidität durch die Spitzenrefinanzierungsfazilität bis zum darauffolgenden Geschäftstag über die EZB zu beziehen oder diese Liquidität als Einlagefazilität anzulegen.

Diese Liquiditätsbeschaffungs-Möglichkeiten sind vom Volumen her nicht eingeschränkt, haben aber einen unattraktiven Zinssatz. Aufgrund der unbegrenzten Verfügungsmöglichkeit stellt der hier erhobene Zinssatz für die Spitzenrefinanzierungsfazilität einen Höchst- und der Zinssatz für die Einlagefazilität einen Mindestzinssatz für das Tagesgeld auf dem Geldmarkt dar. Deshalb bestimmt auch dieser Zinssatz sehr entscheidend die Zinssätze der Banken und Kreditinstitute für die Sparkonten und die Zinssätze für die Kundenkredite. Diese Zinssätze entsprechend in etwa den früheren Diskont- und Lombardsätzen der Bundesbank.

Devisenmarktinterventionen

Zeitweise greift die EZB auch am Devisenmarkt direkt ein, um ihren geldpolitischen Kurs zu stabilisieren. Solche Interventionen sind relativ selten. Dieses Instrumentarium sollte auch nach Aussagen der EZB nur verwendet werden, wenn große Wechselkursfehlbewertungen auf den Devisenmärkten vorhanden sind, die entweder das Inflationsziel der EZB (hier das wichtiges geldpolitisches Ziel) oder die wirtschaftliche Stabilität innerhalb des Euroraumes (das zweitwichtiges Ziel der EZB) gefährden.

Die Mindestreserve

Die Europäische Zentralbank (EZB) verlangt von den Banken und Kreditinstituten, Mindestreserven auf Girokonten bei den nationalen Zentralbanken zu halten. Diese betragen 1 Prozent der Einlagen sowie Schuldverschreibungen der Banken. Im Unterschied zu dem Hauptrefinanzierungsinstrument, den Devisenmarktinterventionen und den ständigen Fazilitäten, stellt die Mindestreserve ein ordnungspolitisches Instrument dar, das von der EZB für die anderen Instrumente angeordnet wurde. Im Unterschied zu der ehemaligen Mindestreserve der Deutschen Bundesbank gibt es bei der Mindestreserve der Europäischen Zentralbank (EZB) eine Verzinsung.

Vorbehaltlose geldpolitische Geschäfte (OMT)

Im Mai 2010 hat die Europäische Zentralbank (EZB) innerhalb von wenigen Tagen Regierungsanleihen im Wert von 16,5 Milliarden aufgekauft. Diese damalige Entscheidung, die bisher keine gängige Praxis in der Vorgehensweise der Europäischen Zentralbank (EZB) war, wurde vom damaligen EZB-Präsidenten Trichet als eine Antwort auf die sich schnell ändernde Krisensituation, hervorgerufen durch die Finanzkrise, dargestellt. Dies ist somit ein Beispiel für vorbehaltlose geldpolitische Geschäfte (OMT).

Ankauf von Unternehmensanleihen (CSPP)

Durch die Europäische Zentralbank werden seit dem Juni 2016 im Bereich der Corporate Sector Purchase Programme (CSPP) auf dem Sekundär- und auf dem Primärmarkt Unternehmensanleihen angekauft. Der Umfang dieser Ankäufe wurde und wird von der Europäischen Zentralbank immer wöchentlich veröffentlicht. Nach Angaben der EZB soll das Programm im Jahr 2019 dann beendet werden.

Die Unabhängigkeit der Europäischen Zentralbank (EZB)

Damit die Europäische Zentralbank (EZB) ihre Hauptaufgabe, die Einhaltung der Preisniveaustabilität, auch durchführen kann, ist die EZB von politischen und anderen Einflüssen befreit, um dadurch Konflikte mit Interessen von bestimmten Politikern vorzubeugen. Hier werden 4 verschiedene Arten von Unabhängigkeit unterschieden.

Die funktionelle und operative Unabhängigkeit

Diese Art von Unabhängigkeit sagt aus, dass die EZB bei der Entscheidung in Bezug auf die Methode, mit der sie ihren Auftrag durchführt, frei ist. Trotzdem ist der EZB aufgrund des Artikel 127 Abs. 1 AEU-Vertrag sowie durch die Satzung der EZB die Erreichung von Preisstabilität als europäische Geldpolitik-Ziel vorgeschrieben. Dadurch bezieht sich die operative Unabhängigkeit auf die Durchführung, wie dieses Ziel erreicht werden soll. Im Vertrag und in der Satzung ist jedoch das Ziel bereits festgelegt. Hierbei ist dann in diesem Punkt die EZB weniger unabhängig, als die bei der amerikanischen Federal Reserve (FED) der Fall ist.

Die institutionelle Unabhängigkeit

Das besagt, dass sowohl die Europäische Zentralbank (EZB) als auch die nationalen Zentralbanken keine Weisungen aus der Politik annehmen und erhalten dürfen. Bei dem 1992 geschlossenen Vertrag von Maastricht wurde festgelegt, dass den öffentlichen Haushalten (also dem Staat) keine Kredite zu gewähren sind. Das bedeutet, dass hier verhindert werden soll, dass die Autonomie durch Verpflichtung an den Staat, dorthin keine Kredite zu bewähren, erhalten bleibt. Somit darf die EZB nicht die Defizite im Haushalt der Gemeinschaft oder in den Haushalten der Mitgliedstaaten finanzieren.

Trotzdem wurde von der EZB während der Eurokrise auf dem Sekundärmarkt, also nicht unmittelbar vom Staat, sondern von den Banken und Kreditinstituten Staatsanleihen (u.a. von Spanien, Griechenland und Italien) aufgekauft.

Die finanzielle Unabhängigkeit

Die Europäische Zentralbank verfügt über einen eigenen Haushalt und kann hier selbst über den Einsatz ihrer Mittel, mit denen sie von den Teilnehmerländern ausgestattet ist, entscheiden. Die Privaten Banken haben hier einen minimalen Einfluss. Das EZB-Kapital von mehr als 10 Milliarden Euro befindet sich ausschließlich bei den 28 Notenbanken der Europäischen Union. Bei den nationalen Notenbanken sind nicht alle in dem öffentlichen Besitz (Beispiel Österreichische Nationalbank, Deutsches Bundesbank zu 100 Prozent staatlich, andere wiederum zum Beispiel die griechische oder italienische Nationalbank privat).

Dabei halten die Zentralbanken der Euroländer ungefähr 70 Prozent am Kapital und haben 100 Prozent eingezahlt. Die Nicht-Euro-Länger besitzen die restlichen ungefähr 30 Prozent, das jedoch nur zu 3,75 Prozent eingezahlt ist. Dabei hat diese Kapitalbeteiligung keinen Einfluss auf die Personalpolitik der EZB.

Die personelle Unabhängigkeit

Damit die Unabhängigkeit des Führungspersonals in der Europäischen Zentralbank (EZB) gewährleistet ist, kann ein Mitglied des EZB-Rates oder des Direktoriums nur bei sehr schwerwiegenden Gründen auf Antrag des Rates oder des Direktoriums durch den Europäischen Gerichtshof seines Amtes enthoben werden.

Ebenso darf kein EZB-Ratsmitglied ohne eine ausdrückliche Ausnahmegenehmigung unentgeltlich oder entgeltlich eine andere Beschäftigung annehmen, um dadurch Interessenskonflikte zu vermeiden.

Ebenso ist eine zweite Amtszeit für Mitglieder im Direktorium ausgeschlossen und das Führungspersonal wird für einen langen Zeitraum gewählt (EZB-Direktorium 8 Jahre, Präsidenten der nationalen Zentralbanken 5 Jahre).

Das Führungspersonal muss für seine Aufgabe im Rat oder Direktorium fachlich geeignet und persönlich unabhängig sein.

Währungs- und Kapitalreserven der Europäischen Zentralbank (EZB)

Wie bereits erwähnt, beträgt das gezeichnete Kapital der Europäischen Zentralbank (EZB) knapp über 10 Milliarden Euro. Das Kapital wurde von den nationalen Zentralbanken zur Verfügung gestellt. Sie sind auch Inhaber und Zeichner. Der Anteil, den eine nationale Zentralbank am Gesamtkaital einzahlen muss, wird in einem Schlüssel festgelegt. Dieser Schlüssel richtet sich unter anderem nach dem Anteil des jeweiligen Mitgliedslandes am gesamten Bruttoinlandsprodukt der Gemeinschaft im vorletzten Jahr vor der Errichtung des ESZB und an dem Anteil des jeweiligen Mitgliedstaates am Bruttoinlandsprodukt der Gemeinschaft zu Marktpreisen in den 5 Jahren vor dem vorletzten Jahr vor der Errichtung des ESZB. Diese Gewichtsanteile werden dann alle 5 Jahre überprüft oder bei einer EU-Erweiterung aktualisiert. Dabei hat die Deutsche Bundesbank mit ungefähr 18 Prozent den größten Anteil. Neben der Mitgliedsstaaten, die den Euro eingeführt haben, die ihren kompletten Anteil einzahlen müssen, müssen die anderen EU-Mitgliedsstaaten als Beitrag zur Deckung der Betriebskosten für ihre Teilnahme am ESZB einen bestimmten Prozentsatz des gezeichneten Kapitals einzahlen. Dieser liegt bei ungefähr 3,75 Prozent.

Zusätzlich erhält die EZB von den nationalen Zentralbanken der Eurozone Währungsreserven in einem Gesamtwert von bis zu 50 Milliarden Euro. Aktuell liegt der übertragene Wert bei ungefähr 40 Milliarden Euro. Diese Reserven werden alleine von der EZB eingesetzt und auch gehalten, verwaltet werden diese Reserven jedoch von den nationalen Zentralbanken. Die jeweiligen Anteile der einzelnen nationalen Zentralbanken entsprechen ihrem Anteil am gezeichneten Kapital. Dabei werden 15 Prozent dieses Beitrages in Form von Goldreserven entrichtet, der Rest sind US-Dollar sowie japanische Yen.

Bis zu 20 Prozent der Gewinne, die die EZB erwirtschaftet, werden nach Art. 33 der Satzung dem Reservefonds der Europäischen Zentralbank (EZB) zugeführt. Der darüber hinausgehende Gewinn wird jährlich an die Anteilseigner, somit die nationalen Zentralbanken, entsprechend ihrer eingezahlten Anteile am EZB-Grundkapital ausgeschüttet. Sollte es zu Verluste kommen, werden diese aus dem Reservefonds oder auch aus den Einkünften finanziert, die die nationalen Zentralbanken aufgrund ihrer Durchführung von währungspolitischer Aufgaben im Rahmen des ESZB erzielen.

Aufsicht über die Banken und Kreditinstitute und die Kontrolle der Finanzmarktstabilität

In Zusammenarbeit mit den nationalen Zentralbanken und den zuständigen EU-Behörden überwacht die Europäische Zentralbank (EZB) die Entwicklung auf dem Bankensektor sowie bei den anderen Finanzsektoren. Dafür wurde der EZSB-Ausschuss für Bankenaufsicht gegründet (hier werden jedoch nicht die einzelnen Banken überwacht). Dieser Ausschuss bewertet die Schwachstellen sowie die Widerstandsfähigkeit der Finanzsektoren. Dabei sind an dieser Überwachung 5 Geschäftsbereiche der EZB, und zwar die Finanzstabilität (ist auch für die Koordination zuständig), die

Finanzmarktsteuerung, die Volkswirtschaft, die Internationalen und europäische Beziehungen sowie die Zahlungsverkehrssysteme, beteiligt.

Dabei werden die hier gewonnenen Ergebnisse 2 Mal pro Jahr veröffentlicht. Von der EZB werden auch nationale und Behörden auf EU-Ebene bei der Festlegung von Bestimmungen finanzieller Natur und aufsichtsrechtliche Anforderungen beraten. Ebenso fördert die EZB die Zusammenarbeit zwischen den zuständigen Behörden in der EU und den Zentralbanken.

Aufgrund der Satzung des Eurosystems kann die Europäische Zentralbank (EZB) auch besondere Aufgaben im Zusammenhang mit der Aufsicht über die Banken oder Kreditinstitute mit Ausschluss von Versicherungsunternehmen wahrnehmen. Dabei verbleibt jedoch die Bankenaufsicht zunächst bei den einzelnen Mitgliedsstaaten. Das ist in Deutschland die Bundesanstalt für Finanzdienstleistungsaufsicht, die bei ihren Aufgaben von der Deutschen Bundesbank unterstützt wird.

Seit November 2014 hat jedoch die EZB im Rahmen des Aufbaus der europäischen Bankenunion und den damit einhergehenden einheitlichen Bankenaufsichtsmechanismus (SSM) die Aufsicht über die Banken in der Eurozone, deren Bilanzsumme über 30 Milliarden oder 20 Prozent der Leistung in der Wirtschaft eines Landes ausmacht, übernommen. Bei den restlichen Banken und Kreditinstituten gilt die im obigen Abschnitt erwähnte Vorgehensweise.

Die Kontrolle der EZB und die von hier praktizierte Transparenz

Die Kontrolle über die EZB üben die demokratischen Institutionen und die Öffentlichkeit aus. Hierzu muss die EZB ihre Berichtspflichten erfüllen. Dabei handelt es sich vierteljährlich um einen genauen Bericht über die Tätigkeit des Eurosystems, jede Woche um einen aufgearbeiteten und aktualisierten Ausweis und um einen Jahresbericht über die Tätigkeit während des abgelaufenen Jahres und die Währungs- und Geldpolitik aktuell und im abgelaufenen Jahr. Diesen Jahresbericht erhalten die Europäische Kommission, das Europäische Parlament, der Europäische Rat und der Rat der Europäischen Union.

Ebenso wird die Arbeit der EZB auch durch externe Rechnungsprüfer, die den Jahresabschluss prüfen, untersucht. Vom Europäischen Rechnungshof aus wird die Effizienz der Verwaltung überprüft.

Zusätzlich kommen noch interne Kontrollinstanzen, wie die interne Revision, die direkt dem Direktorium unterstellt ist und die nach den vom Direktorium festgelegten Richtlinien arbeitet, hinzu. Zusätzlich gibt es noch eine interne Kontrollstruktur, für die dann innerhalb der EZB jede Organisationeinheit, wie Abteilung oder Direktion, selbst verantwortlich ist.. Auch gibt es, um die Nutzung von Insiderinformationen zu verhindern, sogenannte Chincese-Walls, die zum Beispiel zwischen einzelnen Geschäftsbereichen für die Durchführung der Währungspolitik und den Bereichen für die Währungsreserven- und der Eigenmittelverwaltung, vorhanden sind.

Für die Mitarbeiter der EZB und die Angehörigen des EZB-Rates gibt es einen Verhaltenskodex. Dieser sieht unter anderem auch vor, dass die Mitarbeiter keine Insidergeschäfte tätigen dürfen.

Auf Beschluss des Europäischen Parlamentes vom Januar 2002 wurde für die Europäische Zentralbank (EZB) ein interner Datenschutzbeauftragter ernannt. Auch im Auftrag des EZB-Rates führt der Ausschuss für interne Revision Prüfungen durch. Er ist für das ganze ESZB zuständig und von diesem Ausschuss aus wird auch die Revision koordiniert. Zusätzlich wird zur Betrugsbekämpfung die Europäische Zentralbank (EZB) seit 2004 vom Europäischen Amt für Betrugsbekämpfung (OLAF) ebenfalls kontrolliert. Seit dem Jahr 1999 hat die Europäische Zentralbank (EZB) ein eigenes Programm zur Betrugsbekämpfung. Auch ein entsprechender interner Ausschuss ist dafür vorhanden, weil sie aufgrund ihrer Verpflichtung zur Unabhängigkeit nicht vom OLAF kontrolliert werden wollte. Aus diesem Grund hat die Europäische Zentralbank vor dem Europäischen Gerichtshof geklagt und Recht bekommen.

Die Europäische Zentralbank (EZB) ist ebenfalls darum bemüht, Transparenz herzustellen. Das bedeutet, sie stellt der Öffentlichkeit und den Märkten die wichtigen Informationen über ihre Einschätzungen, Strategie, ihre geldpolitischen Entscheidungen sowie über ihre entsprechenden Verfahren klar, offen und zeitnah zur Verfügung. Damit will die Europäische Zentralbank (EZB) der Öffentlichkeit darlegen, welche Ziele mit dem Einsatz von welchen Mitteln verfolgt werden. Durch eine solche Transparenz, die auch von den Zentralbanken für erforderlich gehalten wird, soll die Wirkung der Geldpolitik der Europäischen Zentralbank (EZB) und deren Glaubwürdigkeit gestärkt werden.

Die Transparenz der Europäischen Zentralbank (EZB) setzt sich aus ihrer Glaubwürdigkeit, ihrer Vorhersehbarkeit und ihrer Selbstdisziplin zusammen. Dabei soll die Glaubwürdigkeit durch eine klare und umfassende Information der Öffentlichkeit für die Aufgaben und über den Auftrag der Europäischen Zentralbank (EZB) und dann auch über die Erfüllung dieses Auftrages erreicht werden. Deshalb veröffentlicht die Europäische Zentralbank neben der eigenen Einschätzung der Wirtschaftslage auch ihre Ansichten, was die Grenzen der Geldpolitik anbelangt. Eine solche Transparenz soll Konsistenz sowie Selbstdisziplin in der Geldpolitik hinein bringen, da aufgrund des obigen Sachverhaltes die Arbeit der Entscheidungsträger dann auch besser überprüft werden kann.

Damit auch ihre Entscheidungen nachvollzogen werden können, gibt die Europäische Zentralbank (EZB) ihre Einschätzung über die zukünftige Wirtschaftsentwicklung und die dann davon abgeleitete geldpolitische Strategie bekannt. Dadurch werden dann die geldpolitischen Maßnahmen der Europäischen Zentralbank (EZB) vorhersehbar und dadurch kann dann am Markt eine richtigere sowie effizientere Erwartungsbildung entstehen. Wenn solche korrekten Erwartungen vorhanden sind, wird auch die Zeit zwischen dem Ergreifen einer Maßnahme und der Wirkung durch die Europäische Zentralbank (EZB) kleiner und die Anpassung an die neuen Gegebenheiten werden beschleunigt und somit die wird die Wirksamkeit der Geldpolitik gesteigert.

Die nationalen Zentralbanken (NZB)

Hierbei handelt es sich neben der Europäischen Zentralbank (EZB) um den zweiten Teil des Eurosystems. Der Begriff nationale Zentralbank (NZB) umschreibt die einzelstaatliche Zentralbank von jedem einzelnen Mitgliedstaat innerhalb der EU-Währungsraumes.

Die deutsche nationale Zentralbank ist die Deutsche Bundesbank und die österreichische Zentralbank in die Österreichische Nationalbank. Des Weiteren sind es die übrigen Zentralbanken der am Euro teilnehmenden Länder. Die Zentralbanken der nicht am Euro teilnehmenden Länder sind in beratender Funktion über den Erweiterten Rat vertreten.

Zu den Aufgaben der nationalen Zentralbanken gehören unter anderem die technische Durchführung der geldpolitischen Beschlüsse des EZB-Rates, die Verwaltung der nationalen Devisenreserven, die Abwicklung des Zahlungsverkehrs, die Erstellung der Zentralbankbilanz und die Erstellung der nationalen Zahlungsbilanz (in Form der Erhebung der hierfür notwendigen statistischen Daten).

Die Deutsche Bundesbank - als Beispiel für die anderen Zentralbanken im Eurosystem

Bei der Deutschen Bundesbank handelt es sich um die Zentralbank für Deutschland mit Hauptsitz in Frankfurt/Main. Die Deutsche Bundesbank ist Teil des Eurosystems. Sie ist eine juristische Person des öffentlichen Rechts und gehört zur mittelbaren öffentlichen Verwaltung. Dabei hat die Zentrale der Deutschen Bundesbank in Frankfurt/Main die Stellung in Form einer Obersten Bundesbehörde.

Die Aufgaben im Überblick

Die neuen Aufgaben der Deutschen Bundesbank wurden mit dem 7. Gesetz zur Änderung des „Gesetzes über die Deutsche Bundesbank" vom 30. 04.2002 neu festgelegt. Dabei sind die Aufgaben im § 3 des Bundesbankgesetztes definiert.

Dort ist vermerkt, dass es sich bei der Deutschen Bundesbank um die Zentralbank der Bundesrepublik Deutschland handelt da sie ein integraler Bestandteil des Eurosystems (das Europäische System der Zentralbanken) ist. Dabei wirkt sich an der Erfüllung ihrer Aufgaben mit dem vorrangigen Ziel, der Gewährung von Preisstabilität, mit, hält und verwaltet die Währungsreserven der Bundesrepublik Deutschland, sorgt für einen bankmäßigen Ablauf des Zahlungsverkehrs im Inland und zusammen mit dem Ausland sorgt sie für die Stabilität der Zahlungs- und Verrechnungssysteme.

Die Tätigkeitsfelder, die aus dem Bundesbankgesetz sowie der EZB-Satzung abgeleitet werden, umfassen 4 Tätigkeitfelder, die sie zusammen mit der EZB bearbeitet.

Das Tätigkeitsfeld als Notenbank

Als Notenbank versorgt die Deutsche Bundesbank die Wirtschaft mit Bargeld und sorgt dafür, dass die physische Umschlagsfähigkeit des Bargeldes gewährleistet ist. Dabei wird von ihr das von den Banken und Kreditinstituten eingezahlte Bargeld überprüft und Falschgeld wird sicher gestellt und dann an die Polizei übergeben. Ebenso werden von ihr noch im Umlauf befindliche D-Mark-Bestände ohne Frist umgetauscht sowie zerstörte Banknoten ersetzt. Zusätzlich gibt sie Informationen über die Bargeldsicherheitsmerkmale heraus und informiert wöchentlich über die umlaufende Bargeldmenge.

Das Tätigkeitsfeld als Zentralbank

In diesem Bereich werden 2 Hauptfunktionen unterscheiden.

Die Deutsche Bundesbank ist Clearingstelle und Refinanzierungsquelle für Banken und Kreditinstitute. Die Banken und Kreditinstitute können ihren Bedarf an Zentralbankgeld über die Bundesbank als verlängerter Arm der Europäischen Zentralbank (EZB) decken. Auf der anderen Seite können Banken und Kreditinstitute nicht benötigte Gelder kurzfristig bei der Bundesbank wiederum als verlängerter Arm der Europäischen Zentralbank (EZB) anlegen (das sogenannte Einlagefazilität).

Ebenso wird von der Bundesbank der netzübergreifende Zahlungsverkehr zwischen ausländischen und inländischen Banken und Kreditinstituten (zum Beispiel ein Großbetrags-Zahlungsverkehr über TARGET2 oder RTGSplus) unterstützt. Hier sollen sekundengenau Milliarden schwere Beträge zwischen Banken in der EU übertragen werden. Die Bankleitzahl einer Bank fungiert bei der Bundesbank als Kontonummer der Bank.

Das Tätigkeitfeld als Bankenaufsicht

Die Deutsche Bundesbank wirkt ebenfalls an der Bankenaufsicht mit. Dabei erfolgt hier eine enge Zusammenarbeit mit der BaFin. Hier geht es in erster Linie um die Sicherung der Stabilität des Finanzsystems. Von der Bundesbank wird hierbei die laufende Überwachung der Banken übernommen. Dabei wertet sie die Jahresabschlussberichte der Banken und Kreditinstitute aus und führt entsprechende Prüfungen nach § 44 KWG (Kreditwesengesetz) durch. Ebenso erstellt sie die statistischen Daten zur wirtschaftlichen Lage der Banken und Kreditinstitute. In Abstimmung mit der Deutschen Bundesbank werden von der BaFin Prüfungsanordnungen, Verfügungen und Rundschreiben erlassen.

Die Tätigkeit im Bankengeschäft

Die Bundesbank als Bank des Staates Bundesrepublik Deutschland führt kostenlos Konten für Bundes-, Landes- sowie Kommunalbehörden (dazu gehören auch die Universitäten) und für die Sozialversicherungsträger. Hier wickelt sie auch normale Bankdienstleistungen ab. Dabei wird hier auch von der Funktion als Fiskalagent gesprochen. Nicht alle Träger im öffentlichen Bereich machen von dieser Möglichkeit Gebrauch, ihre Bankgeschäfte über die Bundesbank abzuwickeln. So wird zum Beispiel vom Freistaat Bayern die Bayerische Landesbank als Hausbank verwendet.

Die Konten der Behörden und Sozialversicherungsträger werden auf Guthabenbasis geführt. Das bedeutet, dass es der Bundesbank gemäß Art. 123 Abs. 1 AEUV verboten ist, Kredite an die öffentliche Hand zu vergeben.

Auch werden Girokonten und Depots für karitative Einrichtungen sowie für eigene Mitarbeiter geführt. Die Konten bei der Deutschen Bundesbank unterliegen nicht der Überwachung durch das Kreditwesengesetz.

Die Währungsreserven

Die Bundesbank ist ebenfalls für die Verwaltung der Währungsreserven zuständig. Dazu gehören sämtliche Vermögen der Bundesbank, die nicht auf Euro ausgestellt sind. Hierzu gehören zum Beispiel Sorten, Goldreserven, Wertpapiere in ausländischer Währung und Guthaben in ausländischer Währung bei Banken und Kreditinstituten.

Als ein Gegenwert zur eigenen Währung werden Währungsreserven gebildet. Die Anlage dieser Währungsreserven erfolgt möglichst rentabel. Zusätzlich bilden sie zudem eine Möglichkeit zur Intervention bei zu starken Schwankungen von auf und ab des Wechselkurses. Die bei der Bundesbank vorhandenen Goldreserven sind die zweitgrößten nach den Goldreserven der Federal Reserve (FED – US-Notenbank). Derzeit werden von der Bundesbank mehr als 3.300 Tonnen Gold mit einem Marktwert von ungefähr 150 Millionen Euro verwaltet.

Der größte Teil der Goldreserven der Deutschen Bundesbank lagert bei der Bundesbank in Frankfurt, der Bank of England in London und bei der Federal Reserve Bank of New York sowie zu einen kleinen Teil in Paris, wobei zum Teil hier auch Bestände nach Frankfurt wieder zurückgeholt wurden.

Die Forderung nach einem Verkauf der Goldreserven aus verschiedenen Kreisen mit dem Hinweis auf fehlende Zinserträge wurde von der Bundesbank immer abgelehnt. Als Grund wird von ihr dabei angegeben, dass nationale Goldreserven auch in einer Währungsunion eine stabilitätssicherende und vertrauensfördernde Funktion für die gemeinsame Währung haben. Ebenso wird von der Deutschen Bundesbank zusätzlich darauf hingewiesen, dass mit den Goldreserven zusätzlich das Portfolio werthaltiger wird. Zusätzlich wird hier die Deutsche Bundesbank auch dem Diversifikationsgrundsatz ihres Portfolios, bestehend auf Devisen und Gold als Währungsreserve, gerecht.

WEITERE BÜCHER VON CHERRY FINANCE

Nutzen Sie diese Bücher um Ihr Fachwissen zu vertiefen und erfolgreich Ihr Geld zu vermehren.

All unsere genannten Bücher können Sie als Audible Neukunde kostenfrei hören. Unter:

https://cherryfinance.de/audiobuch

können Sie sich ein kostenfreies Buch Ihrer Wahl aussuchen und sofort auf Ihrem PC, Ihrem Smartphone oder Tablet in voller Länge anhören!

Ein selbstsicheres, selbstbewusstes Auftreten wird in unserer heutigen Gesellschaft immer wichtiger, sodass dieses nicht nur im privaten, sondern vor allem im beruflichen Umfeld einen wichtigen Stellenwert einnimmt. Im Rahmen dieses Buches von Justus van Homm wird den Leserinnen und Lesern gezeigt, wie es mit verschiedenen Tipps und Tricks aus der Verhaltenspsychologie möglich ist, nachhaltig mehr Durchschlagskraft und Selbstbewusstsein aufzubauen, um so beruflich, wie auch privat erfolgreicher zu sein.

Bei diesem Werk handelt es sich um ein Buch, dass sich eingehend und im Detail mit der Persönlichkeitsentwicklung beschäftigt und aufzeigt, wie es mit der neurolinguistischen Programmierung (kurz NLP) möglich ist, die eigenen Kommunikations- und Verhandlungsfähigkeiten zu stärken. Der Autor und Psychologe Ulrich Sprengler-Menlow zeigt den Leserinnen und Lesern auf 343 Seiten, wie es durch verschiedene Inspirationstechniken gelingt, eine positive Denkweise aufzubauen, den eigenen Gefühlszustand besser zu kontrollieren und so neue und spannende Möglichkeiten, sei es beruflich oder privat, wahrzunehmen.

Der Erfolg einer jeden Unternehmung ist eng mit dem Führungsstil der Manager und mit dem Personalmanagement verknüpft – das weiß auch der Autor dieses Buches und zeigt auf, wie eine nachhaltige Teamentwicklung und -stärkung gelingt. Der Fokus dieses Buches, das des Weiteren viele praktische Rhetorik-Tipps enthält, liegt auf einem Führungsstil, der koordinierte Teamarbeit fördert und belohnt.

Trading ist angesagt und liegt im Trend, doch wissen die meisten Trader nicht, dass die Psyche eine bedeutende Rolle dabei einnimmt und schlussendlich über Gewinn und Verlust entscheiden kann. Der Psychologe und Autor Wolfgang Justilius richtet sich in diesem Buch speziell an Anfänger und zeigt diesen, wie festgefahrene Denk- und Verhaltensmuster für Fehler beim Trading verantwortlich sind und wie diese erkannt und eliminiert werden können.

Zugangscode - Kostenfreies e-Book

Gehen Sie auf **https://link.cherrymedia.de/EPUB** und geben Sie Ihren Zugangscode ein um Ihr kostenfreies e-Book herunterzuladen.

LE65-9J2T-Q34A

Printed in Poland
by Amazon Fulfillment
Poland Sp. z o.o., Wrocław

35219546R00081